世界品牌研究课题组
WORLD BRAND RESEARCH LABORATORY

皇家御用奢侈品

杨　杨　叶轻舟/编著

哈尔滨出版社
HARBIN PUBLISHING HOUSE

出版缘起

CHUBAN YUANQI

王室贵族、政要领袖、财富豪门……他们是世界上最特别的小众群体，有着显赫的地位、至高的权力以及傲人的财富。正是带着这些华丽的“标签”，他们身上汇集了世间最亮眼的光环，享受着世间最奢华的生活。或许，“王室”、“皇族”这样的词语如今在人们心中的意义已经变得淡然了，但是，贵族式的生活却依然具有着独特的魅力，无论是国王还是王子，无论是公主还是王妃，依然吸引着世人羡慕的目光，撩拨着世人心中那一丝隐隐的贵族情结。

当今世界只有欧洲、大洋洲、非洲和亚洲的少数国家依然延续着君主制，并且其中大部分只是作为形式上的元首而存在。然而数百年来，从美钻、美酒、名瓷、名表再到现在的豪车、专机、时装，王室成员的衣、食、住、用、行始终都是奢华生活的代表。很多顶级品牌，如卡地亚、梵克雅宝、凯歌香槟、芝华士威士忌，也都因得到王室青睐而与“皇家御用”画上了等号。就像卡地亚，它有着“皇帝的珠宝商，珠宝商的皇帝”的美誉，而这种赞誉的肇始者正是英国国王爱德华七世。

与王室“结缘”为这些顶级品牌镀上了浓重的贵族成色，而这些品牌也成为我们了解和探秘奢华的王室生活的重要线索。在“皇家御用”这个概念中，“顶级”、“华丽”、“精致”是永远的关键词。值得一提的是，王室贵族与其御用的很多品牌之间并不仅仅只是顾客与卖主的关系，很多品牌的诞生和发展甚至是由王室一手促成的。当年，一个著名的勃艮第酒庄引发了法国国王路易十五的情妇蓬巴杜夫人与康帝亲王之间的一场竞争，最终康帝亲王如愿以偿，罗曼尼·康帝红酒的名字也流传至今。LV 现在是法国最杰出的奢侈品牌之一，而其创始人路易·威登曾经是法兰西第二帝国时期的御用行李工，拿破仑三世及其皇后欧仁妮的欣赏令其在法国贵族之中树立起了极高的声誉。

除了自己享用，一些王室御用奢侈品牌的精品之作也经常会被当做珍贵的国礼来送给其他国家的重要人物，礼尚往来，比如，古巴的科伊巴雪茄，丹麦的皇家哥本哈根瓷器。在 1790 年，丹麦皇家哥本哈根瓷器厂开始制造堪称丹麦国宝级的手绘珍品瓷器——“丹麦之花”系列，作为丹麦王室赠给俄国凯瑟琳女皇（叶卡捷琳娜二世）的礼物。这套瓷器的制作过程长达 13 年，最终包含了 1802 件作品。

王室贵族的青睐成就了御用奢侈品中的许多经典之作，而有些经典大概也只有通过这样的方式才能实现，因为对身家殷实的王室贵族而言，价格也许并不那么重要。当年，为了便于运送自己的宝马良驹，爱好赛马运动的迪拜酋长穆罕默德甚至专门订购了一架世界上唯一的波音 747 赛马专机；迪拜王储哈曼丹会把上百万欧元的兰博基尼跑车外观改装成经过特殊处理的镜面版；比尔·盖茨则可以让蒂芙尼的精品店在某天专门只为他开放，以供其妻子梅琳达挑选钻戒。

奢华是一个永恒的主题，而贵族式的生活也许最接近它所代表的意义，代表着顶级的生活艺术与文化品位。为此，世界品牌研究课题组在经过一年多的酝酿和筹备之后推出此书。书中选取了 14 个国家，除了精要地介绍这些国家的历史背景以外，重点是整体结合目前 50 余个世界顶级品牌，通过具体的人、事、物，全面而且系统地勾画王室贵族曾经以及当下的奢华生活。

维多利亚女王纪念杯，出自英国王室御用瓷器品牌安兹丽。

在本书所选的国家中，既包括像英国、日本、西班牙、瑞典、摩纳哥、丹麦这些至今依旧保留着君主制的国家，同时也包括法国、德国、中国、俄罗斯、意大利等由老牌的君主制国家转型而来，并且在当下仍具有重要影响力的国家。本书将“皇家御用”的主体范畴由单纯的王室贵族延伸到例如总统、总理这类最高级别的政要领袖，同时还有像美国的洛克菲勒家族和范德比尔特家族、意大利的美第奇家族这类富可敌国、影响深远的豪门家族。从某种意义上讲，这些豪门家族身后的光环其实并不比王室贵族逊色，相反，正是因为他们，贵族式的生活也恰恰多了一个标杆。

另外，在本书精选的50多个皇家御用品牌中，涵盖了高级珠宝、顶级瓷器、专车、专机、游艇、名表、名酒、名笔、雪茄和时装，甚至包含了王室御用的银行和重点接待王室贵族以及外国政要的酒店。在编写过程中，每个具体品牌又结合“品牌志”、“典藏馆”、“名人堂”等板块，将皇家御用品牌与各国王室、名流的关联以及品牌自身的历史、特色、文化、经典作品都作出了精彩的介绍，愿与希望提升自身艺术品位的读者共赏。

世界品牌研究课题组

2012年12月

目录

CONTENTS

ROYAL SALUTE
62 GUN
SALUTE
BLENDED
SCOTCH WHISKY

目录

CONTENTS

Veuve Clicquot Ponsardin

目录

CONTENTS

2011

英国王室是世界上最古老的王室之一，它一直冷静而低调地保持着“日不落”帝国的风范，而在世人眼里，英国王室就像历尽沧桑遗留下来的值得骄傲的神秘宝藏，让人好奇，也让人惊叹。

英国王室（上）

欧洲贵族的首席典范

王朝故闻

如果提到“王室”这个词，相信绝大多数人的第一反应都是——英国，在很多人的印象中，英国王室是世界上最古老的王室之一。英国公认的王权一般以诺曼底公爵威廉一世领兵征服英格兰，建立诺曼王朝为标志，当时是 1066 年。此后，英国经历了许多王朝的更替，金雀花王朝、兰开斯特王朝、都铎王朝……但是所有的王朝都能以这样或者那样的方式将自己的血统同威廉一世联系起来，继承者绝不会是完全的外族。在都铎王朝末代统治者伊丽莎白一世统治时期（1558—1603 年），英国已成为处于领导地位的欧洲大国。

都铎王朝终结于终身未婚的伊丽莎白一世，此后的斯图亚特王朝也因安妮女王无嗣而告终。1714 年，英国王室旁系的德意志汉诺威家族继承英国王位，开始了汉诺威王朝。从此，国王的权力一点点缩小，议会的权力逐渐增大。1837 年，当时年仅 18 岁的维多利亚一世女王即位，而她的

伊丽莎白二世名下占地 8000 公顷的仙灵汉姆庄园

丈夫阿尔伯特来自德意志的萨克森公国，他们生育了 8 个孩子并与欧洲各国王室广为联姻，维多利亚女王因此享有“欧洲的祖母”之誉。维多利亚女王之子爱德华七世继位之后，英国曾以其父姓称为萨克森－科堡－哥达王朝。但爱德华七世之子乔治五世在位时期赶上了第一次世界大战，为了照顾人民的情绪，英国王室改姓为“温莎”（取自王室行宫“温莎堡”）并一直延续至今，现在在位的伊丽莎白二世是温莎王朝第四任君主。

无论何时何地，英国王室成员似乎一直都能找到一种恰当的方式，向世人勾勒出他们曾经走过的辉煌，他们的气场是自然天成的，他们身边的一切都流露着独特的奢华意韵。

2002 年，伊丽莎白二世女王将自己的常用座驾由劳斯莱斯换成了宾利，那是为她量身打造的专用豪车，是庆祝她登基 50 周年的礼物。

卡地亚的华贵气度从来都是英国王室最想表达的东西，从爱德华七世开始，卡地亚与英国王室之间的缘分就一直没有中断过。

苏格兰拥有世界上最受好评的威士忌，而芝华士则被称为苏格兰威士忌的杰出典范，英国王室早在1843年就为其颁发了皇家委任状。

▲ 英国女王伊丽莎白二世

皇家御用

不久前，精神矍铄的英国女王伊丽莎白二世刚刚度过了她86岁的生日，作为英国以及澳大利亚、加拿大等54个英联邦成员国的名义元首，女王如今已经在位60年。

虽然近年来财富有所缩水，但是英女王的财富还是保持在上亿美元。除了位于伦敦中心的白金汉宫，女王名下的不动产还包括占地8000公顷的仙灵汉姆庄园、2000公顷的巴尔莫勒尔度假村、10000公顷的王室圣田以及多处私人城堡。女王的财富还包括大量的珠宝：14顶价值连城的头冠、37只手镯、105枚胸针、37对耳环、15枚钻戒以及数款珍贵的项链和14只名表。而且，英国王室似乎很喜欢将珠宝的款式变来变去，比如把原来的珍珠换成钻石。因为当年的南非和印度都是英国的殖民地，所以英国王室几乎可以将世界上所有的顶级钻石都收入囊中，包括原钻重上千克拉的南非“库里南号”钻石，它最终被分成9颗巨钻，全部属于英国王室，最大的一颗“库里南一号”重530.02克拉。此外，女王还收藏了很多套极其珍贵的稀有邮票，这些邮票的价值几乎是无法估算的。

2002年在女王登基50周年的庆典上，伊丽莎白

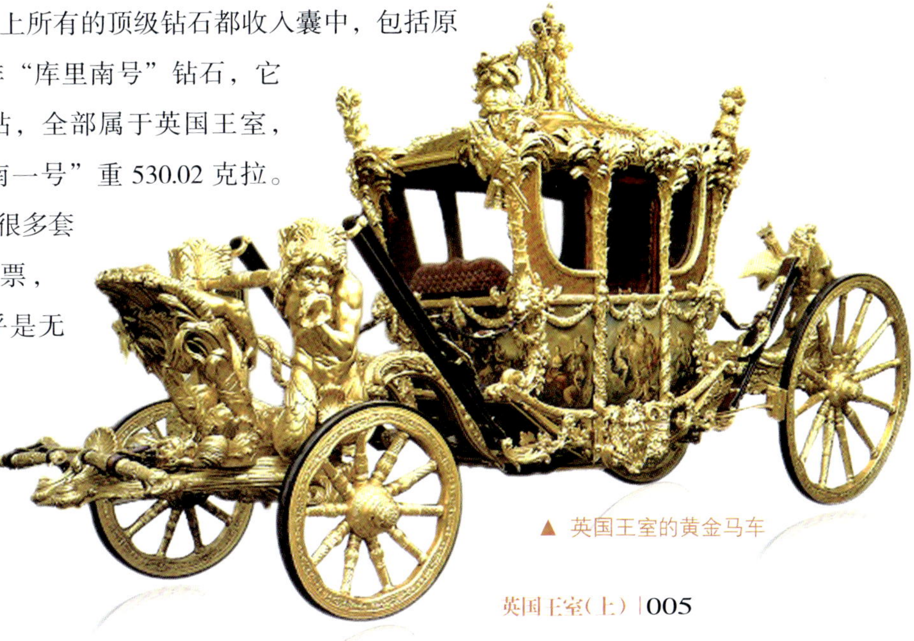

▲ 英国王室的黄金马车

二世女王和菲利浦亲王一同前往圣保罗大教堂做感恩礼拜。当时他们乘坐的是一辆建造于 1762 年的黄金马车，由乔治三世下令打造。这辆黄金马车堪称是世界上最豪华的马车，由于大量采用黄金雕塑，其重量达到了 4 吨，需要 8 匹马才能拉动，它由当时英国最著名的设计大师和雕刻大师设计建造，车身两侧的图案由意大利著名画家绘制。这辆马车的造价当时高达 8000 英镑，这在 18 世纪的英国堪称天价。要知道当年像格林尼治天文台这样的科研机构一年的经费也不过才数百英镑。除此之外，英国王室还拥有至少其他 3 辆豪华马车，用于国王加冕典礼、王室成员大婚或者其他重要的场合。

伊丽莎白二世已经在位 60 年，她应该是世界各国出访次数最多的王室成员，她每次出行的所有行李都会被装在一个集装箱里并打上铅封，即使海关的官员也没有权力打开。据说伊丽莎白二世 1953 年巡访英联邦国家时，她的衣物和各类行李的重量达到了 2 吨。

英国的农作物主要以进口为主，普通百姓每天吃的饭菜多是转基因种植的，但是伊丽莎白二世十分追求天然、健康的食品，一直坚持吃由生态农场种植的谷物制成的面包，尤其是她最爱的胡桃面包。她也一样钟情王室传统的黄油布丁、冰淇淋以及威尔士专门出产的烤嫩羊肉，但体重永远保持在 105 磅的她自然不会让自己多吃这些。除了新鲜的水果外，女王坚持饮用温莎附近出产的矿泉水，这被认为是她虽年过八旬但看起来依旧容光焕发的秘诀所在。

如果你留心 2002 年伊丽莎白二世女王登基 50 周年金禧大典上那辆女王御驾宾利，想必会深刻体会到宾利之于英国王室的不二地位——它不仅是一个汽车品牌，更是一个国家及其文化的代表。

宾利

如果提起英国王室的座驾，很多人也许都会想到劳斯莱斯。不过现在，英女王经常乘坐的座驾却悄悄换成了宾利。实际上，宾利在 20 世纪 30 年代被劳斯莱斯并购以后，两者基本上就成了同义词，无论是技术还是车型都相互借鉴。1946 年，宾利的汽车生产线随劳斯莱斯迁往英国克鲁，2003 年，已被德国宝马公司收购的劳斯莱斯将生产基地由克鲁迁到古德伍德，而宾利依旧留守，不过它的主人

已经换成了德国大众。

2002 年，为庆祝英国女王伊丽莎白二世在位 50 周年，宾利汽车生产了两辆女王专属座驾，该车取代了劳斯莱斯，成为了英女王出行的专车。这款基于宾利“雅致”车型的豪车是为女王量身定做的，造价高达 1000 万英镑，历时长达两年。车子外观为深紫红色，车顶带有女王盾形徽章的标志。它比标准的宾利“雅致”轿车长出 3 英尺，高出 10 英寸，宽出 6 英寸，女王上车时几乎不用弯腰，车门可以打开 90 度，便于女王优雅地上下。这辆车的特别之处还在于，考虑到女王喜欢戴各种帽子，汽车坐垫被降低了一些，以给女王足够的头部空间；其次，后座车窗上安装了贴着特殊反射膜的叠层玻璃，这样，既方便女王看到车外面的情况，民众也能够看到女王，而且也不会让车内温度大幅升高。这款车还装备了防弹装甲层、防雷车门、防火箭弹的玻璃，还有一个小舱可以在遇到毒气袭击时密封起来。这些安全措施使车重将近 3.5 吨，其轮胎即使在爆裂后仍可以以 70 公里的时速行驶。

这款车的设计使用年限为25年，行驶里程为20万公里，不过估计英女王应该不会等待那么久才会再换一辆新车。据悉，宾利已经在为迎接女王登基60周年，着手设计制作新车了。

品·牌·志

1919年，当一战的硝烟刚刚散去，一个名叫沃尔特·欧文·本特利的英国天才工程师创立了自己的汽车公司，他在一战中曾参与设计制造英国皇家空军飞机引擎。本特利有着强烈的赛车情结，而宾利汽车在诞生后就几乎在勒芒赛场上所向披靡。英国赛车的代表色是绿色，其来源正是宾利赛车，绿色也一直是宾利车厂工人的工作服颜色。

宾利车厂主要有四个车间：主车间、发动机车间、内饰车间和专门负责定制和改装的穆利纳车间。在这四个车间里，打造一辆宾利欧陆“飞驰”需要144个工时，打造一辆“雅致”则需要5个星期左右，其大部分工序由人工完成。例如，把在恒温恒湿环境下保存一定时间的23层胡桃木在2000磅压力、35℃下打压4分钟，制作成中控台的半成品。宾利车中控台和其他一些重要部位的木纹都是左右对称的。

还有一些工人的工作是检查牛皮，每张皮革大概有5平方米，一辆欧陆GT需要消耗11张牛皮，“飞驰”需要14张，“雅致”需要17张甚至更多。宾利的内饰全部选用斯堪的纳维亚半岛的牛皮，因为那里的牛是自然放牧，皮质细腻且没有疤痕。有些人的工作便是为这些高级牛皮挑刺，有缺陷的地方贴上蓝色标签，这部分牛皮就算报废了；有细微瑕疵的地方贴上绿色标签，这部分牛皮可以使用在座椅下方等不显眼的部位。做完标记后，使用电脑为这些牛皮拍照，并确定最佳裁剪方案。每人每天的工作量是检查5到6辆车的牛皮。至于皮革的缝制，工时往往超过150工时，仅方向盘蒙皮就需要一个熟练工人花15个工时来缝制。所以，宾利的车间不是造车，而是在制作工艺品。

典·藏·馆

宾利“雅致”

典藏理由：英女王的座驾车型

宾利“雅致”系列诞生于1998年，当时被认为是世界上最快的四门轿车，也是动力最强劲的宾利车，目前主要包括“雅致”T、R、RL及728四款，售价由368万至上千万人民币不等。如果你想定制一款独一无二的宾利“雅致”，那么它将在宾利的穆利纳车间完成。

穆利纳从前是英国皇家邮政的御用马车制造公司，历史比美国还要悠久，它在人类进入汽车时代后开始打造汽车车身。而宾利早在1924年便与穆利纳有过合作。1952年，它为宾利打造了当时世界上速度最快的四座跑车欧陆R-Type，这

一经典车型也是今天欧陆 GT 的灵感来源。如今，穆利纳是宾利的定制部门，可以为宾利“雅致”客户提供个性化的定制服务。

瞪羚棕、陶瓷白、流行蓝、月光银……对宾利的车主来说，色彩的选择是一种痴迷，更是一种艺术。“雅致”系列几乎可以应客户要求喷涂任意一种色谱上有的颜色，并配以相应的皮革装饰。其实这些选择和变化只是最基本的，曾经有一位跟宾利关系很好的美国顾客，定制了一个不锈钢的油箱盖，他想在上面再加上搪瓷制成的宾利 LOGO，结果，宾利的穆利纳车间做到了。事实上，有很多方法可以令车厢变得独一无二。有不少顾客希望把他们花园里那棵心爱的树“移植”到车厢里，做成内饰的配件。这样做将耗费大量的金钱，因为要检验新采用的树木的安全性和耐用性，但只要树木不是受保护的品种，宾利几乎都能做到。

宾利“慕尚”

典藏理由：宾利最新旗舰车型

宾利“慕尚”是继“雅致”之后的又一款旗舰车型，也是很多人的梦想之物。对于“慕尚”，用“豪华”已经不足以形容它，它更像是一座可以移动的奢华行宫，基础售价近 500 万人民币。这一价格几乎可以购买一个小型车队，而且还是以奥迪、宝马、奔驰车型为主的豪华车队。

毫无疑问，“慕尚”必须弥漫着浓郁的英国风情。从超长的发动机舱、极短的前悬到微微下沉的车尾，设计师将英国风情写入它的灵魂，让它似乎可以融化在苏格兰的城堡、绿草和云朵之中。尤其是那条从威严的车头优美地延伸到车尾的腰线，把人们一下子带回到了 20 世纪 30 年代的宾利，那种贵族气息烘托出的优雅无可替代。

任何物品到了至高境界都会返璞归真。宾利“慕尚”并非使用高度机械化的流水线来完成，而是一款通过手工打造的车型。它优雅的车身使用的是一种特殊的成型工艺，这种制造方法通常只用于航空制造业，先将铝板加热至500℃，再由空气压力塑型。“慕尚”的内饰制造需要耗费170多个小时，采用全手工制作。用宾利首席内饰设计师罗宾·培治的话说就是：“宾利的工作方式与大规模生产刚好相反，我们从别人止步的地方开始——手工。”

名·人·堂

对于宾利车主们来说，宾利早已不是代步工具，更像是一款随身佩戴的珠宝，或者艺术品，甚至宠物。他们的身价至少都在上亿美元，他们也基本不会只买一辆宾利。一直位居《福布斯》王室富豪榜前列的泰国国王普密蓬、阿拉伯联合酋长国总统哈利法……他们都是宾利的主顾，他们的高贵风范正与宾利奢华而又低调的形象不谋而合。在好莱坞和中东地区，宾利一直是财富新

贵们不可缺少的身份象征。他们愿意为宾利一掷千金。贝克汉姆则在购置了两辆宾利“雅致”后，为妻子维多利亚选了一辆欧陆 GT 轿跑车来讨她欢心。

在世界上拥有宾利车最多的人应该是文莱苏丹博尔基亚，坐拥上百亿美元身家的他是一位十足的宾利车迷，据称，他在 2005 年的时候就拥有 362 辆宾利、130 辆劳斯莱斯、160 辆保时捷、185 辆宝马、188 辆 AMG 版奔驰、199 辆法拉利、531 辆奔驰……他的多个庞大的车库都有空调保持室内的温度和湿度，还有大量机械师专门为这些名车服务。

博尔基亚对宾利非常钟爱，但有时固定生产的型号并不能满足他，宾利在 1994 年日内瓦车展上发布的概念车 Java 算是他专用的车型之一。Java 这款概念车宾利一直没有正式投产，但偏偏博尔基亚就拥有好几台 Java。除了宾利在展览会上发布的双门硬顶、双门敞篷版本，他还定制了四门轿车、旅行车等独有款式。据说根据他的要求，部分 Java 型号的引擎还被换成了劳斯莱斯制造的 6.7L V8 自然吸气引擎。

回顾卡地亚的历史，就是回顾现代珠宝百年变迁的历史，在卡地亚的发展历程中，一直与各国的皇室贵族和社会名流保持着密切的联系和紧密的交往，并已成为全球时尚人士的奢华之选。

Cartier
卡地亚

▼ 卡地亚高级珠宝胸针，龙身怀抱着 1 颗重达 37.07 克拉的贵黑欧泊。

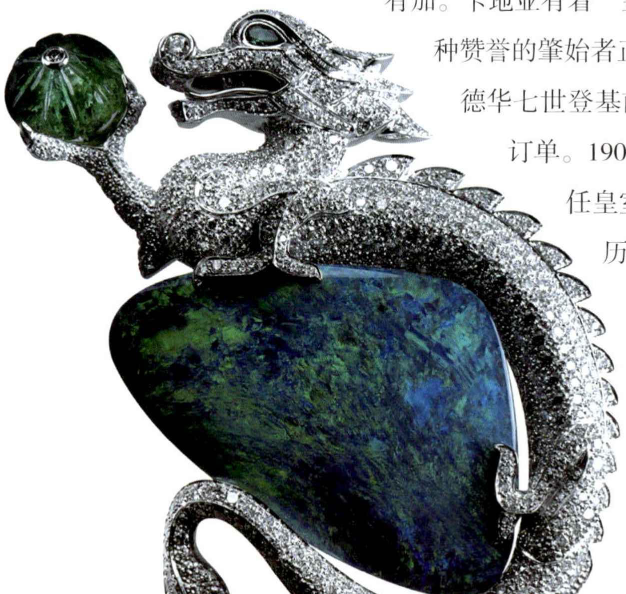

如果有人对欧洲王室珠宝历史颇感兴趣并且作过一些研究的话，那么他最后一定发现一个现象——他们几乎都对卡地亚青睐有加。卡地亚有着“皇帝的珠宝商，珠宝商的皇帝”的美誉，这种赞誉的肇始者正是英国国王爱德华七世。1901 年，英王爱德华七世登基前夕，卡地亚收到了定制至少 27 顶冠冕的订单。1904 年，爱德华七世成为第一位委任卡地亚担任皇室御用珠宝商的君主。爱德华七世的妻子亚历山德拉王后也是卡地亚的忠实主顾，她曾向卡地亚定制一条印度风格项链以用来搭配印度总督夫人送来的三套礼服。后来，小到别面纱的别针，大到赠与外国使节的礼物，无一不从卡地亚定购。

1910 年爱德华七世过世后，其子乔治五世即位。1936 年，王位传到了乔治五世之子爱德华八世手中。接下来，一场“不爱江山爱美人”的爱情故事便真实地发生了。爱德华八世的性情稍显孤傲，当年虽已年过而立却依然孑然一身，直至遇见了美国平民辛普森夫人，但她当时早已结婚，并且是第二次结婚，不过两人之间还是发生了奇妙的爱情。爱德华八世 42 岁时即位，由于两人之间的爱情遭到各方的强烈反对，在位不到一年的爱德华八世最终选择了退位，受封“温莎公爵”，移居法国并举行了极其低调的婚礼。温莎公爵夫妇是卡地亚的忠实主顾，温莎公爵送给未婚妻的第一份礼物就是卡

▲ 温莎公爵夫人佩戴的卡地亚珠宝，1947 年制造的绿松石和紫水晶项链。

地亚的一枚镶有红宝石及蓝宝石的铂金黄金图章戒指。结婚时，温莎公爵又将两对镶有天然珍珠和钻石的珊瑚耳环、一只镶有圆形钻石和两颗红宝石的手镯献给了她。

婚后，卡地亚珠宝依然不时点缀着温莎公爵夫妇的生活，包括经典的猎豹长柄眼镜、鳄鱼项链、猎豹胸针及火焰鸟胸针等，其中最著名的猎豹胸针最受公爵夫人的重视，无论随丈夫去哪里，她几乎都佩戴着猎豹胸针。猎豹胸针的设计是一只布满钻石的银色美洲豹，昂然站立在一颗重达 152.35 克拉的圆形切割克什米尔蓝宝石上，豹的眼睛是绿宝石镶成的，鼻子是缟玛瑙。其精致的雕刻、铸造与镶嵌的精密程度令整个制作过程耗时长达一年，最终，整件珠宝焕发着一种高贵与野性的魅力。可以说温莎公爵夫人是卡地亚最有代表性的顾客，也是一位极其钟爱佩戴动物造型珠宝的女性。伴随着背后令人瞩目的伟大爱情，猎豹胸针几乎已经成为卡地亚标志性的产品，其众多以猫科动物为造型的珠宝也深得成熟、聪

▲ 这顶海蓝宝石与钻石镶嵌的皇冠和这条项链是卡地亚在1912年设计出品的，是俄罗斯贵族保罗·亚历山大德·罗维奇公爵为其夫人定做的。

慧、优雅女性的钟爱。

直至1969年公爵夫人从卡地亚定制了一枚老虎胸针，黄金质地镶上水仙花色钻石和玛瑙，当时她说过："这是他对我的最后一次放任。"3年后，温莎公爵离世，却留下了那些魅力无穷的卡地亚瑰宝。

Cartier
品·牌·志

卡地亚的故事始于1874年，29岁的路易·弗朗索瓦·卡地亚从师傅阿道夫·皮尔卡手里接过了位于巴黎的珠宝店，并以自己的名字命名。几年后，卡地亚赶上了大好时光，由于拿破仑三世执政，巴黎经过一番动乱后，又恢复了昔日的浮华景象。卡地亚设计的彩色宝石饰品赢得了拿破仑三世堂妹玛蒂尔德公主的青睐，随后又引起了拿破仑三世皇后欧仁妮的注意，业务迅速兴隆起来，风靡了当时的法国贵族。那时，还是英国王储的爱德华七世在巴黎的卡地亚店铺内道出一句至今仍为人津津乐道的名言："卡地亚是所有皇帝的珠宝商，因为它也正是所有珠宝商中的皇帝。"很快，这一理念被融入到卡地亚令人惊叹的创造力中，珠宝设计也向着豪华奢侈的方向发展，并一直延续至今。

1904年，爱德华七世成为第一位委任卡地亚担任皇室御用珠宝商的君主，王室所有大典都少不了卡地亚珠宝。此后，卡地亚陆续受到了众多东西方皇室王族的推崇，陆续收到了西班牙、葡萄牙、比利时、埃及等国王室的委任状，成为这些王室的御用珠宝供给商。由此，卡地亚成了全球尊荣珠宝饰品的代名词，成为潮流永恒的经典和当之无愧的“首饰之王”。

Cartier
典·藏·馆

卡地亚三环戒指

典藏理由：经典中的经典

20世纪20年代，卡地亚为著名诗人让·科克托设计了造型独特且富有创意的卡地亚三环戒指，三个金环相互环绕在一起象征着：友谊（白金）、忠诚（黄金）和爱情（玫瑰金），这是卡地亚对永恒不变的爱的完美演绎。

三环戒指已成为世界上最负盛名的戒指之一，同时也是卡地亚的灵感泉源和品牌标记。分别以玫瑰金、白金和黄金打造而成的三环彼此交缠，冲击时代与潮流，展现个人风格及身份象征。紧密联系的三环是卡地亚的标志，完美演绎品牌精髓，犹如淳朴温柔的友情，象征着未来，展现于无名指上的盟约，一个刻有奇异独特、神秘梦幻与恒久永远的全新系列，塑造出极致的感性。背面凸起，但正面格外光滑，任由环圈互相缠绕，转眼又在金属的表面上互相掠过。

三环流露出法式的优雅，交织着自然与古典主义。三环进入生命之中，牵动所有人。

“一切永远陪伴你”一个传奇，一枚戒指。

卡地亚“坦克”腕表

典藏理由：永远的时尚之选

世界上大概没有任何一个腕表系列能像卡地亚“坦克”腕表那样千变万化。历经90多年（创于1917年）的考验，依旧备受推崇。

卡地亚“坦克”系列腕表的美来自于简洁的线条、经典的设计及深远的历史文化背景，你可以将它理解为战争美学的集中体现，因为其设计灵感来自第一次世界大战中最具震撼力的新武器——法国雷诺坦克，它激发了路易·卡地亚的灵感，让他在1919年，用一个完美方形创作出革命性设计的腕表——坦克（Tank），方形的表盘一反当时的流行之道，其硬朗简约的风格使人过目不忘。第一只“坦克”腕表赠与了在欧洲率领美国远征军作战的约翰·潘兴将军。

“坦克”腕表诞生后，卡地亚在最初作品的基础上尝试了多种几何轮廓和美感表达方式。如今的“坦克”腕表虽然种类繁多，每一代都有无数细微的差别，但唯一不变的是两只与表身等齐的垂直表耳。由于材质和机芯类型有所不同，卡地亚“坦克”系列腕表的价格从数千到数十万美元不等。

▲ 1910年，比利时阿尔贝一世王后伊丽莎白参加丈夫的登基典礼时，佩戴了一顶叶状涡卷造型的卡地亚头冠，每一片叶子都是由钻石镶嵌出来的，而在叶子与叶子的空隙，还镶有大颗的圆形钻石。当然最令人瞩目的还是头冠正中间那颗5.84克拉的枕形钻石。但伊丽莎白王后却并非一个只懂得置金买钻的贵妇，她对音乐有莫大兴趣，本人便拉得一手漂亮的小提琴。

Cartier
名·人·堂

20世纪20年代，印度政治领袖阿迦汗三世向卡地亚打开了他的藏宝箱，展示了其搜集的无数珍贵宝石，并要求卡地亚将其打造成流行的巴黎风格饰品。1928年，阿迦汗三世将28颗明亮式切割钻石和3颗分别重达40克拉、38克拉、35克拉的梨形钻石交给卡地亚。随后，卡地亚将这三颗钻石镶嵌在一条非凡的项链上，并于1929年在开罗举办的“法国展览”中向世人展示。虽然，不久之后这条项链中的三颗美钻被迫分离，但卡地亚购得了其中那颗35克拉的巨钻，并将之又打造成一条精美的项链。

曾经的好莱坞影星格蕾丝·凯利也是卡地亚顾客名单上的一位重要人物。在影片《上流社会》中，她戴上了王子送给她的卡地亚订婚宝石项链。走下银幕，当年她与摩纳哥亲王雷尼尔三世的盛大婚礼上，她头上戴着的那顶镶嵌着3颗圆形红宝石的华贵头冠也正是出自卡地亚。婚后，格蕾丝王妃经常挽着雷尼尔三世的手臂，出现在卡地亚的贵宾接待室中。

▼ 卡地亚的作品拥有世上最优美的线条和最华丽的结构，每件作品都具有不随时空转移的精美工艺，以丰富的意象来见证每个历史瞬间，并诠释着世上最缱绻的情意。

当然，如果你不想过于招摇，但又想准确地秀出自己的时尚品位，那么，卡地亚的“坦克”腕表就是一个不错的选择。要知道，经典的卡地亚“坦克”腕表可是无数次跟着优雅的戴安娜王妃出镜。无论是她深陷婚姻危机的人生低潮，还是完成离婚官司从法院走出来如释重负的那一刻，她佩戴的都是卡地亚“坦克”腕表。从美国前总统肯尼迪夫妇，到如今的美国第一夫人米歇尔·奥巴马，再到好莱坞巨星安吉丽娜·朱莉、莫妮卡·贝鲁奇……他们的手上都出现过卡地亚“坦克”腕表极易辨认的身影。

除了王室贵族和显赫的巨星，卡地亚的高级客户还包括世界上许多著名家族，希腊船王奥纳西斯、欧洲的金融投资巨头罗斯查尔德家族……他们都是卡地亚品牌的忠实拥护者，经常从卡地亚定制高级珠宝，送给下一辈作为成年或结婚等重要时刻的礼物。对他们而言，这些礼物不仅仅象征着财富和地位，也象征着家族血统的延续，更见证了值得纪念的时刻。在卡地亚的资料库里，不仅常常有祖父祖母的名字，还有他们孙子孙女以及重孙辈的名字。他们对卡地亚的热爱就像对家族的忠诚一样，会一代代传递下去。

芝华士是大地、空气、水和时间酿造的艺术品，它是来自苏格兰的传奇。它散发着太阳的光芒，洋溢着生活的乐趣，它因得到了英国王室的青睐从而影响了上层人士的饮酒习惯。

芝华士

威士忌是英国的一种象征，中世纪的欧洲曾经孕育出了独特的骑士文化，而今，骑士时代虽然早已远去，但象征着荣耀和勇气的骑士精神似乎依然留在我们身边，而一杯芝华士威士忌似乎就可以轻易地将它唤醒。

1842 年，维多利亚女王和丈夫阿尔伯特亲王访问苏格兰，负责接待女王的人从芝华士采买了大量王室宴会所需的酒品，而芝华士威士忌的上佳品质给女王留下了极为深刻的印象。1843 年 8 月 2 日，芝华士的创始人詹姆斯·芝华士和约翰·芝华士兄弟收到了一封信函，信中说：鉴于芝华士兄弟的出色服务，芝华士被维多利亚女王委任为王室供应商。从此，芝华士兄弟和英国王室之间开始建立起长期的供应关系。

当时英国上流社会餐桌上的佳酿的首选通常是来自法国的上等葡萄酒，而英国王室的青睐使得芝华士威士忌名声大噪，声名迅速传遍整个英国甚至国外，订单纷至沓来。由于不断探索，芝华士兄弟使得威士忌的酿造技术取得了极大的进步，奠定了后世代代相传的调和型威士忌的黄金标准，在他们的酒窖里永远都储存着大量品质上乘的威士忌，深受欧洲各国的王室贵族、将军、海军上将的喜爱。1923 年，英国国王乔治五世再次为芝华士颁发了王室委任状，委任芝华士为王室供应商，足见其对芝华士的青睐。

▲ 芝华士威士忌推出限量版 62 年皇家礼炮

品·牌·志

若论产地，苏格兰、爱尔兰、美国和加拿大都是威士忌的产出大户，但是其中最为人所津津乐道的还是苏格兰威士忌，而芝华士堪称苏格兰威士忌的杰出典范。它的历史可以追溯到 1801 年，詹姆斯·芝华士和约翰·芝华士兄弟在位于苏格兰东北海岸线上的阿柏丁镇开了一家商铺，主要向当地富人出售高级食品和酒，但是他们对外面提供的威士忌的品质并不满意，于是便着手自己酿造。

威士忌主要以麦类、玉米等谷物为原料经过发酵制成，而芝华士是全世界最早生产优质陈年“调和型”威士忌并将其推向市场的酒商，这种“调和型”威士忌是将多处产地酿造的陈年威士忌进行混和勾兑，其原料为麦芽和其他谷物。苏格兰威士忌另外还有只以麦芽为原料的“调和型”麦芽威士忌（以多处产地的苏

格兰威士忌调和而成）和“单一型”麦芽苏格兰威士忌（由单一产地酿造）。但并不是所有产自苏格兰的威士忌都可以叫做苏格兰威士忌，根据苏格兰威士忌协会的规定，经谷物麦芽发酵制成的威士忌只有在苏格兰酒厂的橡木桶中陈酿三年以上且装瓶时达到一定酒精度数才能被称为苏格兰威士忌。

芝华士一直被认为是世界上最好的苏格兰威士忌之一，它的酿造原料可能要融合超过 20 种苏格兰最珍贵的麦芽，然后在橡木桶中经历漫长的陈化过程酝酿出成熟的口感。芝华士威士忌目前产品主要是芝华士 12 年、芝华士 18 年以及限量生产的芝华士 25 年，这些年份代表的只是它们所使用的各种原酒的最基本的陈年时间，大部分芝华士威士忌原酒的成熟期比瓶身所显示的年代久远。

典·藏·馆

芝华士“皇家礼炮”

典藏理由：致敬英女王加冕

1953 年 6 月 2 日，伊丽莎白二世女王在威斯敏斯特教堂正式加冕，芝华士于当日正式发布了“皇家礼炮 21 年”威士忌，其名字来自于海军用以欢迎最高国家

元首而鸣响的 21 响礼炮。这款酒的酒桶必须曾存放过西班牙雪莉酒或美国波本威士忌，最为关键的是酒液要经过至少 21 年的醇化，酒中的杂质通过橡木的呼吸被清新的空气带走，与此同时，威士忌也吸取了橡木的芳香。21 年后，酒液浓缩到只有原先的 60%，这时再进行一系列独特的调和配比，才能最终酿造出具有丰富、复杂口味的“皇家礼炮”。“皇家礼炮 21 年”采用精美的红、蓝、绿三色瓷瓶，呼应女王王冠上的红、蓝宝石和翡翠的光泽。

此后，芝华士又推出过陈年时间在 38 年以上的“皇家礼炮 38 年”，2003 年，就在皇家礼炮系列诞生 50 年以及伊丽莎白二世加冕 50 周年的重大时刻，芝华士推出了酝酿标准在 50 年以上的“皇家礼炮 50 年”加冕纪念版，全球限量 255 瓶，深蓝色瓶身外饰以 999 纯银及 24K 金纹章，售价高达 8000 美元。

芝华士 J&J 创始纪念版

典藏理由：致敬创始人

为向詹姆斯和约翰两位创始人及其先驱精神致敬，芝华士最新推出了 J&J 创始纪念版苏格兰威士忌，将其传承百年的调和艺术进行当代化的创新演绎。

芝华士 J&J 创始纪念版的酒瓶灵感源于酿造威士忌的古老铜铸蒸馏器，以优美别致的弧度勾画出芝华士悠久的历史底蕴与创新艺术，而可旋转的瓶底设计，更彰显出芝华士独特的摩登品质和创新精神。重点是，这款酒依然沿袭了芝华士百年的调和艺术，采用斯贝塞（Speyside）地区两家顶级古老麦芽酿酒厂——斯特拉塞斯拉和朗摩恩的珍稀窖藏完美结合，使之成为柔和丰润、口感顺滑的威士忌极品佳酿，完美诠释了真正的芝华士精神。

▲ 皇家礼炮推出酒龄在 45 年以上的限量版“Tribute to Honour”，每瓶单独编号，全球限量 21 瓶。

名·人·堂

如果你想知道在现在的年轻小资一族心中，谁是威士忌的代言人，你得到的回答应该会是日本现代小说家村上春树。村上春树在《如果我们的语言是威士忌》中曾写下了这样的一段话：“有些东西可以随岁月获得，有些东西却会随岁月而消失。有随蒸发而增加的东西，也有随着减少的东西。只不过是个性不同而已。”爱喝威士忌的村上春树十分钟爱芝华士，在他的小说《海边的卡夫卡》中，他让尊尼获加变成了“猫之杀手”，却让芝华士成为他放松心情品尝佳酿的首选。

在世界文坛，村上春树是个别具一格的作家，文风如此，行事也如此：很少与外界往来，不爱抛头露面，不上电视，不作报告，采访也很有限。他的日常生活中规中矩，有板有眼：早上5点起床，晚上10点就寝。每天写作4个小时，慢跑10公里。像这样的日子，他坚持了近30年。很多人的梦想就是像村上春树一样地生活，像村上春树一样，每天慢跑，听听爵士乐，然后去京都的某个酒吧，喝上一杯加冰的芝华士威士忌。

作为英国王室的御用银行，顾资起初专为英国女王一人服务，后来开始为整个英国王室打理财富，乔治三世、威灵顿公爵等等重量级的王室成员都是它最尊贵的客户。

Coutts

顾资银行

2003年9月，英格兰足球金童鲁尼度过了梦幻般的一周，凭借一周之内的两个进球，他稳坐英格兰锋线主力的位置，这也意味着他能够稳赚13000英镑的周薪。更令鲁尼异常兴奋的是，他和英国女王拥有同一家银行的账户了！因为一周之内获得了两个进球之后，他跑到利物浦的顾资银行开了一个户头。

顾资银行创立于1692年，是英国历史最悠久的私人银行之一。作为英国王室的御用银行，它起初专为英国女王一个人服务，后来开始为整个英国王室打理财富，乔治三世等重量级的王室成员都是它最尊贵的客户，狄更斯、肖邦等名垂青史的伟大艺术家也都是它的老主顾。目前，它依然全权为英国女王伊丽莎白二世打理着数亿美元的资产，并逐渐将自己的服务对象扩展到了全球的富豪阶层，但依然不是谁想来就可以来的。在顾资银行，50万英镑是开户的底限。除了财富的底限外，它对客户的社会地位和家庭背景也颇为挑剔，著名绿洲摇滚乐队主唱利亚姆·加拉赫就被毫不客气地拒之门外。目前，顾资银行为世界各地的10万余名富豪客户，打理的总资产高达数百亿美元。

在顾资银行里，从门卫到管理层，所有的员工都是男性。他们都穿着双排扣长礼服，胡子刮得非常干净。银行里的支票簿、封皮都是真皮做的，上好纸质的白色支票比普通支票的尺寸要大一些，上面盖的银行戳是金色的。

她是世人心中永远的英伦玫瑰，美丽优雅的笑容是她留下的最宝贵的遗产。没人愿意将她忘却，哪怕是在她已经香消玉殒十几年之后，她的一切依然可以如此动人。

英国王室（下）

永远的英伦玫瑰

王朝故闻

每年 8 月的最后一天，各类媒体的头版和封面总会让人想起一个人——曾经的英国王妃戴安娜，8 月 31 日是她离世的纪念日。虽然各种报道讲述的内容都大致相同：一段有着遗憾结局的灰姑娘与王子的童话故事，15 年甘苦自知的王室生涯，还有那场让她香消玉殒的意外车祸……但是只要故事的主角是她，人们就永远都看不腻。

戴安娜的出身并不显赫，她的娘家斯宾塞家族曾长期服务于英国宫廷，虽然拥有爵位，但他们其实只是名义上的贵族，实际生活中的平民。不过与英国王室之间的友好交情却最终促成了一段举世瞩目的婚姻，1981 年，20 岁的戴安娜与 33 岁的查尔斯在伦敦圣保罗大教堂举行了盛大的婚礼。

新婚的戴安娜脸上还洋溢着天真温暖的笑容，但是她与查尔斯的性格差异实在太大：一个活跃，一个安静；一个喜爱流行，一个偏好古典……即便是两位小王子的先后诞生也没能改变两人之间的冷淡和分歧，再加上查尔斯与卡米拉暧昧不清的关系，最终，这段被戴安娜称作“三个人的婚姻”只能遗憾收场。1992 年底两人正式分居，1996 年 8 月正式离婚。一年之后，戴安娜与男友（埃及富豪之子多迪·法耶兹）在巴黎遭遇车祸身亡——为了躲避跟拍的记者，他们乘坐的轿车撞上了公路隧道里的隔离墩。

在戴安娜故去后，查尔斯王储的表现还是获得了英国大众的肯定，他首先是

世界上很少有人可以像戴安娜一样，在过世十余年之后还依然令人有着几近疯狂的怀念。人们会花上 1000 英镑买一块当年戴安娜婚纱的剩余布料；会花 234 英镑买一块泡在酒精里保存的据说是取自当年她婚礼上的蛋糕，尽管已经霉变。或许戴安娜的命运正如这块蛋糕——在一个并不适合的地方度过了漫长的日子。

力排众议亲赴巴黎接回王妃的遗体并坚持为其安排王室葬礼，更特别设计了一套新的葬礼程序。最后，他带着两位王子随在王妃灵柩后面，自白金汉宫步行至威斯敏斯特教堂，陪她走完了最后一程。

在所有女人眼中，戴安娜是一个不可替代的偶像，无论是当初的一场奢华无比的婚礼，还是她衣柜里曾经摆放的4000多套衣服和600多双鞋。它们打造出了一个优雅而又富有个性的戴安娜，也成就了世人心中永远的英伦玫瑰。

一段与百达翡丽相关的心情日记，还原了戴安娜与查尔斯之间曾经的幸福过往，但是在她15载的王室生活中，这样的点滴也许真的是太少了。

凭着5英尺10英寸高挑匀称的身材，戴安娜将范思哲的时装演绎得极尽完美，而她坦率真诚的性情也通过范思哲表现得淋漓尽致。

1955年，巴宝莉获得了由伊丽莎白二世女王授予的“皇家御用保证”徽章，1989年，查尔斯又为巴宝莉再次颁发了“皇家御用保证”徽章，实际上，戴安娜与查尔斯都很钟爱巴宝莉。

▲ 1981年大婚时，戴安娜与查尔斯在白金汉宫的阳台上留下了经典的"世纪之吻"。而在1992年2月情人节期间，查尔斯和戴安娜一起出访印度，当时的摄影记者几乎成天都想着捕捉到两人礼貌性的亲吻。终于有一次，当查尔斯的脸渐渐靠近戴安娜的时候，戴安娜却选择了回避。结果，查尔斯的吻一半落在了空中，一半尴尬地落在了戴安娜金色的耳环上。

皇家御用

对于如今的英国首相戴维·卡梅伦来说，除了2010年的首相就职典礼，1981年7月29日可能是他人生中最难忘的日子。那一天正值戴安娜与查尔斯大婚，为了可以更近距离地看看这位美丽的新娘，还在上中学的卡梅伦和很多英国民众在婚礼前一天晚上甚至在海德公园的林荫大道旁露宿了一整夜。

婚礼当天，伦敦上空出现了一道彩虹，那是英国皇家空军进行人工降雨的杰作，而伦敦城内所有教堂的钟声在上午9时一起敲响。戴安娜当时身穿裙摆超过7米的乳白色塔夫绸拖地婚纱，上面缀有一万多颗手工缝制的珍珠和大量的珍珠母贝亮片，踏上

了将她接往圣保罗大教堂的豪华黄金马车。在沿街数万民众及全球近 7.5 亿观众的关注和祝福下，戴安娜与查尔斯正式宣誓结为夫妻。随后是盛大的婚礼游行，以及至今仍被奉为经典的白金汉宫“阳台之吻”。婚礼过后，他们登上“大不列颠号”皇家游艇开始了三个星期的地中海蜜月之行，而被查尔斯带上游艇的除了整套钓鱼工具，还有一些哲学书籍。对他来讲，他的世界似乎并没有因为戴安娜的到来而必须发生一些改变。

整整 30 年之后，依然是伦敦，依然是一场举世瞩目的盛大婚礼，只是，故事的主角换成了戴安娜的儿子威廉王子，以及他自己的灰姑娘——凯特·米德尔顿。威廉的婚礼地点选在了威斯敏斯特大教堂，然而这里却曾经给他留下了记忆中最沉痛的一幕。1997 年 9 月 6 日，戴安娜的葬礼在这里举行，当时的威廉只有 15 岁，弟弟哈里 12 岁。在此后 12 年里，威廉从来没有公开谈及当年失去母亲的痛苦，直到 2009 年 3 月他在一次慈善活动中首次剖白：“我没有一天不在想念她。”

2010 年 10 月，威廉与相恋多年的女友凯特宣布订婚，而威廉送给她的订婚

威廉王子大婚，摆在白金汉宫的纪念瓷器。

戒指正是母亲戴安娜的遗物—— 一枚中心镶嵌着一颗重达 18 克拉蓝宝石的白金钻戒，蓝宝石周围环绕着 14 颗小钻石。在 2011 年 4 月 29 日的结婚典礼上，威廉给凯特戴上的婚戒是由产量稀少的威尔士黄金精心雕琢而成，它出自英国王室在威尔士北部的专属金矿，当年乔治六世定下了英国王室新娘必须戴威尔士黄金戒指的传统。但是因为威廉一直不爱戴首饰，所以当天的戒指交换仪式在他为凯特戴上以后就结束了。有趣的是，不知是由于紧张还是凯特的左手无名指莫名其妙地有点变粗，威廉在试了几下以后才成功完成任务。

与戴安娜相比，凯特是一位货真价实的平民闺秀，但是家境富裕——真正出身贫寒的灰姑娘是不可能成为王妃的——她没有时间和资本，陪王子去瑞士滑雪，去肯尼亚打猎，在伦敦最高级的会员俱乐部里悠闲地品着昂贵的红酒。威廉大婚的整体花费在 2500 万英镑左右，其中只是婚礼前夕清扫街道的花费就要达到 4 万英镑，而婚礼游行之后的清扫花费就自不待言，当年戴安娜的葬礼之后，清理街头垃圾的费用达到了 30 万英镑。

不露声色的典雅气度，稀有的数量，加上高不可攀的金贵身价，百达翡丽似乎完全明白也完全符合贵族和政要们的需求，难怪戴安娜也对之青睐有加。

PATEK PHILIPPE

百达翡丽

英国王室的皇家博物馆中保留着戴安娜王妃生前的一本日记，其中记载着这样一段话：“今天是个值得纪念的日子，他送给我一只百达翡丽的古董表作为我的生日礼物。我敢说，这是迄今为止我最喜欢的礼物。那块幽蓝色的表盘和我的肤色是如此般配。只是，我要费大力气去为它找个表盒了，如果可能，我想我应该去南非找位木匠师傅，专门为它定制一个表盒。可是我害怕被家里的成员数落，毕竟有些事情我还要顾及一下我的身份。”任何一个对戴安娜的生平稍微有一点了解的人都会知道，这段话看似写的是百达翡丽，但实际上，它应该说是戴安娜整整 15 年王室生活的心情写照吧。

不过对于百达翡丽而言，它与英国王室之间的缘分早在 1851 年就开始了，那一年，历时 5 个多月的首届世界博览会在伦敦举行。当时维多利亚女王豪不犹豫地选购了一只百达翡丽怀表。这只表的直径只有 3 厘米，表壳很薄，而且是世界上首次采用无匙上链的设计，蓝色珐琅表盖上饰以钻石拼成的玫瑰花图案，旋柄上垂着一枚镶有 13 颗钻石的金别针。即使在现在看来，这些工艺依然极尽奢华。而且，百达翡丽不但得到了维多利亚女王的青睐，她的丈夫阿尔伯特亲王也同样相中了来自百达翡丽的一只男款怀表，并立即买下。

PATEK PHILIPPE

品·牌·志

在瑞士的高级制表领域中，百达翡丽的显赫地位是毋庸置疑的。其实如果论资历，百达翡丽的诞生相比于宝珀晚了一个多世纪，比江诗丹顿晚了 80 多年，而且，它的名字一半是波兰血统，另一半则属于法国。1839 年，一个名叫安东尼·百达的 27 岁波兰移民与同样来自波兰的钟表匠弗朗西斯合伙在日内瓦做起了钟表生意。1844 年，安东尼·百达在巴黎钟表博览会上与法国钟表师阿德里安·菲利普相识并力邀其加盟。自 1851 年起，取自两人名字的“百达翡丽”正式出现在了他们的钟表作品上，直至现在。但究竟是什么原因，造就了它高不可攀的金贵身价，令王室贵族们对之着迷不已？

▲1989 年百达翡丽推出的具有 33 项复杂功能的 150 周年纪念表 Cal.89

百达翡丽是目前全球唯一一个在原厂内完成全部制表流程的制造商，这个流程包括了瑞士钟表界习称的“日内瓦七种传统制表工艺”，也就是综合了设计师、钟表师、金匠、表链匠、雕刻家、瓷绘家及珠宝匠的传统工艺，由头至尾，百达翡丽的每个制表过程都自己完成。通常，百达翡丽的钟表师需要有 10 年以上的制表经验，制造一只复杂功能的百达翡丽表需 2 至 3 年的时间，一只简单的表也至少需要 9 个月。

进入 20 世纪以后，百达翡丽的制表技术一直处于世界领先地位。1910 年 3 月，它制作出了著名的威斯敏斯特教堂五音表；1915 年，它制作了世界首只女装三问打簧表，1927 年，它的第一只装有录时器的腕表问世；两年后，它又创造了第一只计秒的腕表……1933 年，百达翡丽公司完成了为美国银行家亨利·格霍夫斯专门设计的一款集时差、星象等 24 种功能的极品复杂腕表（该记录直到 1989 年百达翡丽推出具有 33 项复杂功能的 150 周年纪念表 Cal.89 才被打破），零件加起来超过 900 个，其设计周期长达 3 年，制作周期长达 5 年。1999 年，它的拍卖身价达到了 1100 万美元。

“没人能真正拥有百达翡丽，只不过是为下一代保管而已。”对于百达翡丽而言，它代表的意义其实早已超越了时间，而是对于时间艺术的迷恋。自 1839 年诞生至今，百达翡丽产品的总产量不足现在全瑞士钟表业年产量的百分之一，据说它还有一个保密车间，百余年来每年只制造一只作品，谁想要获得这只表，起码要排到 8 到 10 年以后。目前，百达翡丽的 200 多位手艺精湛的钟表匠每年制造约 4 万只表，限量版表价格多在 50 万到 60 万欧元，有些特别限量版根本就不给出价格，一般只提供给特殊的买主或者拍卖会。

百达翡丽“Calatrava”系列腕表

百达翡丽“Calatrava”系列

典藏理由：不朽的经典

1932 年，百达翡丽公司被日内瓦一家精细表盘制造公司的主人查理斯·斯特恩和简·斯特恩两兄弟收购（今天的百达翡丽已经交到了该家族的第四代成员泰瑞·斯特恩手上）。当年，百达翡丽推出了经典的“Calatrava”系列，首款作品的型号为 Ref.96。“Calatrava”取自于百达翡丽公司从 1857 年便开始使用的标志——卡勒多拉巴十字架。

其实不管钟表设计潮流怎么日新月异，古典风格一直是不变的趋势，能够再现古董表款的隽永设计，又有符合时代期望的新元素注入，才能造就新的经典。百达翡丽“Calatrava”系列是其最具古典美感的表款之一，线条简约，雅致利落，无论是超薄的设计，还是经典的“巴黎钉纹”图案装饰，或者是大面积抛光的表圈，它的精致和美感总会让人轻易就一见钟情。所以，诞生以来，“Calatrava”系列一直是百达翡丽最受追捧的系列之一。目前，该系列的男女各式表款已经有 20 多个型号，普京戴过的两款百达翡丽也都出自“Calatrava”系列。

百达翡丽 Golden Ellipse 系列

典藏理由：百达翡丽旗舰产品

发现于两千多年前的黄金分割比例一直给人一种最自然而然的悦目感和最完美平衡的印象。1968 年，百达翡丽推出了 Golden Ellipse 系列椭圆形表款，其表壳的长和宽采用的就是黄金分割比例的方式。可以说这种设计融合了简约和正统的纯粹，用最简约的方式，完美地体现了百达翡丽的精髓。诞生后，Golden Ellipse 成为了收藏家与鉴赏家争相搜罗的款式，现在，该系列已经成为百达翡丽的旗舰产品之一。让人一眼就知出自百达翡丽。

2008 年，Golden Ellipse 腕表系列面世 40 周年，为此，百达翡丽推出特别铂金款式，并创制了 100 套限量纪念套装。珍贵的木盒内装有两只 Golden Ellipse 腕表，型号分别为 Ref.5738P 超大款腕表以及 Ref.3758/100P 经典尺码腕表。两者均配衬精致的铂金表壳，表耳之间的六时位置镶有一颗小钻石。男款腕表配有 18K 白金 Golden Ellipse 袖扣，中央为蓝金；女款方面，镶皮抽屉内盛载高贵的 18K

白金项链，Golden Ellipse 链坠上镶有 69 颗完美无瑕的顶级维塞尔顿钻石和 29 颗耀眼的蓝宝石。

PATEK PHILIPPE

名·人·堂

百达翡丽腕表的身价在瑞士高级制表业中是数一数二的，历来能承受它金贵身价的人不是王公贵族就是富绅政要。而在百达翡丽的客户名单中，英国王室只是 150 多位王室成员中的一小部分，阿联酋王室、摩纳哥王室、日本王室都在其列。1910 年，百达翡丽受墨西哥贵族瑞格拉公爵委托，制作了首只完全复制了威斯敏斯特教堂大本钟钟声的携带式时计——“瑞格拉公爵”怀表。这只表正面是他家族的族徽，背面则用拉丁文刻着“不名誉，毋宁死”。这只表后来到了美国佛罗里达州的一名牙医师手中，但状况已经不佳，他将表送回百达翡丽维修。1990 年，百达翡丽在拍卖场上以巨资将该表购回，修复后放于百达翡丽的博物馆展存。

在俄罗斯，几乎人人都知道普京时常会摘下自己的手表送人，但是至今为止，还没人可以让他送出手上的百达翡丽。他的一只百达翡丽万年历腕表价值 6 万美元。有一次，日本某电视公司决定刨根问底，调查普京是否真的戴着百达翡丽，而百达翡丽方面的答复是：“我们也是听说普京戴了一只我们制作的腕表，而且那是一只非常经典的款式，不属于最复杂的那一种。”他们所提到的其实是普京的另外一只百达翡丽腕表，2003 年他任俄罗斯总统期间曾经戴过。其实早在 1892 年，百达翡丽就曾受俄罗斯贵族小姐、沙皇尼古拉二世的情妇多尔戈鲁卡娅之托，完成了一只小型 18K 金怀表的制作，表盖上是沙皇亚历山大二世的肖像，但是当时亚历山大二世已经去世了 11 年。现在，除了普京之外，俄罗斯政要戴着百达翡丽腕表的也不在少数，俄罗斯总统办公厅主任谢尔盖·纳雷什金手上的百达翡丽价值近 3 万美元，有俄罗斯“私有化之父”之称的电力大亨、俄罗斯联邦政府前副

总理丘拜斯也是百达翡丽的忠实主顾。不过不同的是，普京一直都把表戴在右手上，而不是其他人所习惯的左手。

此外，爱因斯坦、居里夫人、柴可夫斯基、托尔斯泰、普希金这些显赫的泰斗级人物也都很钟爱百达翡丽腕表，而百达翡丽也总是能针对顾客的具体要求，开发出一些具有特别功能的杰作。1927 年，应美国汽车大王柏加德（柏加汽车创始人）的定购，百达翡丽制作出了一只可以奏出他母亲最心爱的摇篮曲的打簧表，但其成交价一直众说纷纭，1988 年该表被百达翡丽公司高价购回。实际上这只是柏加德从百达翡丽定购的 13 只复杂功能表款中的一只。曾于 1934 年单独在南极洲度过了 5 个月的美国前海军上将、著名的两极航空探险家理查德·伯德也多次光顾过百达翡丽，他的一款百达翡丽腕表是 1928 年他为首次南极之行所定制的，高

度精确的机芯由软铁和不锈钢制成，双重表壳以保护机芯免受强烈磁场的干扰。

多年来，“范思哲”这个词语一直代表着完美、性感、高贵……无论是王公贵族还是富绅名媛，但凡能和时尚界搭上边的人，都无法与范思哲划清界限，包括戴安娜。

VERSACE 范思哲

很多人愿意将戴安娜喻为“永不凋谢的英伦玫瑰”，对于20世纪的时尚领域来讲，戴安娜的影响力是无法估量的，换句话说，对于林林总总的时尚品牌来说，能得到戴安娜的青睐简直是最高的殊荣，而如果哪位设计师能以“戴安娜朋友”的身份居之，意义如何相信已不用多说。很幸运，詹尼·范思哲做到了。

戴安娜拥有 5 英尺 10 英寸（约 178 厘米）的高挑身材，她的衣柜里拥有 4000 多套衣服和 600 多双鞋，总价值上千万美元，这些衣服有很多都是出自范思哲的杰作。戴安娜一直十分喜欢流行音乐，而她与范思哲的结识正是源于英国流行乐坛的常青树——埃尔顿·约翰的牵线搭桥。大概是由于英国式的设计有些过于保守和严谨，虽然能很好地衬托出戴安娜庄重优雅的气质，但有时却可能淡化了她的特点，比如她漂亮的湛蓝色的眼眸。所以戴安娜一直比较偏爱意大利人的注重凸显个性的设计风格，她出席活动的很多套装都是从范思哲那里量身定制的，着重表现她的活力和热情。

1994 年，范思哲为戴安娜设计了一款著名的蓝色单肩晚装，选用的是很娇艳的蓝色绸缎。与刚嫁入王室时颔首缩胸的形象形成鲜明对比，当时的戴安娜显得极其自信而且光芒四射，而她与查尔斯的婚姻也已经名存实亡。1995 年在伦敦举行的《阿波罗 13 号》首映式上，戴安娜选择了范思哲设计的一款性感的黑色短裙，传说查尔斯看到报道照片时一度后悔自己当初对她的背叛，然而，戴安娜离开王室的脚步却并未因此停留。

1997 年 7 月 15 日，年仅 51 岁的詹尼·范思哲在迈阿密的别墅遭遇枪击身亡，戴安娜得悉后赶到了米兰，以一袭黑色范思哲套装出席了他的葬礼，拎在她手里的是一个亮闪闪的鳄鱼皮女包，上面雕饰着范思哲的商标——金色的美杜莎。实际上这几乎是戴安娜有生之年最后一次出现在公众的视野里，一个月后，戴安娜在巴黎遭遇车祸故去。

VERSACE

品·牌·志

“多数人梦寐以求，少数人真实拥有”，这句话是对奢侈品的真实写照，也是对范思哲的真实写照。它的创始人詹尼·范思哲被誉为“时装界的恺撒”，他 9 岁时就在母亲的帮助下完成了第一套礼服。1978 年 3 月 28 日，詹尼·范思哲在米兰举办了由自己名字命名的女装展示会，范思哲品牌从此诞生。第二年，范思哲开始与美国著名时装摄影师理查德·艾维登合作，范思哲的作品也被世界各大顶尖时尚杂志频繁地搬上封面。20 世纪 80 年代，摇滚时尚风靡一时，范思哲与摇滚巨星埃尔顿·约翰的完美合作逐渐奠定了他在时装界的盛誉。1986 年，范思哲被意大利总统柯西加授予“共和国荣誉”奖章。

1997年7月15日，一个穿着白色T恤衫、黑色短裤和白色凉鞋的男子像往常一样，到杂货店买了5本杂志，然后转身回家。到了门口，他走上台阶，钥匙刚插入锁眼，一个27岁的白人男子在他身后举起了手枪……于是，在美国联邦调查局的档案中出现了这样一段：

死者：詹尼·范思哲；

国籍：意大利；

年龄：51岁；

死因：谋杀；

凶手：安德鲁·库纳南；

动机：不明；

凶手下落：已自杀。

▼ 范思哲 Vanitas 扶手椅，代表着俏皮和挑衅性的精神，演绎着经典的世界。

范思哲的遇害被美国《时代》杂志列为世纪奇案之一，詹尼·范思哲只是凶手安德鲁·库纳南制造的连环杀人案中的一环，而如果当时他能在外面多逗留一会儿，哪怕喝杯咖啡，事情的结局可能就不是这样。詹尼·范思哲死后，范思哲公司由他的哥哥圣·范思哲和妹妹唐纳泰拉·范思哲经营，直到今天，其产品涉及时装及配饰、腕表与珠宝、香水以及家居等多个系列。尽管古驰集团和LVMH集团一直对其虎视眈眈，但是用范思哲家族的话说，“我们永远不会卖掉公司。”

VERSACE

典·藏·馆

范思哲高级定制系列

典藏理由：决不平庸

范思哲的设计常常游走于高雅和性感之间，既有超乎现实的歌剧式的华丽，又能充分考虑穿着舒适及恰当地展示体形。同时，范思哲十分善于运用宝石般的华丽色彩以及流畅的线条，强调独具魅力的不对称斜裁，可以表现出独特的美感

和极强的先锋感，却又不显得唐突、莽撞。总而言之，范思哲不会落入平庸。1989年，范思哲在巴黎推出了高级定制系列时装，它将范思哲的整体设计风格推向极致，现在的每一年，范思哲各季的新款定制服饰发布会总是时装界最值得期待的盛事。

在女装上，范思哲的设计强调快乐与性感，领口甚至可以开到腰部，具有丰富的想象力，性感地表达女性的身体。但有时范思哲又可以极具文艺复兴的格调，从上到下都散发着艺术的魅力与美感。在男装上，范思哲的设计时而大胆，时而闲散，甚至还总愿意加入一点放荡不羁的野性，但唯一不变的就是尤其注重对于肩部和手臂部分的剪裁处理，那是突出男装款型的核心地带。1991 年，范思哲先后为身材健硕的史泰龙精心定做了两套服装，其中有一套深蓝色的西装加上牙白色的衬衣，完美地掩饰了他两肩过于宽大的缺陷。这套西装现在仍为美国演艺界和时装界所推崇。

范思哲腕表及珠宝

典藏理由：华丽的艺术品

20 世纪 90 年代是范思哲品牌发展史上的一个重要时期，在此期间，范思哲珠宝和腕表系列的诞生使得品牌多元化战略初具规模。1996 年，范思哲开始与瑞士钟表品牌法兰克·穆勒合作在日内瓦制造限量版珠宝腕表，其研发和生产都在瑞士日内瓦完成。为了进一步强化市场份额，2004 年，范思哲与拥有 150 多年历史的瑞士天美时集团合作，成立了 Vertime SA 公司，专门负责所有范思哲珠宝首饰和腕表的生产和分销。2007 年，首家专营范思哲珠宝首饰和腕表系列的范思哲专卖店在罗马的弗拉提纳大街开业，然后是迪拜、北京。

范思哲的腕表如今涉及“角色”、“DV One”、“商务”、“永恒”、“命运精神”等多种男女款式，这些表的表盘上都饰有范思哲经典的品牌标志——美杜莎。

2010年，范思哲的珠宝和腕表同时推出了华丽的EON系列，腕表主要采用流行的翻转式镀金表壳，配以白色珐琅表盘以及镶有钻石的外圈。EON珠宝系列的指环、耳环及吊坠采用黄金、白金与粉红金制造，环环相扣的圆形造型与EON系列腕表同出一辙，镶饰名贵宝石及美钻，华丽而高贵。

名·人·堂

一直以来，很多人都想弄清楚范思哲到底在诠释着什么，时尚？高贵？性感？似乎都是，又似乎都不是，散发着一种莫名其妙的诱惑力，无数人都被它深深地吸引着。

法国前总统萨科齐的夫人卡拉·布吕尼除了以前做过范思哲的T台模特，生活中的她也是范思哲的忠实主顾。北美歌坛天后麦当娜在90年代初曾为范思哲拍过一系列宣传照，她说过：“在范思哲为我设计制作的牛仔裤里包含着许许多多我对他的回忆，而这些回忆是不会到任何地方去的。”在范思哲的顾客名单上，名模伊丽莎白·赫利、好莱坞影星凯瑟琳·泽塔琼斯也都名列其中。“拳王”泰森甚至一直对服装大师范思哲尊崇备至，在1995年犯法入狱后，泰森很想念范思哲设计的休闲裤，据说范思哲后来特意给他送去了一些。

摇滚巨星埃尔顿·约翰既是范思哲最亲密的一个好友，又是他的一个狂热粉丝。他们相识于1986年，当时埃尔顿在位于米兰的范思哲旗舰店里疯狂购置衣

服，并且希望设计师能见自己一面。结果两人一见如故，视为知己，后来两人还常常结伴去逛古董店和参加拍卖会，范思哲还为埃尔顿的专辑《唯一》设计了封面，为他的全球巡演设计了舞台背景和演出服装。范思哲还在曼哈顿的家中专门给埃尔顿留了一个套间，里面的床是范思哲花费巨资从一位红极一时的纽约艺术家朱利安·施纳贝尔手中特意购置的。生活中的埃尔顿几乎只穿范思哲的衣服，范思哲甚至有一次说："实际上，埃尔顿自己的家中就有专门储藏我设计的作品的博物馆，他的壁橱里堆放的范思哲服装比我的档案室里都多。"

人人都爱巴宝莉，不仅因为它150多年的经典历史，还有高级时装最执著的奢华风尚，人们随时都可以从巴宝莉那里寻回真正的华丽。

BURBERRY

巴宝莉

创立于1856年的巴宝莉是具有强烈英伦特色的世界顶级服饰品牌，也是英国王室的御用品牌。由于不满当时笨重又不透气的橡胶雨衣，巴宝莉设计出了一种由经过防水处理的亚麻布或棉纱制成的质地密实的布料——“轧别丁”。英国国王爱德华七世是最早穿着巴宝莉“轧别丁”外套的英国王室成员之一，而他的钦点也被认为帮助普及了巴宝莉这一品牌。1955年，巴宝莉获得了由伊丽莎白二世女王授予的“皇家御用保证”徽章，1989年，查尔斯又为巴宝莉再次颁发了“皇室御用保证”徽章。其实戴安娜与查尔斯都很钟爱巴宝莉，1983年7月1日，两人在加拿大新斯科舍省度假并且庆祝了戴安娜的22岁生日，当时的摄影师为两人留下了一张在雨中撑伞散步的照片，他们身上都穿着巴宝莉的米色防雨风衣，而脸上的微笑似乎还流露着两人曾经的幸福。

戴安娜在世时，世界上无论是谁，只要她的头衔里有“王妃”两个字，她都不可避免地会被拿来与戴安娜进行一番比较。其实这个习惯到了现在也仍在延续着，并且顺理成章地延续到了英国新晋王妃凯特·米德尔顿身上。相比于戴安娜在时尚领域的巨大影响力，如今的凯特也是备受关注和追捧，而她所钟爱的品牌一直比较偏向于英国本土，例如，巴宝莉。

2011年3月，大婚将至的准王妃凯特陪同威廉王子访问北爱尔兰，她当时穿的是一件带有裙边设计的米色巴宝莉风衣，价值650英镑。而随着相关的照片出现在网络以及各种媒体上，英国各地商店里的同款风衣便在第一时间里就被抢购一空。英国的时尚编辑希拉里·亚历山大的评价是："在时尚方面，凯特有着女性特有的感觉，从来不过分招摇。她不是盲目跟随时尚潮流，她是为自己穿衣打扮。"

BURBERRY

品·牌·志

在16世纪英国文学里，和面料有关的词常常是"轧别丁"，意思是"恶劣天气中的遮蔽物"，莎士比亚在作品中曾写道："我藏身在轧别丁的衣服里，抵抗风暴的侵袭。"不过到了19世纪晚期，这个词就开始属于巴宝莉。巴宝莉创立于1856年，当时它的创始人托马斯·巴宝莉只有21岁。

作为户外运动的爱好者，托马斯一直不满于当时的橡胶雨衣，他利用新的织造方法发明了一种防水、透气、耐磨的斜纹布，取名"轧别丁"。巴宝莉后来研发出五种不同重量的"轧别丁"，并为丝绸和羊毛制的巴宝莉防水衬料申请了专利。1901年，英国陆军部开始在陆军中推广特制的巴宝莉军用风雨衣，随后英国海军部也在1906年批准该风雨衣供皇家海军陆战队使用。据估计，一战期间参战的英国军官们共穿用了50万件巴宝莉风雨衣。战后，军官们也把他们的风雨衣带回了家，巴宝莉风格的服饰也随之上升为一种独特的英

伦文化。

在20世纪的大部分时间里，巴宝莉几乎只生产风衣、定制男装以及其他的户外运动服饰，包括出海垂钓装、猎装等，直到20世纪60年代，巴宝莉开始把它著名的红、黑、米、白四色交叉的格子图案用在了雨伞、箱包和围巾上，并长年畅销。现在，巴宝莉的产品已经扩大到香水、化妆品、鞋履、太阳镜、腕表以及家居用品等领域，它已经成为英伦气派和尊贵品位的代名词，像一个忠诚的卫士一般，守护着大不列颠的精品文化。

BURBERRY
典·藏·馆

巴宝莉风衣

典藏理由：永远的时尚

提到风衣，没有人会忽略掉巴宝莉，整个20世纪，巴宝莉几乎就是风衣的代名词。很多人都还记得，在《蒂芙尼的早餐》中，奥黛丽·赫本梳着精致的盘发，

穿着经典的米白色风衣走上大街，那一刻，仿佛全世界都屏住了呼吸，风衣为她留下了最优雅的身影。

温莎公爵退位以后，他与夫人常在宁静的法国公园中悠闲地散步，夫人很爱穿一件及膝的束腰风衣，露出小腿，脚上是黑色半跟漆皮鞋……这些是巴宝莉风衣留给世人的经典印象。即便是现在，一件款式大方的巴宝莉风衣依然是很多欧洲女孩在找工作之前为自己添置的必需品，即便它的价格通常在 1000 美元以上。

目前，巴宝莉开始设置了个性化定制风衣的业务，用巴宝莉首席创意官克里斯托夫·百利的话说：“这是一个矛盾的世界，但风衣是一个永恒的时尚”。顾客可以根据自己的喜好去选择面料、衣领、图案、纽扣、皮块以及绣上自己的名字缩写，统计下来，共有 1200 万种组合可供选择。

BURBERRY

名·人·堂

巴宝莉具有无与伦比的魅力，看似中规中距，但却有着致命的吸引力。从爱德华七世点名要穿巴宝莉之后，巴宝莉就在全世界的名流圈中享有了一批忠实拥趸，包括英国前首相温斯顿·丘吉尔、美国前总统里根、美国传奇影星保罗·纽曼、爱尔兰著名剧作家萧伯纳、美国前总统小布什……在小布什留下的一张照片上，他从“空军一号”上缓步而下，向欢迎的人群挥手致意，轻风拂起，扬起的风衣衣角露出了巴宝莉标志性的格子衬里，于是所有人都明白了，他当天穿的是什么牌子的衣服。后来在 2006 年他 60 岁生日的时候，与他私交甚好的当时英国首相布莱尔曾非常细心地挑选了一件巴宝莉毛衣送给他作为生日礼物。

19 世纪后半期，当巴宝莉的轻便透气的防水质地外套面世以后，乘热气球飞行者和早期飞行员们几乎全都穿上了特制的防风防雨的巴宝莉服装，它也是英国沙克尔顿爵士、英国海军军官斯科特上校以及挪威极地探险家罗纳德·阿蒙森等一些 20 世纪初最知名的冒险家们的出行首选。1911 年，挪威探险家阿诺德·阿蒙森上校率领一支 5 人小分队成功抵达南极极点，创造了历史。在南极点上，阿蒙森留下了一个斜纹布帐篷，以向后来者证明他完成了这次探险，而这个帐篷正是用巴宝莉那充满个性的条纹图案布制成。后来人们发现，阿蒙森上校的户外用品和服饰装备几乎全都来自巴宝莉。

法国凡尔赛宫的镜厅画廊

虽然作别了延续千年的王朝大幕，但一座座金碧辉煌的法兰西宫殿依然在默默吟咏着它曾经的奢华与张扬，也深深记取着那些人世间最华丽的过往。

法国王室（上）

一部恢弘的贵族史诗

王朝故闻

如果可以选择自己的出生地，相信法国一定是大部分人的理想答案。洒满阳光的塞纳河，名胜、名店遍布的花都巴黎，酒庄无数的香槟区……徜徉在地中海怀抱中的法兰西总是那样时尚、古典、浪漫。其实在很早以前，这块美丽富饶的土地名叫高卢，公元前1世纪，它就吸引了恺撒将它纳入到罗马文明的统治中。但随着罗马帝国走向分裂，法兰克人逐渐成为这里的主角。

公元486年，墨洛温家族统治下的法兰克人在首领克洛维的带领下击败了罗马在高卢的末代统治者，而他们获得的最大战利品就是塞纳河地区的大部分土地，包括巴黎，法兰克王国也就此建立。随后的十几年时间，克洛维先后征服了法兰克其余各部，墨洛温王朝的统治也就此开始。法兰克人早先有一个传统，国王死后他的后裔可以平分疆土，所以墨洛温王朝近200年的统治其实一直处于分崩离析的状态，几乎没有人可以成为所有法兰克人的国王，此后的加洛林王朝（751—987年）也是如此。9世纪中叶，加洛林王朝一分为三，实力最强的西法兰克王国逐渐演变成了法兰西王国。

法兰克人的《萨利安法典》规定女性没有王位继承权，加洛林王朝及其后的卡佩王朝（987—1328年）、瓦卢瓦王朝（1328—1589年）都因此退出了历史舞台，继起的是以亨利四世为开端的波旁王朝。波旁王室缘于法国中部的波旁地区，其先祖为路易九世（1226—1270年在位）的次子罗伯特。在波旁王朝300多年的统治中，从不可一世的太阳王路易十四到法国历史上唯一一位被送上断头台的国王路易十六，他们带来了法兰西王室最波澜壮阔的一段历史，同时也迎来了那最后一抹落日的余晖。

选精华中之精华，享极品中之极品，在法国，这些王公贵族式的奢华生活没有随着法国王室历史的终结而一并退出历史舞台。它已经造就了一种法兰西式的精品文化，并且时刻传递着关于精品生活的最高精神。

一个小小的罗曼尼酒庄，当年曾引来了康帝亲王与蓬巴杜夫人的一场较量。最终，康帝亲王如愿以偿，而罗曼尼·康帝的名字也被传承至今，那是所有红酒客的终极向往。

宝玑表的创始人宝玑大师曾深受法国国王路易十五的赏识，而路易十六以及玛丽王后以至后来的拿破仑，他们都成了宝玑表的忠实拥趸。

法国现任第一夫人布吕尼称得上是法国国货最忠实的拥戴者，而从她平常的穿戴习惯中不难看出，名模出身的她无疑对迪奥时装情有独钟。

在欧洲，凡尔赛宫是人们一生中不可不去的地方，它始建于“太阳王”路易十四时期，历时超过25年，曾经有一位宫女描述它是“一座为彰显国王的伟大而建立的宫殿，为满足国王的欲望，绝对不会有任何节省”。到1690年，凡尔赛宫的建筑物、家具、装饰、庭院和水渠等总体花费几乎已经无法估算，那是一座名副其实用金钱堆砌出的宫殿。

路易十四是法国历史上在位时间最长（72年）的君主，1682年以后他便久居于凡尔赛宫，传说他有“爱床癖”，宫中当时为他准备了413张床，其中特大号的有155张。这些床宛如神坛一般，四外缀有浮雕装饰和镶金细工，床铺的幔帐饰以羽毛。路易十四最崇尚的治国准则就是“朕即国家”，法国在他的统治下实现了空前的高度集权，除了外出征战，他的臣子们几乎没有任何实权，他们最主要的事情就是从早到晚出席各种宫廷宴会、舞会和游猎活动。如果有重要客人到访，宫廷盛宴可能要持续整整三天。最多的时候，宫中居住的王公贵族及其侍从、卫队有36000名之多，法式大餐的很多习惯也是从当时流传下来的。当时的法国宫廷从餐具到伴奏的单簧管一般都是金质或者镀金的，宴会所用的肉类和菜类等食材都由勒芒、鲁昂等地专门提供，酒类通常来自于当时最负盛名的教会酒窖以及酒庄，酿制时间要在4年以上。当时，华丽奢靡的凡尔赛宫每年的支出要占据法国整个财政预算的一大部分。

▲ 凡尔赛宫王后宝座

路易十四被誉为欧洲有史以来最伟大的艺术赞助者，他的慷慨采买甚至使教皇下令禁止艺术品外销以免意大利沦落成艺术的荒漠。路易十四还积极扶持法国的艺术家，伏尔泰曾经估算他每年购买法国艺术品要花费80万里弗尔（旧法币，

▲ 法国凡尔赛宫的王后寝宫

相当于中国的纹银），在路易十四看来：“我在 15 分钟内可以册封 20 个公爵，但要数百年才能造就一个芒萨尔。”不过后来为了筹措战争费用，路易十四卖掉了凡尔赛宫内的许多艺术珍品，甚至熔化了众多青铜雕像以及金银制造的盘子、餐具、烛台等。1715 年临终时，他对年仅五岁的路易十五留下了最后的忠告：“要尽力同邻国和睦相处。我过去太爱战争。这一点你不要学我，也不要像我那样过度挥霍。”

现在看来，路易十四的告诫似乎并没有起到太大的作用，路易十五时期，华丽的洛可可艺术通过法国宫廷大放异彩，其极尽华丽与矫饰的特点直接影响到了当时的宫廷建筑、园林以及服饰风格。到了路易十六时期，他又斥巨资在凡尔赛宫为王后玛丽·安东尼修建了小提亚依宫，后来又在宫里修建了一座瑞士农庄，王后常装扮成乡间牧羊女在此游玩，她身边的羊儿都喷洒上了名贵的香水。200 多年来，玛丽王后一直被当做穷奢极欲、奢华无

度的象征，有人将其称为“赤字夫人”、“吞噬了大半个国家的凶猛野兽”，整个国库都让她拿去做衣服、买珠宝还有四处游乐，而路易十六的心思则全都用在了制造锁头上。终于，1789 年法国大革命爆发，1793 年 1 月 21 日，路易十六被送上革命广场（今协和广场）断头台，成了法国历史上唯一一位被处死的君王。9 个月后，玛丽王后也上了断头台，据说当时她紧张得踩到了刽子手的脚，所以她生前留下的最后一句话是：“对不起，我不是故意的。”玛丽王后的遗体在数天后才由一位守墓人草草埋葬，守墓人向政府开出一张棺材费和人工费的催款单，这笔费用在 4 年之后被付清，用的是拍卖玛丽王后留在狱中的随身物品所得的收入。实际上，当初通过处决路易十六的公安委员会成员谁也没有得到善终：马拉被刺死在浴室，丹东和罗伯斯比尔后来也上了断头台。

波旁王朝后来历经两次复辟，无奈君主制终究大势已去，波旁王朝最终退出了历史舞台，但其曾经的奢华生活依然定义着当初那个时代的华丽，在古老而又金碧辉煌的宫殿里，他们选精华中之精华，享极品中之极品，从美酒、珠宝再到服饰，生活的点点滴滴都带着精致入微的奢华，王室的尊贵风范也在举手投足间显露无遗。

极其稀少的产量和绝佳的品质让罗曼尼·康帝有了“勃艮第之王”的美誉，它是名媛绅士们所邂逅的最美好的“毒瘾”，也是上帝对人间最美好的馈赠。

ROMANÉE·CONTI
罗曼尼·康帝

对法国人而言，葡萄酒几乎已经成了民族的图腾，早在当初罗马大军进入高卢的时候，葡萄的种植也随之传入。如今，香槟区、勃艮第、波尔多早已是世界顶级名酒产地的代名词，而在当初盛大的法国宫廷宴会上，美酒当然必不可少。路易十四尤其中意香槟区一位名叫唐·培里侬的修士所在的修道院所酿制的香槟酒。1715 年路易十四死于炭疽后，他年仅五岁的曾孙登基成为路易十五。路易十五在位近 60 年，他一生中有过数位红颜知己，被称为洛可可艺术女神的蓬巴杜夫人就是其中之一。1744 年，路易十五将这位刚刚离异的贵妇人封为蓬巴杜侯爵夫人，并成为他的私人秘书。蓬巴杜夫人十分中意产自勃艮第地区的红酒，有一次她甚至想买下当地的一个名叫罗曼尼的知名酒庄，但最终却没能如愿，与她竞争的，是路易十五的一位堂兄弟——康帝亲王。

▲ 蓬巴杜夫人。路易十五对蓬巴杜夫人十分宠爱，常以她的名字命名她喜欢的瓷器、点心、发型等等，一切以她的喜好为准。而她也有“洛可可艺术女神”的美誉，由于她的恣意挥洒，繁复、华美、娇饰的洛可可风格直接影响到了当时法国宫廷的建筑、园林设计以及服饰。

罗曼尼酒庄的历史可以追溯到 13 世纪甚至更早，它的葡萄园原本属于勃艮第地区的圣维旺修道院——当时的酿酒收益是各大修道院的一大经济来源，几经易手之后被克伦堡家族在 1631 年购入，1651 年更名为罗曼尼酒庄。1760 年，克伦堡家族由于债务缠身被迫出售罗曼尼酒庄，当时蓬巴杜夫人和康帝亲王都看中了，最后康帝亲王以惊人的 8 万里弗尔将其购入，按当时的交易惯例，他还另外支付了 12400 里弗尔买下酒庄酒窖中存放的酒。康帝亲王将酒庄收入囊中后一直将其视若掌上明珠并冠上自己的姓氏，称为“罗曼尼·康帝”，所出之佳酿一般只供王室贵族享用，不赠他人。而蓬巴杜夫人据说从此以后便不再青睐勃艮第的葡萄酒，更加偏向于香槟。

但好景不长，法国大革命袭来后，康帝亲王一家逃往海外，财产全部充公，罗曼尼·康帝酒庄多次转手，最终于 1869 年在酒商布罗杰手上安定下来。1942 年，另一位酒商亨利·勒华从布罗杰家族手中购得酒庄的一半股权。自此，该酒庄一直被这两个家族共同拥有，而罗曼尼·康帝的名字却被沿用至今。

ROMANÉE·CONTI
品·牌·志

法国红酒的著名产区中，最耳熟能详的是以拉菲和柏翠等五大酒庄为代表的顶级波尔多酒庄，多年来一直备受追捧。但是勃艮第只需要一个罗曼尼·康帝酒庄就可以与波尔多的声望比肩，可见罗曼尼·康帝的地位之高。

罗曼尼·康帝红酒被誉为“勃艮第之王”，它的葡萄园总面积只有 1.8 公顷，年产量只有区区几千瓶，种植的葡萄为贵族品种黑比诺，植株的平均年龄超过 40 年。酒庄于 1936 年被法国官方定为特级葡萄园，即分级制度中最顶端的一阶。

1866年时，法国暴发了根瘤蚜虫病，很多庄园受到影响甚至数年颗粒无收。罗曼尼·康帝不惜血本，使用化学肥料取代可能传染蚜虫病的天然堆肥才躲过大劫。二战期间，罗曼尼·康帝也经受了相当大的损失，到了1945年园主已经无法投资。1945年的春季，严重的冰雹灾害伤到了园区的大部分植株，那一年只生产了600瓶酒。老植株在1946年被铲除，因此直到1951年，罗曼尼·康帝没有出一瓶酒。

由于地处坡地，罗曼尼·康帝葡萄园中的土壤很容易被雨水冲走，因此一旦连绵的雨季过后，工人们经常拿着铁锹和铁桶，把冲走的土壤填回。葡萄成熟时，酒庄谢绝任何的观访活动和闲杂人员，熟练的葡萄工人手提小竹篮小心地将完全成熟的葡萄采下并随即送到酿酒房，然后经过严格的人工筛选才能酿酒。罗曼尼·康帝酿酒过程不用现在广泛使用的恒温不锈钢发酵罐，而是在开盖的木桶中发酵，发酵后所有葡萄酒都要在全新的橡木桶中陈酿，这些木桶是木条在风干三年后再经过特殊的低温烘烤后才制成的。

罗曼尼·康帝的瓶口上都会印着“Monopole”，意思是产自于由独家经营或者独立拥有和支配的葡萄园。除了罗曼尼·康帝园区，其所属的康帝酒庄还拥有塔希、李察堡等数个特级葡萄园的全额或部分所有权，而产量最金贵的罗曼尼·康帝无疑是皇冠上最闪亮的一颗明珠，面积仅占1/10。因此酒庄一般采用一种搭配销售的方法，要买五瓶酒庄出品的其他红酒，才能够买一瓶罗曼尼·康帝。敢这样挑战买主的消费标准，恰恰说明了康帝酒庄所出的必属精品。

ROMANÉE·CONTI

典·藏·馆

罗曼尼·康帝年份红酒

典藏理由：“神赐的梦幻之物”

罗曼尼·康帝红酒被誉为“神赐的梦幻之物”，年产量通常只有5000到9000瓶，不到波尔多拉菲酒庄的1/50，所以一般来说在市场上是找不到的，它通常只出现在特定的消费地点或者拍卖会上。美国著名葡萄酒品论家罗伯特·帕克曾说：“罗曼尼·康帝，百万富翁才可以拥有，但要亿万富翁才舍得品尝。”2006 年上半年在纽约佳士得拍卖会上，6 瓶 1.5 升的 1985 年份罗曼尼·康帝拍出了 17 万美元的天价。

2008 年，全球最著名的名酒拍卖行——美国 AMC（Acker Merrall & Condit）在香港举行拍卖会，总成交额达 6400 万港币。其中，罕见的原箱 12 瓶装 750 毫升的 1990 年份罗曼尼·康帝以 156 万港币的价格被拍出，得主为一位新加坡商人。连同其他费用，这款酒的最终成交价为 189 万港币，即每瓶逾 15 万港币。这打破了罗曼尼·康帝的拍卖纪录，甚至超过了一箱 12 瓶装 750 毫升以及一箱 6 瓶装 1.5

升的波尔多地区木桐酒庄的1945年份珍品，这两款酒的最终成交价分别为130万港币和120万港币。

据悉，1990年份罗曼尼·康帝的产量大约只有7440瓶，首次出售时每瓶售价在300到400美元，现升价逾60倍。实际上，康帝酒庄的葡萄酒平均每年升值幅度在15%-25%，而当时拍卖的原箱12瓶装的1990年份罗曼尼·康帝在全球只有3箱，故升值潜力更加巨大。

ROMANÉE·CONTI

名·人·堂

自法国大革命以来的200多年间，法国政府官员中酷爱葡萄酒收藏的第一人当属法国前总统希拉克。希拉克生于巴黎的银行家家庭，家境优越的他热爱收藏，尤爱收藏葡萄酒。他从30岁起开始从政并在1977年至1995年三次连任巴黎市长，而在此期间，其富豪子弟的做派在美酒佳肴上得到充分展示。据事后报道，希拉克夫妇在这段时间用在美酒佳肴上的花费有150万英镑，而巴黎市政厅地下酒窖里收藏的各种葡萄酒数量达到了1.8万瓶。

▲ 据说希拉克对亚洲文化和艺术一直有着浓厚兴趣，他曾经对法国体育报纸说，如果他的人生重来一次，他愿意成为一名相扑选手，连家里的马耳他狮子狗都取名为“相扑”。希拉克曾几度访问中国而且十分钟情于中国考古，是一位不折不扣的青铜器“发烧友”，他早年在上学的路上经常路过陈列着许多中国文物的吉美博物馆并在那里停留很长时间，以致耽误了上课。

1995年5月，希拉克当选为法国总统并在2002年以绝对优势击败对手勒庞实现连任。2006年7月，即希拉克卸任的前一年，巴黎市政厅展示了他在市长任期内的6000瓶藏酒并准备在秋天拍卖。2006年10月20日和21日，公开拍卖会在巴黎市政厅如期举行，总共拍出4680瓶，总成交额近100万欧元。其中出手最阔绰的竞拍者是来自英国古董葡萄酒公司的老板史蒂芬·威廉姆斯。他拍得2瓶1986年份罗曼尼·康帝，成交价为每瓶5000欧元，为单瓶价格之最，此外还有36瓶1996年的拉菲（每瓶700欧元）、11瓶1988年的柏翠……威廉姆斯对《巴黎人报》说：“我知道希拉克因为花费奢华而饱受批评，但这次拍卖会后，人们或许可以得出这样的结论，这其实是一项很好的投资。”据说当初希拉克在购买1986年份罗曼尼·康帝时，每瓶只花了大概600欧元“而已”。

钟表的诞生是为了极大地便利所有人的日常生活，但是宝玑表似乎一直都在远离这一宗旨，也远离平凡。从一开始，它的尊贵与矜持就与王室贵胄的追求不谋而合。

Breguet 宝玑

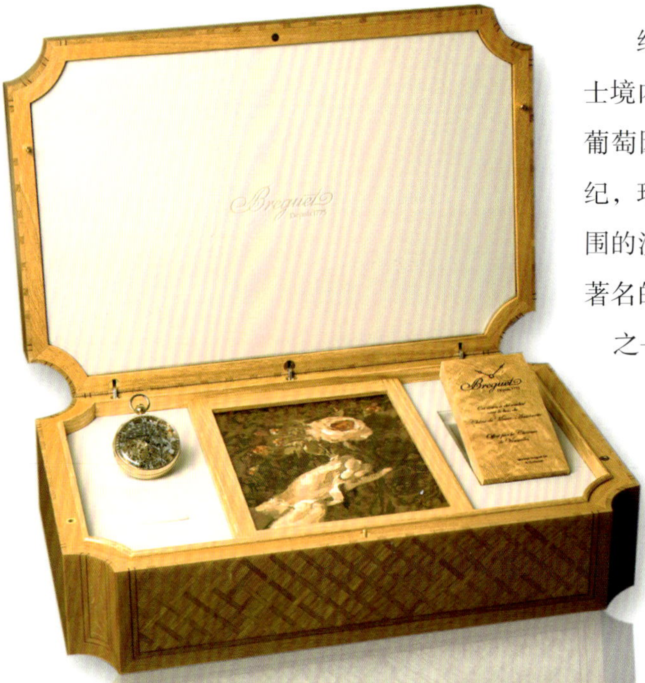

▲ 宝玑玛丽怀表

绵延于法国东部的汝拉山脉一直连通至瑞士境内的日内瓦湖，在法国，它是勃艮第地区葡萄园区的重要屏障，而在瑞士，早在18世纪，瑞士制表业已经由日内瓦开始扩展到了外围的汝拉山谷地区，并且逐渐成为了全世界最著名的钟表产地。作为瑞士最古老的制表品牌之一，宝玑表的创始人亚伯拉罕·路易·宝玑堪称18世纪最伟大的瑞士钟表大师之一，他虽生于瑞士但是大部分时间都是在巴黎度过的，而他的制表才华也得到了当时法国国王路易十五的赏识，但是他当时还尚未创立自己的品牌。1774年路易十五因天花暴毙后，他的孙子即位成为路易十六。1775年，宝玑在巴黎开设首间钟表店，路易十六及王后玛丽·安东尼也成为了宝玑表最忠实、最狂热的主顾之一，曾经购入多款宝玑怀表。1783年，玛丽王后又向宝玑提交了一份订单，她要为路易十六定做一只集合当时所有复杂功能的怀表，不计成本，没有时限。可是直到44年以后的1827年，这只集合了宝玑制表工艺最高精髓的名表才终于制作完成，具有万年历、天文时差、三问报时等诸多复杂功能。只是彼时，不但玛丽王后已然香消玉殒30多年，宝玑大师也在四年前就与世长辞，但是这只表已然成为宝玑以及世界制表业的一个神话。

1983年，这款表中女王失窃于耶路撒冷博物馆。2005年，

Certificat N°. 2095

▲ 拿破仑时期的宝玑 Ref. 6190 旅行座钟。Ref.6190 座钟内部装置有特制的手动上链机芯 Cal.564 1，透过钥匙进行上链及调校，可提供长达 8 天的动力储备，带动大三针精准地运行。

宝玑集合了 12 位顶级制表师，决定根据自己保存的资料重新制作那只怀表，以待经典重生。而就在复制即将完成时，那批失窃藏品却忽然现身，原来的玛丽·安东尼怀表恰在其中。2007 年，复制工作顺利完工，全表使用了 823 个零件，为它打造专属展示盒的木材来自玛丽王后所居住的小提亚依宫中的一棵她十分钟爱的橡树，木盒外观精确复制了小提亚依宫的木地板图案，盒中有一幅玛丽王后 1785 年著名的握有玫瑰的手部特写。现在，原版怀表在瑞士巴塞尔展示，仅供瞻仰，即便有一天它真的因为某种原因被拿出来拍卖，业内人士估计其价值有可能达到空前的上千万美元，就连复制版的价值也在百万美元以上，但宝玑目前仍没有将其定期量产的打算。

为了向这位尊贵的客人致敬，宝玑不但捐赠款项用以修缮小提亚依宫，并特制了一批名贵的珠宝腕表，腕表即以小提亚依宫命名。宝玑后来还开发了直接以玛丽王后名字命名的系列珠宝腕表和首饰，它们延续了宝玑的贵族血统，更彰显着宝玑无与伦比的荣耀与辉煌。

Breguet

品·牌·志

宝玑大师1747年出生于瑞士名镇纳沙泰尔，10多岁时来到法国，17岁起就在巴黎制造钟表。1775年，他的首家钟表店在巴黎开业（注册地在瑞士），这也就是宝玑表的前身。对于现代制表业来讲，宝玑表就像是一个内敛而又超凡的教父，身上有着匪夷所思、无穷无尽的创新和想象能力。从世界上第一个避震装置到万年历，再到大名鼎鼎的陀飞轮，宝玑的数十项伟大发明总能给世界制表业带来巨大的惊喜，而高雅的宝玑字、协调优雅的宝玑针以及宝玑式游丝等等早已成为制表业中的专有名词，以至于后来有人产生了如下评价：宝玑似乎发明了一切，以后的任何技术与设计似乎都只是他的发明的变招而已。

20世纪60年代，在日制石英表产业的冲击下，瑞士制表业经历了一场毁灭性的巨大冲击，到了七八十年代甚至可以用溃不成军来形容，从事这一行业的人

▲ 2008 年，为纪念 1808 年的陀飞轮怀表问世 200 周年，宝玑推出了 1808 高复杂陀飞轮腕表，而它独特的半猎表形式也让宝玑迷们眼前一亮，外层表盖设有圆形中空，可以直接看见内层的小表盘，外层表盖上镶满 706 颗钻石，打开上盖就可以看见精美的陀飞轮。这款表基本上以定制形式出售，售价在 775 万人民币左右。

只剩下了 1.5 万。这时，瑞士钟表业出现了一位英雄式的人物——尼古拉斯·海耶克，他将当时两家重要的制表企业合并，成立了斯沃琪集团，专门开发石英表。实际上，瑞士人可以复制日本的技术，但是日本人在历史上永远比不过瑞士。于是，斯沃琪开始迅速从日本人手中收复失地。而当石英表泛滥成灾的时候，人们也终于开始嫌弃它没有灵魂，开始怀念起机械表滴答作响的美妙音色，瑞士高级制表业再度崛起。90 年代后期，海耶克陆续收购了宝玑、宝珀、欧米茄、浪琴等多家企业，建构了一个具有由高到低完整市场架构的钟表集团。

宝玑表目前有“传承”、“经典”、“海军”、“传统”、“那不勒斯”以及 20 世纪 50 年代专为法国海军空战部队研制的 Type XX、XXI 等八大系列，但数量一直很稀少，早前年产量还不到 4000 只，加入斯沃琪集团后虽有所上升，但是目前依然不足 3 万只，其金贵身价也就可想而知，基本上以万为单位。

典·藏·馆

宝玑 1808 高复杂陀飞轮腕表

典藏理由：高级定制

在陀飞轮装置诞生以前，因地心引力而导致的速度误差一直是困扰制表业的一大难题。1801 年 6 月 26 日，宝玑大师为解决这一问题而耗时六年研制成功的一项旋转擒纵调速装置正式获得了专利权，这也就是后来被称为“陀飞轮”的伟大发明。它通过一个“笼框”使擒纵轮在发条驱使下围绕一片被固定的齿轮做每分钟 360° 的旋转，从而将零件的方位差综合起来以抵消钟表在垂直放置时受到的地心引力作用。

1805 年，第一只装载陀飞轮的钟表终于问世，据统计，宝玑大师在 1823 年去世之前一共完成了 35 只陀飞轮表，但如今基本上都已下落不明。2000 年，宝玑所属的斯沃琪集团在巴黎开设了宝玑博物馆并开始在世界各大拍卖会上寻找宝玑珍品，许多具有传奇色彩的宝玑表终于得以回归。2001 年 10 月，一

只1808年生产的稀有陀飞轮怀表以195万瑞士法郎（约1250万人民币）被宝玑博物馆寻回，这是宝玑大师制作的第3只陀飞轮怀表，也算得上目前世界上可追溯到的最古老的陀飞轮怀表。

宝玑5号复刻怀表

典藏理由：致敬宝玑大师

斯沃琪将旗下品牌分成“盛誉”、“高级”等7个级别，而最高一级所包含的6种品牌的第一名就是宝玑，宝珀排名第二，而欧米茄只能排在第六位。一直以来，斯沃琪集团始终力图再现宝玑表最经典的设计，引领制表业，回味200年前的完美与纯粹。

1794年，宝玑大师亲手制作了一只5号怀表，其实这只表从1787年便已经开始构思制作，但是由于1789年法国大革命爆发，宝玑大师避居瑞士，此表的制作也就随之中断，直到1792年才重新开始，两年后终于制作完成。这只表具有60小时动力储存和月相显示，表壳为18K黄金且以手工篆刻麦粒图案，配有小秒盘、纵向刻度和月相显示窗。在今天看来，这款著名的怀表应该是动力储存多功能表的先驱了，其复杂的功能与古典的表盘设计也注定了它将成为一件极其珍贵的古董怀表。

机缘巧合，两个世纪之后，斯沃琪集团主席海耶克高价拍回这件稀世珍宝，而且他还与某位国家领导人立下赌约，要全真复制这款人们觊觎了200多年的名表。事实证明，宝玑做到了。在130名优秀的工匠历经两年多的拆解、分析和研究之后，5 只全新的 5 号怀表诞生了，而现代制表技术对其作出的唯一改动是选择了一款现代擒纵结构以确保它的运行更加完美。这款表的价格约合 1500 万人民币，前 4 只早已被欧洲权贵收入囊中，最后一只曾来到上海，仅定金就需要 700 万。

名·人·堂

18 世纪末，一场轰轰烈烈的法国大革命将雄韬伟略的拿破仑推向了时代的风口浪尖。当他为了法兰西与反法同盟开战的时候，陪着他指挥战斗的钟表有很多都是出自宝玑。1798 年，拿破仑在出征埃及前的一个月专程造访宝玑并花 7000 法郎购买了 3 件产品：一只带日历的打簧旅行钟，一只带温度稳定擒纵系统的打簧怀表以及一只自动上链打簧表。据统计，从 1798 年开始，拿破仑家族从宝玑购买的贵重钟表产品多达 19 件，他送给妻子约瑟芬皇后的一块黄金珐琅怀表后来在佳士德拍出了 130 万美元的天价，远比预估价高出了 7 倍。而在他人生最惨烈的滑铁卢一役中，他的对手盟军统帅英国惠灵顿公爵竟然也佩戴着宝玑的怀表。拿破仑的胞妹卡罗琳（即后来的那不勒斯皇后）也是宝玑的忠实主顾，她在 1808 年到 1814 年这短短 6 年里从宝玑定制了 34 只表，其中的一只鹅蛋形表款就是当今宝玑那不勒斯系列的前身。

▲ 拿破仑为他的妻子约瑟芬皇后从宝玑订购的一只黄金珐琅怀表，皇冠的图案反映出了约瑟芬的王室地位。

你一定知道英国前首相丘吉尔爱抽雪茄，但是，你知道他经常戴什么表吗？翻开宝玑表的顾客记录，你就能立即找到答案。1928 年，丘吉尔购买了一款具有独立的码表功能和单钮飞返设计并可以精确计时到分秒的宝玑腕表并一直佩戴，直到 1965 年生命终止。丘吉尔去世后，这只宝玑表传给了他的独生儿子鲁道夫。当然，丘吉尔与宝玑表的关系并不是1928年才开始的，因为他曾从祖父那里得到一只具有三问报时和分段计时功能的宝玑复杂表。

宝玑表的设计精巧奇妙又不失厚重，超出了机械设计的常规思路，沙皇亚历山大一世、英国维多利亚女王都对之青睐有加。此外，它也经常活跃在巴尔扎克、普希金、大仲马、雨果等文豪的著作中。“唐格拉斯的腕表是一只宝玑杰作，昨天才小心翼翼地为它上链。它就在清晨5时30分悦耳地敲着报时。”这是出现在大仲马《基度山伯爵》中的一幕。巴尔扎克在《欧也妮·葛朗台》中也写到：“他掏出最优雅纤薄的宝玑表。啊！才11时！今天起早了。”这些文字塑造了从19世纪初期至今宝玑表的各种形象：美丽、精准、贵重、可靠，同时也暗暗勾勒出人物的生活年代、品位与个性，能够拥有它的人，通常非富即贵。俄国浪漫主义音乐的最后一位代表人物——谢尔盖·拉赫玛尼诺夫在1931年用一万法郎买下了一款配有雕刻纹路表盘的宝玑超薄三问打簧表。而20世纪伟大的钢琴家鲁宾斯坦也拥有多款宝玑表，其中包括一款制作于1822年的配有日历和温度计的椭圆形表。这款表最初是为一位俄国伯爵制作的，但却不是为了显示时间，而是为了镶嵌一幅微型肖像（有表壳、表盘和指针，但没有机芯），直到1884年才安装了一个机芯。

▲ 法国前第一夫人布吕尼

没有了王室的光环，如今的法国人依然可以将自己的高级品位以最时尚的方式表达出来，例如，迪奥的时装。何况，迪奥找到了一位十分敬业的代言人——布吕尼。

Dior 迪奥

如今，“时尚”悄然成为了整个法国的关键词，迪奥、香奈儿、路易威登……大大的橱窗和Logo让整个巴黎的空气中都弥漫着奢华的气息。但是，除了铺天盖地的广告之外，有一个人的

“代言”作用其实是不可替代的，她就是前任法国总统萨科齐的夫人布吕尼。萨科齐是首位在任职期间离婚并再婚的法国总统，比他小13岁的布吕尼是他的第三任妻子。

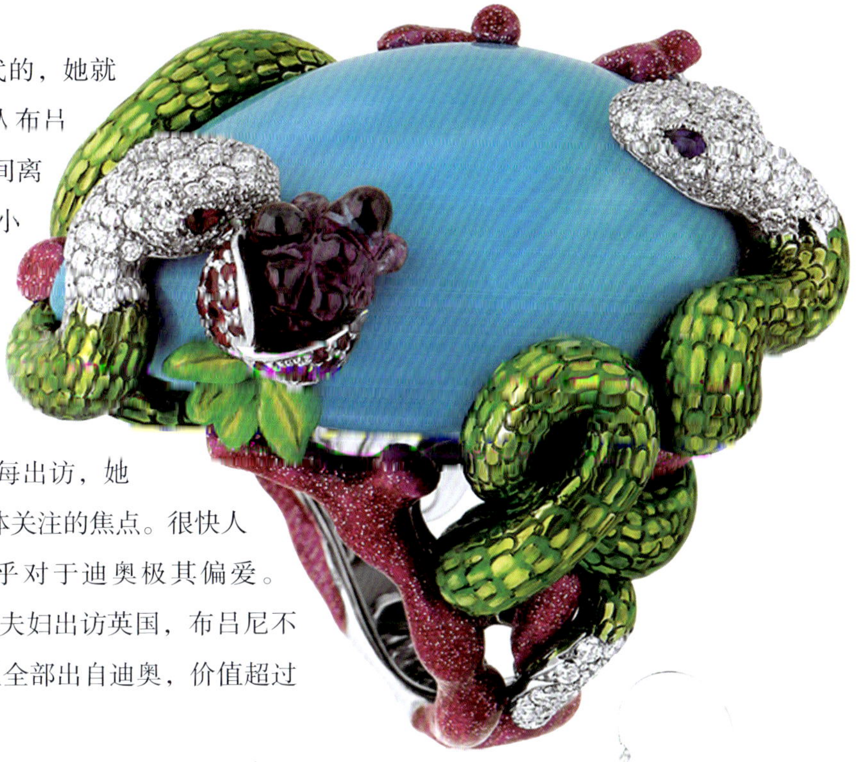

名模兼歌手出身的布吕尼可以说是一位走在时尚潮流最前端的摩登女郎，每每出访，她的衣服、鞋子、手包都是媒体关注的焦点。很快人们发现，这位第一夫人似乎对于迪奥极其偏爱。2008年3月，新婚的萨科齐夫妇出访英国，布吕尼不到24小时里连换数套衣服且全部出自迪奥，价值超过3万英镑。

2010年6月，萨科齐夫妇赴伦敦出席活动，布吕尼选择的是一袭鸽子灰色迪奥紧身裙，与一旁正在怀孕期间的英国首相卡梅伦的夫人萨曼莎相比，布吕尼无疑轻松胜出。但是萨曼莎应该是首个拥有文身的第一夫人，她也并不介意右脚踝上可爱的小海豚被镜头拍个正着。不过布吕尼也并不总是如此得意，2009年4月她随萨科齐出访西班牙，和曾经是西班牙国家电视台当家花旦的西班牙王储妃莱蒂西娅走在一起，一身蓝色迪奥套装的布吕尼似乎并没有占到便宜。如果迪奥真要找出一位最敬业的代言人，相必布吕尼应该当之无愧吧。

除了经常被第一夫人穿在身上的时装，迪奥的经典作品也经常被当做礼物赠送给重要人物。1995年，当时的法国总统夫人伯德纳黛·希拉克将一款迪奥的新包，也就是后来的“迪奥小姐”送给了英国王妃戴安娜，藤格纹车线、迪奥字母串饰等特点深受戴安娜的喜爱。

Dior
品·牌·志

如果要用大器晚成来形容一个人，克里斯汀·迪奥绝对算是其中之一。他于1905年出生于法国诺曼底的一个企业家家庭，早年毕业于巴黎政治学院。虽说并不是服装设计出身，但他在1929年就向某些巴黎时尚品牌出售他的时装手稿。但由于受到当时华尔街股市大崩盘的影响，迪奥家道中落，他本人也开始了十多年的艰难时期，但却始终没有放弃自己的爱好，据说他还曾以每张20法郎的价格在巴黎街头售卖自己的时装画。终于，在1946年，在一个十分欣赏他的纺织家的支持下，已近不惑之年的迪奥先生在蒙田大道30号开了第一家个人服饰店，取名迪奥。

1947年2月12日，迪奥举行了第一场盛大的时尚秀，推出的第一个时装系列——“New Look”，即“新风貌”。它也的确给当时的时尚界带来了一种全新的面貌，裙长不再拖地，女性纤细

的腰肢、柔美的肩型成了要突出的重点，每一处细节都充分流露出了对于艺术以及建筑之美的真正热爱。就是这一天，迪奥大获成功，它让极其渴望抚平战争创伤的法国，也让整个世界看到了久违的优雅，迪奥的名字从此深深地烙印在了20世纪的时尚史上。之后的事情便耳熟能详，迪奥很快成为了时尚界的顶级风向标，各界名人、政要、王室也都成了他的尊贵主顾。

1957年，迪奥先生和他著名的左撇子剪刀一起登上美国《时代》周刊的头版，也是在这一年，他因心脏病突发而突然辞世。迪奥之所以能成为经典，除了其创新中又带着优雅的设计，也在于他培育出了许多优秀的年轻设计师。伊夫·圣罗兰、马克·博昂、奇安弗兰科·费雷以及约翰·加利亚诺在迪奥先生过世后陆续接手，非凡的设计功力将迪奥的声势推向顶点，使之成了人们一直信赖和追求的顶级生活典范。

“有时候，缔造新的时尚潮流须得众里寻他，蓦然间，眼前一亮：噢，吾爱！多数情况下，突如其来的感受给予我们无限的启发。最简洁明快的轮廓，让人一目了然，即是最佳选择。它最具有生命力。”这是迪奥先生的箴言，也是迪奥多年以来的灵感诉求。在这 60 年中，从服装开始，迪奥的阵地逐渐扩展到香水、手袋、腕表、皮草、鞋履、珠宝、眼镜以及化妆品等各个领域。“Dior”在法文中是“上帝”和“金子”的合集，金色后来也成了迪奥品牌的一种代表色。对于钟爱迪奥的人来讲，无论你对于生活品质有着怎样的苛刻要求，迪奥的金色世界其实已经设计好了关于高质感生活的一切细枝末节，至于究竟如何从经典中选择出最适合自己的，应该算是一种颇伤脑筋的享受吧。

Dior
典·藏·馆

迪奥“真我”（J'adore）香水

典藏理由：名媛必备的收藏品

法国香水名满天下，但是香水产业兴起的原因据说并不是为了锦上添花，而是为了掩盖恶臭。18 世纪时，可能是由于文艺复兴的影响，据说体臭被视为身体健康的一种表现，洗澡则是一种医疗手段，如果没有医生的吩咐，就是巴黎上流社会的绅士淑女也决不轻易洗澡。传言路易十四从 1647 年到 1711 年的 64 年间只洗过一次澡，而路易十五一生才洗了三次澡：诞生日、结婚礼典、入殓。于是，贵族们通常对香水爱之成癖。而对于现在的迪奥而言，香水是时装的点睛之笔，迪奥先生曾经说过：“香水

j'adore
Dior

是女性个性不可或缺的补充，只有它才能点缀我的衣裳，让它更加完美。”

1999 年，迪奥“真我”以一身金黄华服登场，仿佛女性曲线的细颈瓶身正是来自于约翰·加利亚诺的高级定制服装的剪裁灵感，金黄色的项圈呼应着黄金般色泽的香氛，成为奢华与性感的代名词。在欧美，它是圣诞节的最佳献礼，是全球女性最渴望获得的香氛之一。法国香水的摇篮是花田遍布的法国南部城市格拉斯，迪奥真我香水的原料就是来自格拉斯近郊的迪奥专属花田，迪奥香水大师弗朗西斯·德麦希精选“五月玫瑰”、“格拉斯茉莉”以及科摩罗群岛的依兰花等名贵香料制成，“五月玫瑰”一年仅有五月和六月这两个月的采收期，而“格拉斯茉莉”必须在清晨手工采摘。

在格拉斯，温润的地中海气候加上平缓的坡地，各个品种的花都能找到适合的海拔高度，风信子、玫瑰、茉莉、紫罗兰、康乃馨、薰衣草……每年在这里采集的花有数百万公斤。格拉斯有很多的香水博物馆、试验室以及生产厂，除了自产香水，这里还为迪奥、香奈儿等顶级品牌制作香水。

迪奥真我香水系列如今已有真我纯香香水、真我香精、真我淡香水以及真我古龙水等不同款式，它们独特的细颈瓶身是迪奥品牌传统精神与高级定制时装精髓的完美融合，极具女性魅力，瓶颈处的设计灵感是来自约翰·加利亚诺首场时尚秀中的玛赛颈饰元素，这种颈饰的金色错综繁复，又以金丝缠绕封存，制作过程中的每一步皆以手工完成。“真我”的出现可以说是象征着迪奥在创新、感性与成熟的设计之间的完美交融，在名媛的收藏品名单上必不可少。

Dior
名·人·堂

1995 年，由迪奥公司参与赞助的塞尚画展在巴黎大皇宫展出，开幕式上，当时的法国总统夫人伯德纳黛·希拉克将一个新款“迪奥小姐”手袋赠与了戴安娜王妃。戴安娜王妃非常喜欢这款手袋，据说她之后订了这款包的所有版本。在 1995 年底，戴安娜王妃到阿根廷进行国事访问的时候，她便手提这款心爱的手袋，走下了专机。“迪奥小姐”因受到戴安娜王妃的喜爱而风靡全球，1996 年，为了向戴安娜王妃致敬，在她本人的同意下，该手袋以她的名字重新命名并成为如今迪奥主线销售的基本款皮包之一。

戴安娜离去已然十多年了，不少人认为正是她推动了英国王室的现代化，英国王室的形象因为她而变得不再那样刻板、生硬、沉闷。除了美貌，她的善良和爱心让人感动。其实，像戴安娜这样能对一个国家产生重大影响的女人在世界上并不多见，而被誉为全球最美王妃之一的摩洛哥王妃拉拉·萨尔玛应该算是其中一位。与西班牙隔海相望的摩洛哥被称为“北非花园”，旅游业发达，摩洛哥王室也是目前世界上最富有的王室之一，现任国王是穆罕默德六世。

▲ 戴安娜王妃

萨尔玛是摩洛哥的第一位平民王妃，她大学毕业后进入摩洛哥最大的私营企业“北非投资集团”任电脑工程师。1999 年初，萨尔玛与当时还是王储的穆罕默德在一次晚会中邂逅，品貌出众的她令王储一见倾心。但是要想将萨尔玛娶回家似乎没那么简单，因为她只能接受一夫一妻制。对于一直三妻四妾的摩洛哥王室来说，这无异于一场革命。

2002 年 4 月，两人公开举行了婚礼大典。摩洛哥历代国王的婚礼都属于国家机密，这是第一次国王公开举行婚礼，新娘也没有戴面纱，公众得以一睹新王妃的风采。婚后，这位美丽聪慧的王妃不遗余力地在世界奔走，为阿拉伯女性争取其应有的自由、权利和地位，她还成立了多项慈善基金会用于疾病研究。而当萨尔玛在公开场合出现时，她依旧可以不戴面纱。着装上，她当然不会舍弃摩洛哥民族风情的华丽服饰，但也时常会选择简洁干练的时尚套装。可能和大多数爱美的女人一样，萨尔玛也抵挡不住大牌高级定制时装的诱惑，迪奥、香奈儿、普拉达都是她的最爱。

▼ “迪奥小姐”手袋

除了浪漫，法国人的文化基因中也有着强大的征服欲，从当年的拿破仑，到如今那些令人趋之若鹜的顶级消费品，他们的帝国梦始终有着清晰的轮廓，他们的奢华品位也并未随着王朝的消逝而渐行渐远。

法国王室（下）

传奇的拿破仑家族

王朝故闻

法国原被称为高卢，高卢一译“雄鸡”，英勇、桀骜而又善斗，可能这也象征了法兰西人个性中除了温婉浪漫之外的另一面。而从穷兵黩武的“太阳王”路易十四到使法国卷入“七年战争”的路易十五，17世纪以来的法国几乎被推到了史上最好战的时期，最终元气大伤之后，被封建制压抑许久的资产阶级力量也在这个时候集中爆发，一场排山倒海的法国大革命汹涌而至，路易十六被送上了断头台。对于摧毁君主专制的这一“壮举”，欧洲各国也很快作出了反应——缔结同盟，联合扼杀法兰西第一共和国。法兰西人心中永远的勇士拿破仑也就此登上历史舞台。在这个军事天才的带领下，法国在与反法同盟的交战中节节胜利，人们视之为民族救星。但是在1799年通过“雾月政变”掌握最高权力后，拿破仑还是没有抵住“皇帝”这两个字的诱惑，1804年，法兰西第一共和国在他手上转而变成了法兰西第一帝国。

拿破仑一生南征北战，许多欧洲国家都成了法国的附属国，但这实际上也将臣服于他的所有国家甚至整个欧洲都变成了法国的敌人。于是当他从远征俄罗斯的战场上折戟而回，后果也就不难想象：第六次反法同盟来势汹汹，拿破仑最终战败于莱比锡。1814年，他在枫丹白露宫签署退位书并被流放到地中海

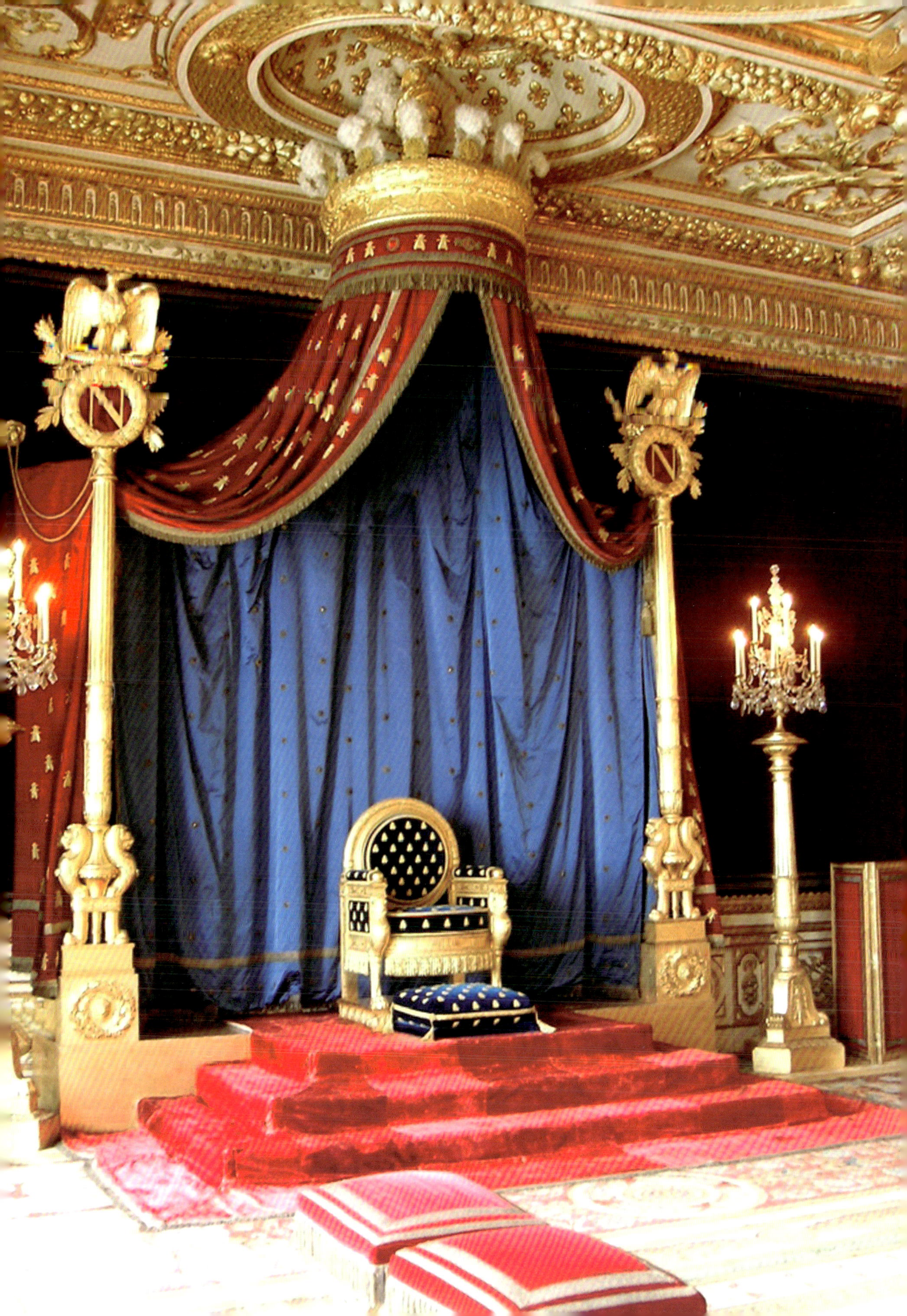

厄尔巴岛，波旁王朝复辟。第二年，拿破仑东山再起，重登帝位。但是仅在百日之后，与第七次反法同盟的滑铁卢一战让他的帝王梦彻底破灭，最终被流放到大西洋圣赫勒拿岛，六年后辞世。

1848 年“二月革命”后，新建立的法兰西第二共和国推选拿破仑的侄子——路易·拿破仑·波拿巴为总统。三年后，波拿巴将法兰西第二共和国改制为法兰西第二帝国，他本人转年称帝为拿破仑三世。拿破仑三世的父亲是拿破仑的堂兄弟，母亲正是约瑟芬皇后与其前夫的女儿。1870 年 9 月，拿破仑三世在普法战争的色当战役中被俘，第二帝国随之覆亡。至此，法兰西延续千年的王朝大幕终于彻底落下。

拿破仑将自己波澜壮阔的人生留在了最需要他的年代，然而，景仰他的人们依旧可以通过他的喜好，去领略一代帝王的风采与魅力，感受属于他的尊荣和伟岸。

酩悦香槟是拿破仑当年的最爱，他生前曾多次到访酩悦酒庄并且与酩悦香槟的第三代传人雷米·莫埃私交甚笃。而酩悦香槟除了征服了拿破仑，也征服了他用枪炮也无法解决的对手——俄罗斯沙皇。

从拿破仑三世的御用行李工，到一个奢侈品帝国的创始人，路易·威登缔造了一个不朽的法兰西传奇，也最终完成了拿破仑的宏愿——征服世界。

凡登广场被誉为“巴黎珠宝箱”，宝诗龙则是第一家进驻凡登广场的珠宝店，而它的店址正是其忠实拥趸——拿破仑三世的情妇卡斯第里欧尼伯爵夫人所赠。

皇家御用

在法国，人们不需要专门找个日子来纪念拿破仑，他们时时处处都能感觉到拿破仑的存在：以他指挥的著名战役命名的街道、安放他遗体的荣军院、收藏他的军装和武器的军事博物馆，一幅记录他与约瑟芬皇后加冕典礼盛况的油画今天仍悬挂在罗浮宫。1804 年 12 月 2 日，35 岁的拿破仑在巴黎圣母院举行盛大的加冕典礼，根据油画上的画面，他当时身穿金丝刺绣的白丝绒上衣，外面的红色天鹅绒披风以白鼬毛内衬，上面也以金丝绣着月桂花纹以及蜜蜂花饰并缀有钻石，约瑟芬皇后的款式与之相似，但是披风明显长出许多。如果加上其他的配饰，整

▲ 悬挂在罗浮宫的拿破仑与约瑟芬皇后加冕典礼盛况油画。

套加冕礼服的重量据说超过了 80 斤，用料 58 米，所以即便是有两个人帮忙托着，当时约瑟芬皇后大概出于紧张，她在跪下接受拿破仑为她戴上头冠时还差点跌倒。这两套礼服的花费据说达到了数万法郎。

拿破仑加冕时的月桂头冠以纯金打造，不过当受邀前来的教皇庇护七世要为他戴上头冠时，拿破仑却做了手势要他走开，然后自己拿过来戴上，等于是为自己加冕。罗马教廷后来一直以此为奇耻大辱。但拿破仑当时也送给了庇护七世很多价值连城的礼物，包括价值 18 万法郎的三重冠冕，上面镶着 2637 颗宝石，重 358 克拉，十字上有 267 颗红宝石、68 颗绿宝石、10 颗蓝宝石以及 2174 颗珍珠，此外还有一套做弥撒用的金器，但教皇未能受用，因为这套金器当时尚未完工，完工后又赠与了圣丹尼斯教堂。当时参加加冕礼的每位红衣主教都收到了一件价值一万法郎的饰花紧袖法衣，赐给服侍人员和仆人的钻石礼品总价值达到了 22 万法郎。

登基后，罗浮宫设计师为拿破仑设计了一个史无前例的圆形宝座，它由木镀金制成，圆形背靠的中央是拿破仑名字的首字母“N”，周围装饰铜镀金花叶和棕叶，基座上雕刻着同样的花纹，顶部的象牙球上刻有蜜蜂图案。拿破仑后来又依样定制了第二个。1807年，他的第三个宝座被安置在了枫丹白露宫，背靠上铜镀金的花叶和棕叶被环形月桂装饰代替，象牙球上蜜蜂图案则被菱形图案代替。

其实生活中的拿破仑并没有太过奢侈的习惯，而且他一生戎马倥偬，真正在宫中锦衣玉食的时间极其有限。他精力过人，即便不打仗的时候每天的睡眠也不超过六个小时。他一般在早上五点钟就已起床了，把他叫醒的不是华丽的钟表，而是仆人在他床头放的一杯热茶。就饮食习惯而言，由于军人背景出身，拿破仑吃饭非常快而且习惯于一个人默默进餐。他通常对于食物不会过多挑剔，但对饮品却非常在意，尤其喜欢喝香槟。

拿破仑虽不喜奢华，但是约瑟芬皇后似乎并不如此，她的衣柜里放着700多件衣服、250顶帽子，她偏爱玫瑰，宫中的玫瑰园里便奇花荟萃。据说在一次英法交战中，为了保护一批从印度引进的名贵品种玫瑰，拿破仑竟出面与对方交涉暂时停火，可见拿破仑对约瑟芬的偏爱。但约瑟芬皇后没有为他留下子嗣，两人离婚后拿破仑迎娶了奥地利公主玛丽·路易丝，两人的独子在出生后即被封为罗马王。拿破仑失势后，其追随者曾将之尊为拿破仑二世，但他在21岁时就因病去世，根本没有当过一天的国王。但后来的拿破仑三世还是保留了这位堂兄弟的名号。

▲ 1913年绰美·尼托制作了一只饰有拿破仑徽号的怀表和一只中央缀以玛丽·路易丝皇后独有的徽号的挂链怀表

拿破仑三世在位将近20年，当时的法国宫廷仪俗早已不像先前那样繁复刻板，娱乐的气氛很浓。皇后欧仁妮出身于西班牙贵族，她每年的一大部分时间都在外出度假，拿破仑三世还特意在她喜爱的比利牛斯山下海滨小城比亚里茨修建了一座行宫，其“E”字造型正是取自欧仁妮的英文开头字母。每到夏季，行宫里的化装舞会、歌剧、球类运动、烟花欣赏等活动就会轮番登场。如今，该行宫已经成了法国知名的度假酒店。拿破仑三世在位的时间里，他为重建巴黎花费了25亿法郎，这个数字相当于纽约1955—1966年财政支出的44倍。

如果真要对自己所处的时代发出一些感言，拿破仑要说的也许会是：“因为你，我拥有过至高无上的王权，也因为你，我了解了世上还有如此美好的存在——酩悦香槟。”

FONDÉ EN 1743
MOËT & CHANDON
CHAMPAGNE

酩悦香槟

▲ 欧仁妮皇后

在法国，兰斯城被誉为“加冕之都”，自11世纪初到法国大革命，几乎每一位法国国王都会在这里加冕，否则便难以被视为真正的君主。可能是为了与以往所有君主有所区别，拿破仑当初将加冕地选在了巴黎圣母院。不过，即便可以拒绝在兰斯加冕，但拿破仑却抗拒不了这里的一样东西——香槟。根据法国“原产地名控制制度”的法律规定，只有香槟区所辖的兰斯山坡、马恩河谷等产区生产的气泡葡萄酒才能叫做香槟，其余的都只能是“气泡葡萄酒”，而兰斯城正是香槟区的中心城市，这里的酩悦香槟是拿破仑的挚爱。

拿破仑曾说过：“我喜欢香槟，早上起来要喝，晚上睡觉要喝，打了胜仗要喝，打了败仗也要喝。”出征时他常常带上数箱用以自享和犒军，至于凯旋之后，香槟更是庆功的必需品。作为世界上最古老也是现今最大的香槟生产商，酩悦香槟的声名鹊起与拿破仑的“广告”效应有很大的关系。拿破仑与酩悦香槟的第

▲ 酩悦香槟酒庄的地下酒窖中至今还保留着当年拿破仑带来的御用大酒桶。

三代传人雷米·莫埃私交甚好，酒庄至今还保留着当年为专门接待他而修造的法式庭院，而酒庄的地下酒窖中还有拿破仑带来的御用大酒桶，酒窖中的一条最宽阔通道被称为“拿破仑大道”。据说拿破仑生前曾7次来到酩悦酒庄，每次出征之前都尽量去酩悦酒庄痛饮一番然后再买走数十箱带上战场，用以随时庆祝胜利。可是据说在1815年拿破仑与第七次反法同盟交战前却没有到酩悦酒庄与雷米·莫埃畅饮话别，他所带的酒也不是香槟而是啤酒，结果兵败滑铁卢。

后来，大败拿破仑的俄、奥、英等多国联军攻入法国，酩悦酒窖中的香槟被当做战利品成车运走。可是莫埃先生却说：“让他们抢去吧，他们将来一定都会成为我的顾客。”不久，法国大文豪雨果在巴黎接到了一封未署名的信，信封上写着“法兰西最伟大的诗人收”。但雨果认为自己不够如此之高的评价，遂将原信退回邮局。于是邮局又把信送到诗人德拉·马丁那里，可是他也谦虚地将此信退回邮局。无奈邮局工作人员只得拆开此信。原来这封信来自莫斯科皇宫，信中只有一句话：“向法兰西最伟大的诗人——制造香槟酒的莫埃先生致敬！”可能拿破仑做梦也没想到，最终竟然是冒着气泡的酩悦香槟，替他“解决”了用枪炮所无法征服的对手。

MOËT & CHANDON
CHAMPAGNE

品牌志

早在 1446 年，酩悦家族的先祖简·酩悦和尼古拉斯·酩悦兄弟就被法国国王查理七世封为贵族。1743 年，其后人克洛德·酩悦创立了自己的酒厂，一个与美酒息息相关的传奇也就此开始。其实在 18 世纪时，冒着气泡的香槟酒开始变成一项日臻成熟的工艺，法国王室每年都会向一些酒庄预订上好的香槟以满足豪华宴饮的需要。酩悦香槟最初得到了路易十五以及蓬巴杜夫人的青睐，到第三代传人雷米·莫埃时，拿破仑的喜爱令其更加声名大噪，1814 年 3 月 17 日，拿破仑授予雷米·莫埃“法国荣誉军团十字勋章”。

雷米·莫埃晚年时把酒庄交给了他的儿子维克托和女婿皮埃尔·加布里埃尔·昌东，1832 年，酒庄改名为“Moet&Chandon”，即两家姓氏的合写并沿用至今。现在，酩悦酒庄所拥有的葡萄园的总面积近 600 公顷，是整个香槟区中最大的，其中特级和一级葡萄园占了 75%，年产香槟在 2600 万瓶左右，占法国香槟出口总量的 1/4。

酩悦酒庄的酒窖已有 250 多年的历史，在白垩土壤中挖掘而成，整个酒窖分成若干层，随着酒庄的成长而不断扩张，长度 28 公里，就像是一个幽静的迷宫。酒窖的温度和湿度基本恒定不变，无数的酒桶、上亿瓶的香槟都在此接受缓慢而持续的陈化过程，以形成晶莹的气泡和千变万化的芬芳酒香。在酩悦，葡萄酒的陈化时间几乎是法定要求的两倍，无年份的酩悦“帝王”系列香槟为 30 个月，年份香槟则要 5 年。

如今，由酩悦、轩尼诗以及路易威登所托起的 LVMH 集团

已然成了世界上最庞大的奢侈品帝国，旗下涵盖了纪梵希、库克、迪奥等 50 多个顶级品牌，主要业务横跨从葡萄酒及烈酒、时装、皮制品、香水及彩妆、时钟及珠宝直到精品零售等各大领域。在世界顶级奢侈品领域，如今的 LVMH 集团似乎颇有当初“太阳王”路易十四的神韵，令人景仰。

MOËT & CHANDON
CHAMPAGNE
典·藏·馆

酩悦 2003 年份香槟

典藏理由：年份香槟中的经典

酩悦香槟的主打产品为“帝王”无年份香槟以及粉红香槟，而作为其旗舰产品的特别年份粉红香槟和年份香槟自然是酩悦拥趸们的心头所好。2003 年，法国发生了 1957 年以来最严重的霜冻，4 个星期的霜冻和雨雪天气从 1 月延续到 2 月，4 月再次回寒，这对葡萄园产生了灾难性的影响，有的甚至遭受了毁灭性的打击。可喜的是葡萄园最终渡过了这次难关。而接下来的 3 个月的天气更加古怪，气温很高，成为多少年来少有的热夏。恰恰是在这种极端天气的作用下，葡萄迅速迎来了成熟的季节，2003 年是葡萄自 1822 年以来收获最早的一年。最终，酩悦也将原本的灾难转变为惊喜和奇迹。2009 年，酩悦 2003 年份香槟上市，这是酩悦自 1842 年推出年份香槟以来的第 68 款年份香槟，同期面世的还有该年份的粉红香槟，这是酩悦的第 37 款年份粉红香槟。

法国香槟主要以三种葡萄为原料精心酿制的，酩悦香槟的配置比例通常是——黑比诺（40%~50%）、莫尼耶比诺（30%~40%）、霞多丽（10%~20%）。在二次发酵后，为了排出死去的酵母菌聚集在瓶口所形成的酒渣，要将酒瓶口部分瞬间冰冻后再打开，瓶子里面的压力就会把果冻似的沉淀物顶出来。当然

这个过程免不了损失一些酒液，所以还要向瓶中补回去一部分甜酒，而这些甜酒即补糖量就直接决定了香槟的糖度。

酩悦 2003 年份香槟及粉红香槟的补糖量均为 5 克 / 升，口感上，2003 年份香槟以丰润、深邃、饱满见长，从香草、杏仁到汲取了阳光精华的油桃、蜜梨的香醇果香以及温润的肉桂，加上天鹅绒般的丝滑，令人浮想联翩。而粉红香槟的口感偏向于热情、浓醇以及甘美，草莓、黑樱桃、黑莓般深红的水果香在第一时间带来无法抗拒的诱惑力，随即是粉红葡萄柚、红橙与玫瑰的新鲜气息，伴着微微的涩感，层次变幻无穷，余韵悠长。

酩悦“世纪精神”

典藏理由：限量 323 瓶

1999 年，为迎接千禧之年，酩悦的酿酒大师从佳酿库存中选取了 1900 年、1914 年、1921 年、1934 年、1943 年、1952 年、1962 年、1976 年、1983 年、1985 年和 1995 年这 11 种年份的酒，酿制出了 1.5 升装的“世纪精神”(L'EsDrit du Sieclle)。这 11 种年份的葡萄酒各有不同的个性和特色，彼此之间亦能互补以达到浑然一体的完美境界。

“世纪精神”还有一项独特之处是经历了第三次瓶内发酵过程(一般香槟只经过两次发酵)，然后再加上长达三年的沉淀，最终限量生产 323 瓶，并且大部分都是非卖品，其中有 100 瓶将赠送给全球 40 多个国家和地区不同领域的杰出人士，以表彰他们的卓越成就，其中亚洲部分 7 瓶，中国大陆、中国香港、中国台湾、马来西亚、韩国、印度和新加坡各 1 瓶。另有 30 瓶售卖，每瓶售价为 2 万欧元。

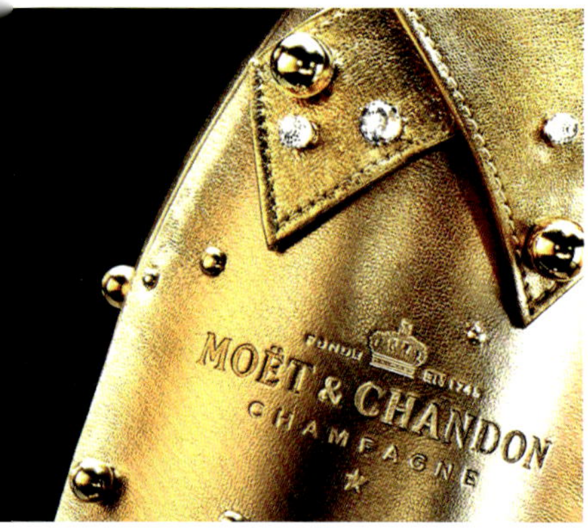

酩悦“午夜流金”

典藏理由：限量发售 1500 瓶

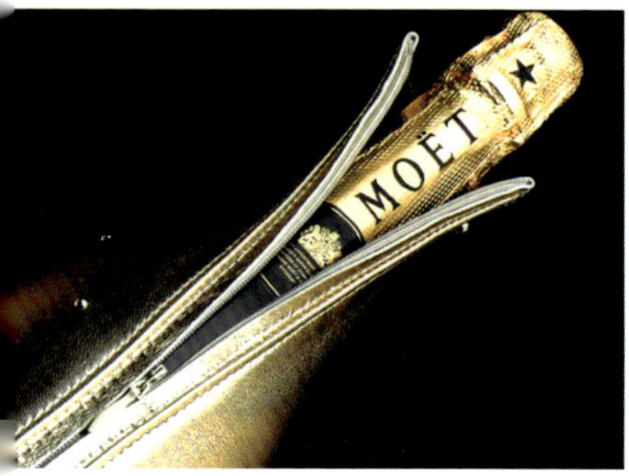

因为拿破仑的缘故，酩悦香槟也被称为“帝王之酒”，商标上的那顶王冠似乎就是在彰显着它的不同凡响。2009 年，酩悦香槟穿上了一件“金璨霓裳”，推出了全球限量发售 1500 瓶的“午夜流金” （Midnight Gold）。它的外包装以柔软的金色羊皮勾勒出香槟瓶的完美曲线，羊皮上镶嵌着数颗施华洛世奇水晶和金色珠子，与闪耀的香槟气泡遥相呼应，极为华美。

“午夜流金”的这款华丽包装是由为宝诗龙、LV、都彭等众多顶级奢侈品牌设计珠宝以及皮具的著名女设计师凯米尔亲自操刀，尤为值得一提的是，酩悦香槟瓶颈处标志性的“酒标领结”被设计成了一个镶嵌有施华洛世奇水晶元素的皮质腕带，拆下后可以戴在手腕上，时尚而又精巧。可以说这款设计将一场梦幻般派对中的所有欢乐和愉悦显露无遗：美丽性感的晚礼

服、耀眼的闪光灯、精致华美的香槟气泡以及欢庆美好时刻的无限喜悦，它用一种真正与众不同的形式，表现着属于酩悦香槟的魔力。

MOËT & CHANDON
CHAMPAGNE

名·人·堂

酩悦香槟的创始人克洛德·酩悦有写日记的习惯，他的日记中记载了许多颇具名望的客户名字，其中包括路易十五的情妇蓬巴杜夫人。蓬巴杜夫人的品位和喜好常被记载到当时宫廷生活的记事录中，而她对酩悦香槟的评价是："法国酩悦香槟使每一位男士变得诙谐风趣，同时也使每一位女士变得美丽动人。"每年，酩悦酒庄都要向法国宫廷提供大量的上等香槟。除了备受法国王室的喜爱，英国王室也对酩悦香槟青睐有加，英国女王伊丽莎白二世的加冕庆典上就出现过酩悦香槟的芳踪，而俄国沙皇亚历山大一世以及后来的亚历山大二世都是酩悦的忠实顾客。

2007 年 8 月 17 日，在英国查特霍斯拍卖行举办的拍卖会上，一瓶据说是当年希特勒私藏的1937法国酩悦香槟引起了一些欧洲收藏者的极大兴趣。在1945年5月纳粹德国投降后，一名盟军士兵在位于柏林的第三帝国总理府的废墟中发现了这瓶香槟。最后，这瓶香槟被一名英国士兵带回了英国并将其作为纪念品收藏了起来。数十年后，为了感谢律师所提供的法律帮助，那名英国二战老兵将这件“战利品”作为礼物赠给了自己的律师。

拍卖会当天，一名来自瑞典的竞拍者最终以1688英镑的价格买下了这瓶香槟酒。但据传言称，在希特勒所藏的名酒中有一些可能已被人用注射器穿过软木塞下了毒，这也许就是导致那位盟军士兵当初没有打开香槟酒饮用的一个原因。不过除了特别种类的极品香槟，大多数香槟的存放年限都不宜超过20年，否则在口味上会很快走下坡路，所以买到那瓶希特勒珍藏香槟的人如果真的是一个品鉴美酒的行家里手，那么相信他出手的目的就应该不是用于自己品尝。

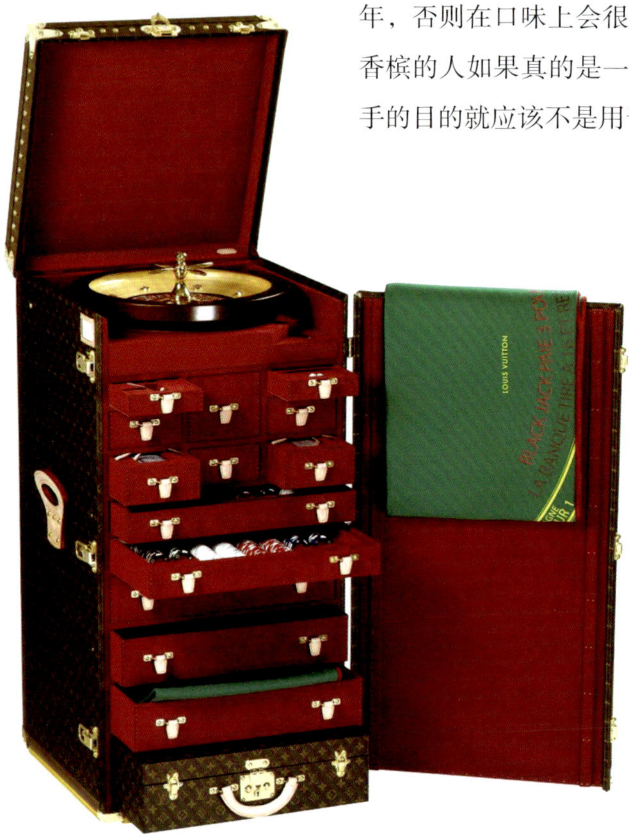

▲ LV澳门壹号广场旗舰店开幕时，为配合澳门的赌场文化，LV首度推出了1款赌场旅行箱，抽屉里分别摆放了扑克牌、俄罗斯轮盘及21点等赌具。

法国王室的历史在拿破仑三世手里被画上了永远的休止符，而如今法国奢侈品领域的一些顶级品牌也都在法兰西王室这最后一次的“回光返照”中被镀上了浓重的贵族成色，例如路易威登。

LV 路易威登

拿破仑三世在位的时间正值法国顶级奢侈品牌家族不断涌现，或者是从个人作坊逐渐发展成为现代品牌的关键时期，很多品牌都赶在法国王室最后的这次“回光返照”中被镀上了浓重的贵族成色，这其中就包括LV。拿破仑三世时期，法国宫廷中有一种十分重要的服务人员——专门打点行李的行李工，LV的创始人路易·威登正是其中之一。

当时由于出行、郊游、舞会活动接连不断，在王室成员出行之前，行李工要将华美的衣服、饰品等随行物件精巧妥善地捆压在行李箱中，避免出现褶皱或者损坏。欧仁妮皇后对行李工的要求很高，他们除了要打理十几箱的贵重衣服，还有一些她不轻易离身的私人物品，比如信件、书以及饰品。起初欧仁妮皇后御用的行李工是马歇尔，马歇尔后来将自己的一名学徒——路易·威登推荐给了欧仁妮皇后。

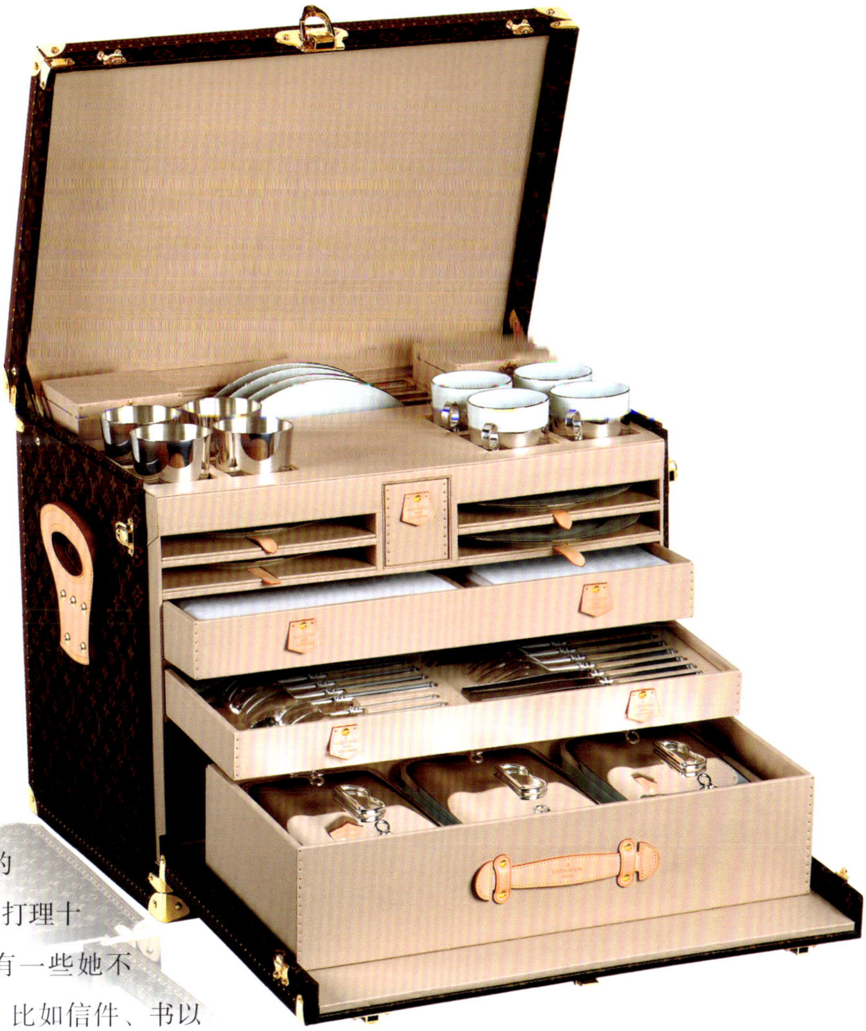

▲ 用于出行、郊游的行李箱，里边放置餐具等物品。

路易·威登很快得到了欧仁妮皇后的赏识，除了打点行装，他还为皇后打造了多件行李箱。路易·威登原本出身于法国一个木匠家庭，对各种木材的性质十分了解，而他制作的木质行李箱也征服了很多法国王室贵胄。

1854年，33岁的路易·威登在巴黎创办了自己的店面，不到10年，LV的盛誉已经传遍了欧洲王室，埃及帕夏(总督)伊斯梅尔、俄国皇储尼古拉、西班牙国王阿方索十二世都用过LV的行李箱。

品·牌·志

19世纪中叶，伴随着“蒸汽”革命的轰隆声，乘火车出游渐渐演变成一种潮流。1854年，巴黎出现了LV的店面，店中摆放着的平盖设计、帆布面料的行李箱十分适合火车旅行。四年后，LV不但扩大了店面规模，而且在巴黎近郊建立了第一间工厂。

LV皮箱最先是以灰色帆布镶面，它的设计很快便被抄袭。1888年，路易·威登的儿子乔治创造了Damier帆布，取代了原来的条纹布料。1890年，乔治发明了“5-tumbler”特殊锁扣，客户只要用一把钥匙就可以打开他本人的所有LV行李箱，避免了旅行中带上一大堆钥匙的麻烦。1896年，乔治又用父亲姓名中的简写字母L及V配合花朵图案印上粗帆布，这种设计沿用至今。进入20世纪以后，

LV 行李箱的设计更加多样化，包括鞋箱、帽具箱，可挂衣服的衣柜等，一战时 LV 还制作可折叠成担架的军用床铺。到第三代传人卡斯顿那里，LV 的华美设计达到了一个巅峰，有的备有玳瑁和象牙的梳刷及镜子，有的缀以纯银的水晶香水瓶。

LV 的产品一直以名贵著称，入门价格通常在万元以上，但是高价的背后对应着制作的极端考究。LV 的产品一般不会开线、变形，每款新品在面市之前要在内置 3.5 公斤重物的情况下由机械进行抛丢，这种实验要在四天之内反复进行，在 LV 实验室里还要用专门的仪器对手包进行紫外线曝晒以检测褪色情况，就连拉链也要经过 5000 次的反复开合以检测其耐用程度。LV 的检验员甚至会清点皮包上的针脚数目，差一个针脚可能也会被送去粉碎。

现在，LV 已经涉足时装、配饰、鞋履、珠宝、腕表、书写笔等等，而 LV 的 Logo 已经成为身份、地位的象征，但是它的工厂却依然保持着 150 年前的工艺，那里极少看到现代化的仪器，却能找到最前沿的设计，这种传承与创新的结合也正是 LV 所竭力追求的。

典·藏·馆

LV 樱桃系列

典藏理由：限量定购

LV 诞生了 150 多年，同时也被疯狂抄袭了 150 多年，LV 力求为自己的顾客营造一种“家庭”的传承感，通过永久的保养维修服务，其细致程度令一般人无法想象。所以，LV 的产品通常可以是妈妈传给女儿的成年礼，意义非凡。不论在任何地方买 LV，你的名字会立刻登记到巴黎。同时，由于手工生产的速度有限，

有的LV店面会限制顾客购买货品的数量，每个客人一次通常只能买一件且不能和自己已有的款式重复，持有旅游护照可以买一大一小两件。

虽然已经成为身份、地位以及高品位的象征，但是LV诞生了150多年，同时也被疯狂抄袭了150多年，所以LV尤其重视新款式、新技术的开发速率。2005年，LV继“爱眼”和“樱花”系列之后再次与日本著名艺术家村上隆合作，在它一向成熟稳重的咖啡色经典包上绘上一串串鲜红的樱桃，推出了与传统风格反差极大的全新樱桃系列，每个樱桃上面还都有一个俏皮的笑脸，充满了青春活力。从樱桃的层次光泽到枝叶的染色线条总共有15种套色，每种颜色是一块色版，等于要套15遍。樱桃上的色泽线条最细达0.03厘米。这也是LV首次尝试层次渐变效果，代替之前的传统三色印刷，让原本稳重优雅的传统印象变得年轻缤纷。当然，这些特别设计的款式一定是限量销售的，价位一般要比普通的款式高出三成以上，运气好而又有着极大耐性的人可以试着排队预订，快的话，几个月之后或许可以拿到。

LV Tambour腕表

典藏理由：LV的珠宝力作

LV的产品涉及时装、鞋履、珠宝、腕表等众多领域，2002年，LV正式推出了首个腕表系列——Tambour。多年来，这一系列的表始终受到名表收藏家们的喜爱。2004年，适值品牌创立150周年，LV推出了多款Tambour系列限量珠宝腕表，其中的“18新月”特别选用800多粒拥有夜光特质的钻石镶于表面，它们总重约4.1克拉且颜色不一，挑选过程甚为复杂，入夜或在暗室时会产生淡淡的荧光，全球限量30只。

相比之下，全球限量32只的“18石榴”就有些“低调”了，表上的钻石有137颗，总重约1.3克拉，嵌以白色珍珠母贝表盘饰有钻石小花，配以镶满钻石的18K黄金表圈以及名贵的蜥蜴皮带。另外，为了这次生日，Tambour系列还推出了全球仅限量150只的“珍爱之花”珠宝腕表。它包含六款设计，表盘以钻石、珍珠母贝、彩色宝石和彩釉紧密排列或拼接而成，外装表盒为缩小版的LV行李箱，该系列仅在特定的几家专卖店销售。

Tambour系列的最新力作是“神秘”，取名“神秘”当然自有蹊跷。透明水晶玻璃镜片的表面全面透视，中间的机芯结构仿佛悬浮于表中央。它搭载的LV 115自动上链机芯是LV首款自行研发及组装的机芯，由115个零件组成，具有200小时的动力储备功能。这款表每年基本只会生产10只，售价20万欧元，订货者可能要等上足足一年才能最终戴到手上。

名·人·堂

2007年8月，一则LV广告陆续出现在各大时尚和财经媒体上：主角是前苏联最后一任领导人戈尔巴乔夫。在广告中，他身穿细条纹西服和大衣，坐在一辆老式黑色汽车的后排，右手紧握着车门把手，神情似乎稍显木讷。在他的身旁，放着一个LV的行李包。透过车窗，他看到的是破败的柏林墙。据说，当LV找到他时，起初他并不情愿接拍这个广告，直到LV承诺为他的环保慈善组织“国际绿十字”捐款，他才答应。其实，关于这种找政要“代言”

▲ 前苏联最后一任领导人戈尔巴乔夫为路易威登做广告

的方式，LV 已经不是第一次尝试，英国前首相布莱尔在卸任之后竟然也成了 LV 的品牌顾问。

针对高端客户，LV 工厂的精品区每年可以制作 400 多件价格昂贵的定制产品来满足他们的需要。海明威最早定制过一个书箱，红十字会也定制过有自己明显标志的药箱——中间是一个红色十字。还有人专门定制 LV 箱子来放孩子的乳牙作为纪念。LV 的创意总监马克·雅各布斯自己也没闲着，他为自己的两只宠物狗做了一个宠物箱。而堪称 LV 明星商品的 Speedy 包其实当初也是应顾客要求而特别定制的，而且这个客人不是别人，正是在电影《罗马假日》中提着一个 LV 行李箱出走的奥黛丽·赫本。由于她希望有一个比较小的软袋可以随身携带，因此 LV 特别为她设计出轻巧的 Speedy 包。

1927 年，美国飞行员查尔斯·林白驾驶一架单引擎飞机从纽约飞到巴黎，成为第一个独自飞越大西洋的人，他专门从 LV 购置行李箱以便回程时存放大批纪念品。著名指挥家斯托科夫斯基定制了 LV“微型办公室”行李箱，开启后变成书桌，可放置打字机，并有书架及抽屉以存放书本及乐谱。著名女高音莉丽·庞斯外出时经常携带 LV 定制鞋柜，里面可摆放 36 双点鞋。

另外，LV 向著名的时装设计师卡尔·拉格菲尔德交付了一只定制的 iPod 收纳箱，用以收纳他的 40 多部 iPod。这款皮箱采用黑色的 LV 专用皮革，铜金属装饰，还有超细纤维材质的红色内衬。为了显示与众不同，皮箱上还有卡尔·拉格菲尔德的名字缩写。据说它的制作时间花费了将近 8 个月，身价可以抵得上一部超级跑车。

名店云集的凡登广场被称作“巴黎珠宝箱”，而宝诗龙是进驻巴黎的第一家珠宝店，而它的店址正是受赠于拿破仑三世的情妇——卡斯第里欧尼伯爵夫人。

BOUCHERON
PARFUMS
PARIS

宝诗龙

对于初到巴黎的人来讲，凡登广场是一处不可不到的地方。理由除了一睹矗立在这座 18 世纪广场中心的 44 米高铜柱，瞻仰一下顶端的拿破仑雕像以外，这个广场也被称作“巴黎的珠宝箱”，宝诗龙、卡地亚、梵克雅宝、绰美这些世界珠宝界的“大腕儿”都聚集在这里。

宝诗龙是进驻凡登广场的第一家珠宝店，店址是 26 号。那里是广场中阳光照射最充沛的转角，而当时住在它楼上的，正是拿破仑三世当年的情妇——卡斯第里欧尼伯爵夫人。这位美貌出众的伯爵夫人生于 1837 年，在拿破仑三世堂妹马蒂尔德公主的引荐下与拿破仑三世相识，当时已经结婚生子的她还未满 20 岁。三年后，伯爵夫人因为一系列变故搬离了巴黎，而待她于数年后重返巴黎时，她与拿破仑三世的这段情史也早已经事过境迁。

1870 年法兰西第二帝国瓦解之后，伯爵夫人过起了与世隔绝的生活并于 1878 年搬入凡登广场 26 号的二楼，而她的性情也开始变得极为古怪，终年以黑色布置起居并将镜子以黑布掩盖，只肯在夜幕低垂时才偶尔戴着神秘的面纱出门，据说极少有人看过她晚年的容貌，她也因此被称为“黑暗中的神秘女人”。不过她与宝诗龙珠宝的创始人菲德里克·宝诗龙一直保持着比较友好的关系，因为宝诗龙的珠宝一直是她的最爱，而她神秘而浪漫的情史也为菲德里克·宝诗龙提供了许多灵感，成为了他创作上的缪斯女神。最终，伯爵夫人成人之美，将她的寓所半卖半送地转给了宝诗龙。1893 年，随着宝诗龙的进驻，凡登广场 26 号也终于一扫先前的阴霾氛围，迎合着巴黎温暖的日光，变成了一个光芒四射的珠宝天堂。

品·牌·志

1858 年，一个 28 岁的年轻人在巴黎的时尚中心——皇宫区大街，开设了以自己名字命名的第一家精品珠宝店，这个人就是菲德里克·宝诗龙，他自 14 岁起就师承法国著名珠宝大师朱利·查兹。宝诗龙的设计十分细腻精巧，而且又敢于大胆掌玩不对称性，因而深受贵族名流的喜爱。1889 年，他赢得了巴黎万国博览会所颁发的最高等级创新奖。

如果说菲德里克为宝诗龙家族树立了世代相传的典范，那他的儿子路易·宝诗龙就是为品牌增添传奇和神秘故事的能手。他于 1902 年父亲辞世后接下了家族产业，凭借极其敏锐的生意头脑，将宝诗龙的盛名扩展到了莫斯科、伦敦、纽约各地。

事实上，超过百年历史的珠宝品牌总会留下各个艺术时期的演进轨迹：波普艺术、装饰艺术、新艺术以及象征主义。而让宝诗龙最为不同的就是其中的象征主义色彩，诉求一种超越珠宝奢华且带有些许神秘与诱惑的底蕴。所以在宝诗龙的作品

▲ 宝诗龙“cinna pampilles”系列耳环和以鸟为造型的戒指，耳环借鉴了巴洛克式的吊灯造型，在绿色、金色和白色钻石镶嵌下，显得格外生动而富有活力。

中虽然常见纤美的花朵、闪烁的雨滴或是颤抖欲坠的树叶，但它似乎更加偏好内蕴深沉的生物，如小蛇、变色龙、猫头鹰、猫，而不是轻巧活跃的飞鸟和蝴蝶，就连所起的名字也都充满了魅惑的张力：危险、麻烦、魔力……但是单凭这一点似乎还不足以成就宝诗龙的强大磁场，路易·宝诗龙特别针对高级定制珠宝首创了多层次镶嵌方式，不论用多少宝石缀饰，精细到完全不着痕迹的镶嵌底座，耳环、项链、手链皆能自由轻盈如关节般随兴而动，甚至能伴随身体的运动而产生轻颤效果，这门绝艺足以奠定宝诗龙的巨擘风范。

如今，宝诗龙已然经过了四代人的薪火相传，难得的是，宝诗龙一向重视保存与延续珠宝的文化和历史，它是唯一在19世纪购买法国王室珠宝的法国珠宝商，那些珠宝的历史可以回溯到路易十六的年代。2000年，宝诗龙加入了古驰集团，成为了该集团下唯一的高级珠宝品牌。

▲ 宝诗龙与著名珠宝设计师马克·纽森合作，以法国数学家加斯顿·朱莉娅的“朱莉娅碎形结构”为灵感，推出奢华的“朱莉娅”项链。整件作品耗时1500小时，运用2000颗钻石与深浅不同的蓝宝石且经过独特角度的计算，组合出看似零碎但实际有规则数理排列的几何形状。

宝诗龙150周年高级定制珠宝

典藏理由，致敬品牌诞生150周年

2008年，正值宝诗龙创立150周年。1月21日，华灯初上的凡登广场缓缓燃起150支绚丽的蜡烛，而在第八区的小皇宫，宝诗龙举行了150周年高级定制珠宝——“魅惑宝诗龙”发布酒会，而受邀参加的只有150位嘉宾。这次的纪念珠宝包括勇气、魔力、性感、神秘、危险、探索、美味七大系列，其设计或东方、或几何、或自然，看似随意但却充满了奇思妙想，展现成熟女性细腻深邃的心思，而且件件做工极为繁复，从设计、切割、镶嵌到雕琢，总制作工时长达一万两千多小时。

▲ 宝诗龙“神秘”系列

蛇是邪恶的化身吗？在以色列，蛇被奉为大地之母而受到当地人的顶礼膜拜；在埃及，眼镜蛇则被奉为君主的保护神，而今不少珠宝品牌也并不避讳以蛇为主题。但对宝诗龙而言，蛇不仅是伴随品牌发展的幸运图腾，更是品牌不断突破创新的精神象征。这次150周年高级珠宝的“危险”全系列商品都以金钻小蛇的形象为延伸，通过红蓝宝石的缀饰，诠释了美丽女人的致命诱惑。而“神秘”系列的价值近3千万人民币，整套以花枝交错为设计思路的宝石项链制作耗时2000小时，其中一朵紫水晶花更是雕成一个可以盛载香水的小瓶子，而在花卉和绿叶之间，镶嵌有三颗总重达41.8克拉的椭圆形蓝宝石，尽情绽放奢华魅力。

除了自然生灵，宝诗龙的作品里其实也并不缺乏丝丝甜蜜与惬意。早前，宝诗龙曾以法国一种传统甜点马卡龙为创意，推出了包括项链、戒指、耳环在内的“诱惑马卡龙”系列。而这次150周年纪念的“美味”系列则源自鲜嫩香甜的美味水果。这套包括了项链、耳环、戒指、手镯在内的顶级首饰整体采用白金材质，一个个造型精巧、颜色鲜艳的“小灯笼”果实上镶缀满上等的宝石，项链的镶嵌数量超过1350颗，总重量超过180克拉，其中包括总重达31.39克拉的9颗天然椭圆形粉红刚

这次 150 周年纪念的“美味”系列则源自鲜嫩香甜的美味水果，这套包括了项链、耳环、戒指、手镯在内的顶级首饰整体采用白金材质，一个个造型精巧、颜色鲜艳的“小灯笼”果实上镶缀满上等的宝石。

玉宝石以及4颗总重达9.28克拉的紫色蓝宝石以及50颗祖母绿宝石，手镯上的宝石镶嵌数量超过了420颗，耳环上则超过了266颗。用价值连城来形容，一点也不为过。

宝诗龙珠宝腕表

典藏理由：珠宝设计的艺术珍品

除了珠宝首饰，腕表也是宝诗龙的拿手好戏，独特的滑行表扣设计取得了专利，将表带的一端插入到表壳一边的凹槽内从而使表带可以被轻松解开、替换，这也成为宝诗龙腕表的独特标志之一。除了入门的“Reflet”系列，身为珠宝巨匠的宝诗龙当然不会仅仅满足于在腕表上镶上一圈钻石表圈，近年来，宝诗龙不断将猫头鹰、蝙蝠以及变色龙和孔雀羽毛等搬上腕表，打造出了备受其拥趸追捧的“Mec”高级珠宝腕表以及限量版陀飞轮“动物寓言”珠宝腕表，其价格基本都在百万人民币以上。

▲自2007年起，宝诗龙便不断与瑞士芝柏表擦出创意火花。2010年，这两大品牌再度携手合作，推出18K白金老鹰造型腕表。它搭载芝柏表经典的三金桥陀飞轮机芯，外部镶嵌粉钻、香槟钻及白钻与红宝石共约25.3克拉，刻画出栩栩如生的老鹰形状。

宝诗龙腕表的机芯合作对象主要是知名的瑞士芝柏表厂，与之相比，专门生产精密概念表的MB&F绝对堪称新锐，它在2006年才推出了自己的第一款表——“HM1”。但MB&F又被称为“艺术与微机械技术的概念实验室”，其独特的双锥形战斧显时器设计给世界制表业带来了革命性的变革。MB&F的年产量一直极其稀少，2010年的生产计划仅145只，其中包括宝诗龙与它共同开发的“HM3”的高级珠宝版——“珠宝时间器”。

HM3原始表款以黄金搭配钛金属，这次的顶级珠宝版选择了宝诗龙经典的猫头鹰造型，一款以18K白金搭配紫水晶、钻石以及蓝色和紫色蓝宝石，另一款则以18K玫瑰金搭配粉红碧玺、粉晶、钻石和粉色蓝宝石。猫头鹰的双眼是安装在双圆锥上的硕大圆凸形宝石；耀眼双翼保护性地包裹着HM3的珍贵

HM3 顶级珠宝腕表，选择了宝诗龙经典的猫头鹰造型，以 18K 玫瑰金搭配粉红碧玺、粉晶、钻石和粉色蓝宝石。

机芯，双翼以密钉镶法镶满多角形切割的宝石；雕满羽毛的前胸则以整块紫水晶或粉晶雕琢而成。透过水晶，可隐约看到 MB&F 纯金制敞篷摇摆自动盘的摆动，仿佛猫头鹰的心脏在起伏跳动。该款表的价格超过了 20 万美元。

BOUCHERON
PARFUMS
PARIS

名·人·堂

1909 年，路易·宝诗龙初次造访印度并得到了印度帕提亚拉土邦贵族的青睐。1928 年，该土邦的君主及其 60 多名随从带着他珍藏的六大箱珠宝抵达了巴黎并向宝诗龙送上了 149 项委任状，委托其将这批珠宝制作成新的珠宝艺术品。如果按照当时的市值来计算，这批珠宝的总价值已经达到了 20 亿法郎。结果是，宝诗龙完成了史无前例的 149 件珠宝设计。

1930 年前后，伊朗王室指派路易·宝诗龙为其收藏的全数国有珠宝鉴价，其中包括两颗全球最大的粉红钻石。当时路易承诺在其有生之年绝不将宝藏价值公之于世，于是伊朗王室的财富秘密果真至 1959 年路易逝世时都从未公开过。也正因其信守承诺，20 年后，伊朗国王巴列维任命宝诗龙为其第二任妻子苏拉娅镶制婚礼华冠。苏拉娅当时年仅 16 岁，这位伊德混血少女与巴列维在一场宴会上一见钟情并于当晚订婚，次日通过伊朗传媒对外公布。但是年轻美貌的苏拉娅患有不育症并最终导致二人忍痛离婚。

宝诗龙珍品一直是英国、埃及、俄国、约旦等各国王室的钟爱之物，沙皇亚历山大二世及其子沙皇尼古拉二世都曾是宝诗龙的贵客。1937 年，埃及末代国王法鲁克向宝诗龙定做了一条非常豪华的项链，把它送给王后法莉妲作为新婚礼物，而已故的英国王室玛丽王后特别喜爱的一顶头冠正是购自于宝诗龙，如今已由王储查尔斯转送给卡米拉作为结婚礼物。

意大利是一个与艺术之美有着天然共鸣的国度，在所有的欧洲贵族中，意大利人成为了欧洲文明的一大支点。正是由于他们的存在，欧洲贵族的史诗才变得如此隽永。

意大利王室

欧洲艺术的伟大支点

王朝故闻

古老的亚平宁半岛一直被视为整个欧洲最富有文化灵性的地方，曾经高擎着文艺复兴的火炬，照亮了人类近代文明的前行之路，而那里也是古罗马的发祥地，全盛时期，古罗马帝国的版图遍及整个地中海沿岸并向北扩展到了多瑙河沿岸。公元 3 世纪末，古罗马帝国分裂为东西两部分，由于多方外部势力相继入侵，意大利的土地从未统一在同一个政权之下，始终四分五裂。中世纪时，意大利境内存在着撒丁王国、热那亚共和国、威尼斯共和国、教皇国、那不勒斯王国等多个国家。所以现在，意大利各个城市中的宫廷建筑和贵族院落依然鳞次栉比。

文艺复兴之后，意大利开始了走向统一的复兴运动。在撒丁王国萨伏依王朝的带领下，1861 年，意大利大部领土实现统一，意大利王国成立，撒丁王国的君主埃马努埃莱二世成为了第一位统一的意大利国王。1866 年，意大利与普鲁士联手，使奥地利统治下的威尼斯回归了意大利王国。四年后，拿破仑三世的帝国梦破灭，教皇国失去了“监护人”，意大利人攻克罗马，教皇庇护九世退居梵蒂冈。但是在不到一个世纪之后，随着第二次世界大战的结束，意大利由

君主制转型为议会制国家，意大利历史上最后一位国王翁贝托二世流亡海外，意大利王室的历史也就此终结。

无论是曾经助推意大利文艺复兴的美第奇家族，还是如今的意大利政要，意大利式的贵族品位似乎一直都在默默影响着整个欧洲，乃至世界。

作为意大利“最时尚的老字号”，普拉达自创立之初就享有意大利“皇家御用”的盛誉。国王埃马努埃莱三世曾多次钦点普拉达为其制造印有意大利王室徽章标志的行李箱和皮质配件。

阿玛尼的拥趸最适合成为世人仰视的偶像，无论财富、权力还是地位。而贝卢斯科尼却已将这三者都牢牢握于手心。也许他不是英雄，但他留下的却一定是传奇。

奥罗拉是意大利的第一个本土墨水笔品牌，受意大利王室的委托，它曾经专门设计制造一款配有很特别的斜体笔尖的 Etiopia 墨水笔，特别赠送给第一次世界大战中的有功军官。

皇家御用

意大利历史的大部分时间都写满了四分五裂，但是意大利贵族的文化品位却对欧洲上流社会影响至深。发祥于佛罗伦萨的美第奇家族是意大利最显赫、最有权势的家族，作为统治者、艺术赞助者和银行家，美第奇家族在古老的欧洲繁荣了几百年。在 1430 年到 1737 年的大部分时间里，他们是佛罗伦萨实际上的统治者，第二代传人柯西莫死后的石碑上刻着“国父”的字样。柯西莫时期，为了建造私家宅邸美第奇宫，多那太罗和米开罗佐这两位文艺复兴的先驱人物得到了提携，而美第奇家族第三代成员洛伦佐的陪读是波提切利、达·芬奇和米开朗琪罗。

重要的是，美第奇家族出现了三位教皇（利奥十世、克莱门特七世、利奥十一世）和两位法国王后，包括亨利二世的王后凯瑟琳。凯瑟琳是第一个代表美第奇家族走进欧洲王室的女人，也是第一个把意大利艺术和文化带到法国的时尚先驱。从追求奢华织物和精致做工的时装，到被打磨成金字塔形的钻石，以美第奇家族为核心的佛罗伦萨成为了欧洲艺术与时尚的中心。1508 年，佛罗

▲ 皮蒂宫，美第奇家族的王宫，现在是对外开放的美术馆。

伦萨的一个修道会成立了世界上早期的香水工厂，教皇和美第奇家族成员是这家工厂最大的客户，凯瑟琳有专门为她配制香水的工人。

如果有人好奇美第奇家族究竟富有到何种程度，答案是美第奇家族的女人的陪嫁动不动就是一座宫殿甚至一座城池。现在，包括佛罗伦萨皮蒂宫在内的诸多老王宫和美术馆成了美第奇家族留给后世最宝贵的遗产，里面留存着他们从世界各地搜集来的艺术珍品，包括拉斐尔、波提切利、提香等艺术大师的名作。

美第奇家族到 18 世纪 30 年代因为无嗣而走向没落，而意大利从来不乏酷爱艺术品的收藏家，不过只要你说出“贝里尼”这个名字就无人不知。贝里尼家族被誉为“贝里尼王朝”，在意大利家喻户晓。该家族已然经过17代人约600年的传承，是当今世界上最大的私人收藏家族之一。在纽约、伦敦、摩纳哥、威尼斯、佛罗伦萨拥有5座私人博物馆和近2万件艺术珍品，从乔托的壁画、米开朗琪罗的雕塑、达·芬奇的画作到哥特式的挂毯和桑索维诺的木雕衣橱，无所不包。没有人知道他们家族的储藏室中珍藏着多么庞大的艺术宝藏，只有当他们肯拿出来展示的时候，人们才开始暗暗惊呼："哦，原来它也在这里！"

没人敢轻易否定普拉达，因为否定了它就等于否定时尚。它的低调和摩登是时尚界最不朽的一种精神，作为它的拥趸，永远都不会遭遇落伍的尴尬。

PRADA
普拉达

1861年，分裂的意大利终于走向了统一。为庆祝埃马埃努莱二世成为第一个国王，设计师朱塞佩·门戈尼开始为米兰设计建造埃马埃努莱二世拱廊，来连接米兰最著名的两大地标——米兰主教座堂广场与广场对面的斯卡拉歌剧院。这个拱廊在1865年到1877年之间建造完成，现在成为了世界上最古老、最知名的购物胜地，普拉达1913年的首间精品店就选在了这里。

▶ 埃马埃努莱二世拱廊位于米兰最著名的两大地标——主教堂和斯卡拉歌剧院之间，是米兰最华丽的购物广场之一，LV等名店都在这里落户。拱形玻璃穹顶于1877年完成，穹顶附近的绘画以及人行道上的马赛克图案都非常精致，拱廊两旁有咖啡馆、餐馆、书店及汉堡包店，招牌一律是黑底金字，连麦当劳也不例外。对初到米兰的人来说，这里的观赏价值应该远高于购物价值。

在创始人马里奥·普拉达时尚而且品质卓越的作品面前，很多意大利王室贵族和上流社会成员都成了普拉达的忠实顾客。后来，国王埃马埃努莱三世（埃马埃努莱二世的孙子）曾多次钦点普拉达为其制造印有意大利王室徽章标志的行李箱和皮质配件，普拉达也由此成为了意大利王室的供货商。如今，埃马埃努莱二世拱廊已然名店林立，而普拉达的这家百年老店依旧伫立在它最显眼的一处，任岁月流逝，光芒不减。

第二次世界大战后，意大利王室流亡国外，意大利政坛也进入了史上最频繁的更替期。不过无论是谁拿起权杖，无论是

PRADA
PRADA
PRADA
LOUIS VUITTON

总理还是总统，他们永远不介意为普拉达“代言”，让普拉达的西装、皮鞋和他们一起出镜。而普拉达的皮包、香水、腕表等同样也会引起他们的关注——没人会不喜欢这种“小礼物”。

PRADA
品·牌·志

1913年，当香奈儿的名字开始出现在法国巴黎的时候，意大利米兰的市中心出现了第一家普拉达精品店，店中展示着创始人马里奥·普拉达设计的手工行李箱、皮质配件，后来又增加了女式手袋、化妆箱等。马里奥·普拉达从一开始就为自己的产品定下了一条信仰：只有最好的品质才能拥有“Prada”的商标。所以他常会不惜血本地从国外进口纯银、皮料、水晶。在他去世后，由于受到古驰、爱马仕等竞争对手的强有力的挑战，普拉达家族曾一度面临极大困境。1978年，马里奥·普拉达的孙女缪西亚·普拉达开始接手家族产业。

缪西亚是米兰大学的博士，而她超强的设计天分和时尚灵感也成功地令普拉达品牌峰回路转。1989年她举办了自己的首次女装发布会并引起了轰动。1985年，普拉达推出了经典的黑色“pocono”尼龙包，一经问世便成了欧美时尚达人的必备品，纽约著名设计师唐娜·凯伦也背着它出门。普拉达独特的倒三角标志成了时尚界最值得关注的符号，而缪西亚也逐渐成为时尚界最具影响力的设计师。

而今，普拉达的眼镜、鞋履、香水等各类产品都陆续问世，所有普拉达皮具的加工生产都是由意大利托斯卡纳地区管辖，这个地区被公认为拥有最高端的皮质配件和鞋类生产工艺和技术。而对于设计，普拉达新系列的问世都经过了通透的钻研和考查，选用的可能是现代技术，也可能是古老工艺，而当它决定用金箔的时候，甚至会要求法国的古老作坊重新采用已经停止使用的原始制作方法。因此，普拉达的每个系列都充满了令人兴奋和意外的元素，用缪西亚的话说：“我从来不会迷失，面对纷繁变幻我总是相当理智和清醒，从来就没有害怕过任何变化。”

▲ 普拉达流苏手袋

PRADA
典·藏·馆

普拉达高级定制系列

典藏理由：名流品位的极品典范

一直以来，高级定制都被视为一门奢侈的艺术，而普拉达很早就有专门为精英阶层量身定做时装的私人定制业务。以男装为例，普拉达的套装有300种衣料可供选择，用料和款式可以充分考虑到顾客自身的身形条件以及气质特点，而其后期的修整过程可能要持续数次。至于量身定做的衬衫，顾客可以在180种衣料、6款衣领、5款袖口和6种绣字颜色中选择，另外还可以选择袖扣款式。特殊细节也可按照顾客需求进行处理，包括添加衣袋，在袋口、袖口上绣上顾客姓名的首字母或者是明线等。通常，下订单之后的5周左右，顾客可以穿上量身定做的时装。

在时尚界，皮带对男人的装饰意义堪比手袋之于女人，而普拉达的皮带定制服务则能让顾客也做一回设计师。除了可以自由选择皮革，包括鳄鱼皮、漆皮、扎花牛皮等，顾客还可参与皮带扣上的仿古镀银、镀金或者镶嵌硬质宝石的设计。设计完成后，顾客可能要耐心等待2个月才能拿到成品。普拉达定制皮带的价格大约在2 000 ~ 12 000欧元之间，专门定制带扣的价格也可能达到2 500欧元以上。另外。普拉达的一款鞋履可能会有至少12种不同的配色方案供客户选择，它的眼镜、鞋子标签、背包、行李箱上也可以按照客户的意愿，印刻姓名首字母、幸运数字或者是特定符号。

PRADA

名·人·堂

诞生了将近一个世纪，普拉达的身边拥有了很多来自王室贵族的大牌拥趸。2011年6月9日，英国威廉王子和妻子凯特婚后首次共同出席王室的官方活动，凯特当天手上拿着的一款普拉达丝缎手包后来引起了抢购热潮。7月初，威廉王子夫妇出访加拿大，当亮相当地一项重要庆典活动时，凯特穿上了一双海军蓝色普拉达高跟鞋。也许长久以来英国王室在着装风格上总是给人一种比较保守沉闷的感觉，但是实际上英国女王伊丽莎白二世比今天的时髦女孩早50年就穿上了单肩服装，普拉达设计师缪西亚·普拉达也曾经赞美她是“世上最优雅的女人”。

丹麦王储妃玛丽的着装品位素来被欧洲媒体叫好，因此有

“欧洲时尚界风向标”的雅称。2010年美国《名利场》杂志“2010全球最佳着装名人”排行榜中她排名第四，美国第一夫人米歇尔·奥巴马和法国第一夫人卡拉·布吕尼都位居其后。《名利场》还介绍了玛丽王储妃最热爱的品牌，普拉达当然在列。从时装、手袋到鞋履，普拉达没少为她加分。

除了王室贵族，普拉达的主顾中也少不了像法国前总统萨科齐、微软创始人比尔·盖茨这样的政商名流。2007年，刚刚走马上任的法国总统萨科齐被《名利场》评为年度“全球最佳衣着人士”，但在当年的宣誓就职仪式上，萨科齐穿的并不是法国品牌的衣服，而是一套普拉达深蓝色西装，单排三扣上衣只扣上了中间那颗纽扣儿，郑重而又不显土气。在发表了就职演说以后，萨科齐走向的第一个人是他当时的妻子塞西莉亚，而她当时穿的是一条价值2 000美元的白色普拉达绸缎裙，他们的孩子穿的则是普拉达副线品牌——Miu Miu。在举行交接仪式时，现场背景音乐并非法国名曲，而是西班牙作曲家阿尔贝尼斯的作品，曲目是塞西莉亚亲自挑选的，原因只有一个：他是塞西莉亚的曾祖父。

▲ 意大利前总理贝卢斯科尼

一件简约合身的阿玛尼上衣，绝不招摇，可是人人都看得出来它价值不菲，这就是阿玛尼的魅力所在。没有人不想与众不同，但也不是所有人都能穿出自信，除非你选的是阿玛尼。

GIORGIO ARMANI
阿玛尼

在意大利的政坛和商界，贝卢斯科尼都是一个传奇。早年从建筑业起家，如今名下企业已超过百家，掌握着意大利传媒业将近半数的市场份额。除去这些，单单一个AC米兰足球俱乐部的市值估计就在10亿欧元左右，所以他的身家用“富可敌国”来形容绝不为过。而作为意大利的前总理，贝卢斯科尼的负面新闻几乎从未间断。但是贝卢斯科尼起码有一点会让民众

EMPORIO ARMANI
DIAMONDS

挑不出毛病——他是意大利品牌的忠实拥戴者。

贝卢斯科尼的衣帽间可能比意大利各个顶级时装品牌的专卖店都齐全，阿玛尼、普拉达等全都有专属的房间。每年他都会不止一次地从这些大牌手中定制高级服装，为出席各种场合或者出访作准备。不过从他最常穿戴的西装、皮鞋、眼镜到忙里偷闲时的休闲装扮来看，他对阿玛尼的偏爱几乎人尽皆知。不管走到哪里，他的行李箱里永远能找出两套以上的阿玛尼西装。每次阿玛尼新一季的时装以及配饰亮相之后，贝卢斯科尼都有专人采买，而且永远是多多益善，在他的鞋柜里，同款同色、同款异色的阿玛尼正装皮鞋或者是休闲凉鞋多到不计其数。贝卢斯科尼的身形有些臃肿，所以有些媒体有时不免开起玩笑：幸好，他爱穿阿玛尼！

GIORGIO ARMANI

品·牌·志

1934年，乔治·阿玛尼出生在米兰附近的一座小镇，大学时他放弃了医学专业，1975年他又卖掉汽车，以1万美元起家，创立了自己的品牌——Giorgio Armani。当年7月，阿玛尼推出的无线条无结构的男式夹克在时装界掀起了一场革命，3个月后，阿玛尼推出的一款女式夹克也大获成功。此后，乔治·阿玛尼开始对女装款式进行大胆颠覆，阿玛尼时装也很快成为了高级职业女性的最爱。

乔治·阿玛尼曾说他的设计遵循三个黄金原则：一是去掉任何不必要的东西；二是注重舒适；三是最华丽的东西实际上最简单。20世纪80年代，阿玛尼的名字红透了好莱坞的半边天，媒体的溢美之词纷至沓来：“在意大利，人们有教皇和阿玛尼。”“阿玛尼对时装作出的贡献正如毕加索对绘画作出的贡献。他解放了时装，他改革了时装。”1982年，48岁的乔治·阿玛尼成为首位登上《时代》封面的意大利时装设计师，上一个登上《时代》周刊的时装大师则要追溯到50年代的克里斯汀·迪奥。

阿玛尼现在已是在美国销量最大的欧洲设计师品牌，副线品牌包括成衣、童装 、休闲牛仔、美妆、家居等等，经营范围涉及服装、领带、眼镜、丝巾、皮质配件甚至酒店。阿玛尼是目前极少的既没上市也没被大集团收购的知名时装品牌，乔治·阿玛尼这位“老佛爷”拥有绝对的决策自由，不会有人反对他花100万美元做一场时装秀，或者用5 000万美元打造奢华的集团总部。于是在时装界，有人说他像个独裁者。但这有何妨？全世界的时尚新贵们都乐意见到这样一位精力和创造力都如此旺盛的大师级人物，有他的地方，就有时尚。

GIORGIO ARMANI
典·藏·馆

阿玛尼高级定制系列

典藏理由：意大利时装的精髓

阿玛尼曾经用凝练的一句话概括了高级定制时装的本质：带给人们想要的一切。

每年的1月和7月，阿玛尼会参考最流行的时尚元素确定不同的主题，发布多款高级私人定制系列时装，例如2010年的“月之女神”。而2011秋冬高级定制时装显然是在向地震后的日本致意，标志性的日本雨伞及樱花都融入其中。这是阿玛尼的忠实拥趸们每年最期待的一件盛事。这些时装的价位基本在2万到10万美元之间，而且只以定制的形式出售，不会出现在店面里。当然，阿玛尼会根据顾客的不同身体条件和特殊需求，对款式作出一定调整，比如加长礼服裙摆，换一种袖扣，或者是在领口多加一条蕾丝。

有人说，阿玛尼式的低调气质像是一个从骨子里散发质朴情怀的有钱绅士，甚至还带有一丝不为人知的忧伤，而穿的人却总能感觉到衣服与身体之间无比熨帖的舒适，如同第二层皮肤。但是如果你身上穿的是出自阿玛尼的高级私人定制时装，这种熨帖的感觉想必更加浑然天成。

▲ 阿玛尼 Code Casino2008 黑色密码限量版男性香水

阿玛尼贵族香水

典藏理由：私人定制

也许你每天都会使用阿玛尼的彩妆和护肤品，但你从不知道阿玛尼本人也是调制香氛的大师。阿玛尼贵族香水（Prive）最初只是他调配的私人香水，因受到了朋友的追捧才决定面向

2010 年的“月之女神”高级定制礼服

摩纳哥亲王阿尔伯特二世与南非姑娘维特施托克完婚，维特施托克身上的一袭拖地裙摆的白色婚纱是由阿玛尼设计的。

公众。阿玛尼贵族香水每年只提供给少数的阿玛尼精品店，数量稀少，甚至需要提前半年向阿玛尼专柜订购。

不同于普通香水纷繁复杂的百余种原香组合，阿玛尼贵族香水只用了 10 余种天然珍稀的原料。奢华不是不断地叠加，而是留下本质。瓶身选用非洲栎木，配上各具灵气的 6 款玉石，守护着拥有独特个性的阿玛尼贵族香水。另外还有与香水相匹配的熏香烛台。阿玛尼香水并不启发人们童话式的梦想，它追求的是自我价值的肯定和实现。因此，阿玛尼香水所诠释的不仅仅是一种风格，更是一种精神状态。它永远与潮流同步，并且传达出鲜明的独一无二的品牌理念：优雅，智慧，独特的个人风范。

GIORGIO ARMANI

名·人·堂

2011 年 7 月 1 日，53 岁的摩纳哥亲王阿尔伯特二世与南非姑娘维特施托克在摩纳哥王宫完婚。自 1982 年格蕾丝去世后，摩纳哥人终于又迎来了一位新王妃。当天下午4时57分，维特施托克挽着父亲的手臂，踏上了铺在王宫广场上的红毯，当时她身上一袭有着20米长拖地裙摆的白色婚纱正是由阿玛尼设计的。据悉，整个婚纱的制作耗时2 500个工时，共镶嵌了4万颗施华洛世奇水晶元素，3万颗珍珠和2万颗贝壳饰品，其中是用于精细的纯人工刺绣就耗费了700个工时。其实一些好莱坞大牌明星的结婚礼服也是从阿玛尼定制的，汤姆·克鲁斯与妻子凯蒂，罗素·克洛与妻子丹妮尔·斯宾塞都是“阿玛尼式婚礼”的成员。

▲ 2010年3月，詹妮弗·洛佩兹身穿淡粉色的阿玛尼“月之女神”定制礼服，出席在洛杉矶柯达剧院举行的第82届奥斯卡颁奖礼。

在好莱坞的明星中流传着一句话：“如果实在不知道穿什么，那就穿阿玛尼吧，准错不了。”如果有人乐于作一个统计，看看自20世纪80年代以来明星们在各大国际电影颁奖典礼上所穿的礼服都出自哪些品牌，那么出现得最多的名字一定是阿玛尼，每年的奥斯卡几乎都成了阿玛尼的时装发布会，后来有人甚至提出了“奥斯卡奖能不能离开阿玛尼”的疑问。至于为何如此青睐阿玛尼，意大利影星索菲亚·罗兰曾经说：“当今时装界充斥着混乱、疯狂的形象，而走进阿玛尼的世界仿佛进入了台风中心最平和的风眼，进入一个完美静谧的境界和一种从不会被动摇的风格里。一件阿玛尼的礼服不会让你有丝毫的怀疑或不确定——因为它是阿玛尼，它明白并且拥有你所需要的一切。”

无论是球员还是教练，只要是在美国NBA赛场上闯出点名堂，他们身上似乎就贴上了“富人”两个字。不过名帅杰夫·范甘迪的节俭做派可是出了名的。1985年，身为尼克斯队助教的杰夫·范甘迪仍然搭公共汽车上下班，父亲老范甘迪后来送了他一辆本田Civil。哪知这辆车范甘迪一开就是十多年。由于总被人取笑寒酸，范甘迪终于狠下心买了一套阿玛尼西装。但没过几天，由于经常窝在办公室的沙发上睡觉，他身上的阿玛尼就皱皱巴巴完全走了样。阿玛尼公司后来私下跟范甘迪商量，要求他从此远离阿玛尼的衣服，但范甘迪可以得到一笔数目可观的补偿。

对奥罗拉而言，它代表的不仅仅只是一支书写笔，而是精良的意大利工艺和浓郁的意大利式的文化。从当年的意大利王室到如今的意大利政坛政要，他们都是奥罗拉的忠实主顾。

奥罗拉

1919 年，第一次世界大战后的意大利依然还弥漫着些许萧条，一个充满希望的名字——“奥罗拉（曙光）”却悄然照亮了亚平宁半岛。奥罗拉是意大利的第一个本土墨水笔品牌，受意大利王室的委托，它曾经专门设计制造一款配有很特别的斜体笔尖的 Etiopia 墨水笔，特别赠送给第一次世界大战中的有功军官。这款笔后来在 1992 年获得意大利国立科学艺术博物馆颁发的美学工程奖。

虽然是作为书写工具，但是精雕细琢的奥罗拉书写笔在业界还有另一个称谓——“珠宝名媛”，它们被当做真正的珠宝作品来生产，因此也深得王室贵族、富豪精英的钟爱。从当初的意大利国王埃马埃努莱三世到如今静守梵蒂冈的教皇，再到意大利政坛的高级政要，他们都是奥罗拉书写笔的老主顾，奥罗拉书写笔时常伴随他们出席重要的签字仪式，他们甚至将其作为珍贵的礼物，送给重要人物。

品·牌·志

1919年，当时意大利正经历着第一次世界大战之后的萧条期，虽然各个行业都不景气，但同时也酝酿着对经济复苏的热烈渴望。而在都灵，一个富有的面料商人创立了一家名为奥罗拉的制笔公司并且生产出了意大利的第一支墨水笔。1924 年，奥罗拉打出了一个极为轰动的广告语：“每支进口的墨水笔都代表着意大利损失的一枚金币及意大利失业工人的一天，而奥罗拉是意大利本国的墨水笔”。

自创立以来，奥罗拉的定位就是顶级书写工具，基础材质大量使用纯银、白金等，特别款式常常以钻石、宝石以及各类玉石做缀饰，而它的一些设计师曾经为宝格丽、古驰、卡地亚和登喜路设计过产品。现在，奥罗拉书写笔主要扩展到“常规”、“精英”、“年轻”、“威望”、“特别奉献”、“限量版”、“限量制作”、“钻石”等八大系列及其不同的型号，它们已经成为顶级品质、良好品位和精良意大利工艺的代名词，《罗博报告》将其誉为“王中之王”。

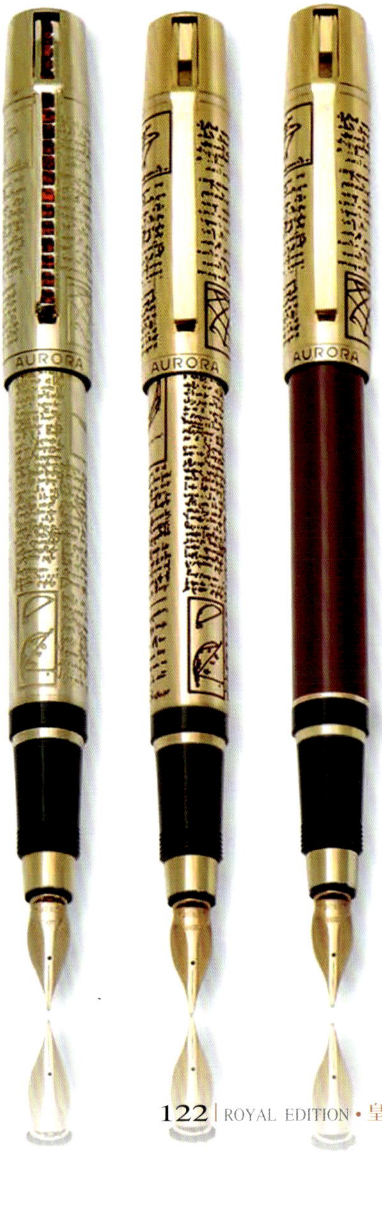

为满足客户需求，奥罗拉近年来陆续推出了“都灵”、“佛罗伦萨”、“罗马”、“米兰”等皮具系列，为其忠实的拥护者提供与书写工具相配套的高档配饰，如公文包、女士皮夹、笔袋、记事本、钥匙扣、名片夹、桌上用品等，甚至是限量发行的腕表。

典·藏·馆

奥罗拉“限量版”达·芬奇系列

典藏理由：致敬艺术大师

“奥罗拉身上承载着意大利的思想、文化和美，有自己独特的制造工艺。当下，人们往往拥有同样的汽车，同样的电脑，但是奥罗拉的限量版系列能成为表现人们尊贵和独特个性的附属品。”奥罗拉掌门人恺撒·维罗纳这样解释奥罗拉“限量版”系列的定位。多年来，这个系列经常从意大利著名人物和事件中汲取灵感，而达·芬奇当然是其中之一。

奥罗拉“限量版”达·芬奇系列先后发行了三款墨水笔，最珍贵的一款墨水笔只限量制造 99 支，采用纯金笔身，笔身上篆刻有达·芬奇文章节选，笔夹镶有一排红宝石。这款笔的细节处还进行了特别处理，例如笔夹的接缝处可以活动，纯 18K 金锥形笔尖被设计成了羽毛状。第二款为镀金笔身，墨水笔限量制造 1 919 支，圆珠笔限量制造 499 支，笔尖为 18K 足金。还有一款采用的是红漆树脂笔杆，墨水笔限量制造 1 919 支，圆珠笔限量制造 499 支。

▲ 奥罗拉“威尼斯”系列

奥罗拉“威尼斯”系列

典藏理由：致敬文化古都

继以意大利的天才及艺术界的领导者为主题之后，奥罗拉首度以艺术之城为主题，推出了“威尼斯”系列书写笔。

“威尼斯”系列是奥罗拉的设计团队与著名的珠宝设计师爱德华·嘉德合作研发的，有墨水笔和圆珠笔两个版本，黑色树脂笔身，18K 笔尖，笔帽上配有以一种特殊金属熔合技术铸成的纯银或纯银镀金装饰，精巧地雕饰着威尼斯的两个最重要的标志——圣马可飞狮和运河轻舟。

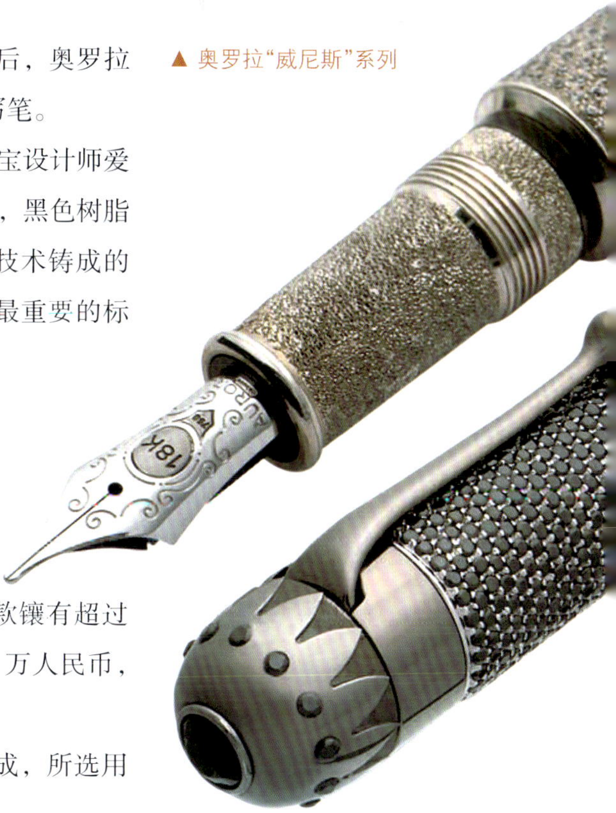

奥罗拉钻石系列

典藏理由：世界上最贵的墨水笔

为了庆祝品牌成立 85 周年，奥罗拉设计了一款镶有超过 30 克拉戴比尔斯钻石的诞辰纪念笔，价格超过 900 万人民币，堪称当今世界上最昂贵的墨水笔。

这款笔需要六位经验丰富的工艺师手工制作完成，所选用

的近 2 000 颗钻石全部具有 4C 认证，单单是镶嵌钻石这道工序就要花费 3 个月。笔身由铂金制成，笔尖为 18K 白金镀铑处理，笔帽顶部镶嵌着一颗重达 2 克拉的钻石。它是世界上唯一一支镶钻超过 40 克拉的书写笔，双色笔尖为铑处理 18K 白金所制。由于制作工艺复杂，这款“笔中瑰宝”每年只生产 1 到 2 支，一位俄罗斯富商和文莱王室已将其纳入囊中。

名·人·堂

世界不少权贵名流都是奥罗拉书写笔的拥趸，这其中包括英国查尔斯王子、丹麦女王玛格丽特二世、摩纳哥公主卡罗琳，教皇约翰·保罗二世。约翰·保罗二世生于波兰，1978 年 10 月 16 日被推选为第 264 任教皇，他是第一个成为教皇的斯拉夫人，也是自 1522 年哈德良六世之后的第一位非意大利人教皇。为了向他致敬，奥罗拉“限量版”系列曾推出了“教皇保罗二世”系列收藏笔，笔帽上刻有教皇英诺森三世的老鹰徽章以及教皇约翰·保罗二世的十字徽章。

奥罗拉的收藏家中当然也不乏富豪名流，例如微软公司创始人之一的比尔·盖茨。比尔·盖茨有左手写字的习惯，因此奥罗拉特意为他制作了反偏斜型（左撇子专用）笔尖。此外，意大利指挥家里卡尔多·穆蒂、著名歌唱家安德烈·波切利以及名模娜奥米·坎贝尔也都是奥罗拉书写笔的忠实主顾。

▶ “教皇保罗二世”系列收藏笔的笔杆由大理石斑驳色材料制成，笔头和笔尖之间的笔环上刻有“XXV I. Paulus II”。镀金笔帽加白玛瑙帽顶版墨水笔限量制造 1 919 支，圆珠笔限量制造 999 支，实金笔帽加红宝石帽顶版墨水笔仅限量制造 99 支。

半个世纪前，波斯湾里一方小小的土地开始了一场华丽的蜕变。最终，让世人再也无法从这里移开自己羡慕的目光，阿联酋王室的奢华也早已上升为一种常态。

阿联酋王室

石油王国 奢华绽放

王朝故闻　这里背靠黄沙，面朝大海。半个世纪前，在波斯湾中捕鱼、采集珍珠以及在沙漠中骑着骆驼狩猎，还是居住于此的人民的最重要的生存方式。如今，这片土地依旧被黄沙和海洋包围着，但是这里的人民似乎早已习惯了全世界投来的羡慕眼光。没错，这里就是阿拉伯联合酋长国。

公元 7 世纪时，阿联酋属于阿拉伯帝国，自 16 世纪开始，葡萄牙、荷兰、法国等欧洲殖民国家相继入侵波斯湾地区。1820 年，当地数个酋长国与英国签订永久休战条约并逐步沦为其保护国。1971 年 3 月，英国宣布同波斯湾各酋长国签订的条约于该年年底终止，12 月，在阿布扎比酋长扎耶德的倡导下，阿布扎比、迪拜、沙迦、阿治曼等六个成员国（哈伊马角酋长国于次年加入）组成联邦国家，阿拉伯联合酋长国正式宣告成立。阿联酋奉行君主立宪制，由各成员国酋长组成联邦最高委员会并推举出总统，首位总统即阿布扎比酋长扎耶德。

阿联酋总统任期为五年，扎耶德后来6次连任。他于2004年病逝后，其子谢赫哈利法当选总统，直到现在。自从20世纪60年代海湾地区被探明蕴藏着庞大的石油储量以后，阿联酋迅速富裕起来，有人将其形象地称做一个“从骆驼背上直接跳进奔驰车里的国家”。

在阿联酋，男人可以娶四个妻子，但按照《古兰经》训示，一夫多妻的前提是丈夫必须做到公平善待每一个妻子，也就是说，丈夫如果给一个妻子买了别墅，就要给其他的妻子也买一套。阿联酋男人娶四妻的现象如今并不普遍，但阿联酋王室的规模依然极其庞大，每个酋长基本上都有十多个兄弟姐妹以及十多个子女。所以，阿联酋的亲王、王子、公主的数目是相当多的，现任阿联酋副总统、迪拜酋长穆罕默德有两个妻子、19个子女。

手握着令世人垂涎的“石油美元”，阿联酋王室的巨富似乎随时都能让世人心生慨叹，而且阿联酋王室也可以说是典型的“因富而贵”，起码玩起贵族运动来，王室成员们个个都是高手。

对于兰博基尼的拥趸，你不用怀疑他的身家，更不用质疑他的品位，这一点，看看阿联酋王子们的私家珍藏就会完全懂了。

阿布扎比酋长宫殿酒店被人习惯性地称为位于阿布扎比的“八星级”酒店，除了接待各国政要名流，阿联酋王室的一些重要官方活动也会在那里举行。

皇家御用

如果是在国际一流赛事的马术赛场，你见到阿联酋王室成员的可能性是非常大的。在阿联酋，王子公主们几乎个个是运动好手，而他们最钟爱的运动往往是马术、飞碟射击这些成本极高的“烧钱”项目。

迪拜是仅次于阿布扎比的阿联酋第二大酋长国，王室为马克图姆家族。多年来，酋长穆罕默德一直是各大纯种马拍卖行上的超级买家。他于2006年在美国以920万美元的天价缔造了一项世界最贵马驹纪录，而英国《泰晤士报》曾称穆罕默德是赛马史上的赛马拥有者之最。目前，他在世界各地约有700匹赛马在接受训练，每匹赛马每年的平均花费不低于10万英镑。2010年，他的顾问们花费约195万美元为他一次性购入了8匹马驹，其中最贵的一匹小雄马价值

▲ 2010 年 3 月，迪拜王室耗资 30 亿美元打造的迪拜“梅登”赛马场正式开放，它是世界上最大的赛马场，拥有 1.75 公里跑马道，能容纳 6 万人。周边建有五星级酒店、商务区、码头、博物馆、住宅园区，还有一座公园。

约 30 万美元。为了训练赛马，穆罕默德仅在英国赛马的核心城市纽马克特的运作场地已经扩大到 7 000 英亩的小围场和 5 000 英亩的牧地。在爱尔兰、日本、美国和澳大利亚，他拥有的土地总量也有 12 000 英亩。

赛马是世界上投资回报率最低的运动项目之一，穆罕默德的侄女拉蒂法公主在 2010 年广州亚运会上夺得了银牌，而她当时所乘坐骑的身价据说超过了 8 000 万元人民币。所以，像穆罕默德这样的大手笔买家根本不想以此赚钱，而仅仅是出于喜好，其最高回报率仅在 30%左右，而在穆罕默德那里甚至不足 10%。据粗略统计，20 世纪 80 年代以来，迪拜王室在马匹、马场上的花费至少 10 亿美元。他甚至不惜砸下上亿美元，从波音飞机公司订购了一架波音 747 飞机，专门负责运送自己的宝马良驹。

说完了赛马，现在再来看看射击。如果是一位飞碟射击运

▲ 迪拜王储哈曼丹

动员，当他与对手进行私下交流的时候，他们之间最合理的话题可能就是各自家里是做什么生意的，因为这项运动确实是属于有钱人的游戏，射出子弹的同时就等于是在烧钱。

艾哈迈德王子是穆罕默德酋长的侄子，酷爱射击运动，收藏的各式高级枪支不计其数。在2004年雅典奥运会上，年近40的他获得了男子双多向飞碟金牌，成为了阿联酋历史上首位奥运冠军，当时迪拜市政府还用他的名字命名了一条街道。一般的飞碟射击高手在一年中会消耗3万多发子弹，价值约10万人民币。迪拜王室拥有王室专用的私人靶场，像艾哈迈德这样的王室成员可能每年都会打上十几万发。

艾哈迈德的堂弟赛义德王子、侄子朱马王子也迷恋射击运动，赛义德与艾哈迈德一起参加过北京奥运会，而朱马是2010年广州亚运会的银牌得主。赛义德生于1976年，父亲是迪拜前酋长拉希德，当初正是为了专心从事这项运动，他将酋长之位让与了叔叔穆罕默德。与艾哈迈德相比，赛义德对收藏高级枪支尤其是猎枪的痴迷程度简直是有过之而无不及，他枪库中的枪支数量多得连他自己都无法说出准确的数字，其中不乏价格在100万美元以上的、从德国专门定制的符合他手形特点的枪。这些枪支上通常都有特别的编号，买来后都会打印上特殊的“M”标志，代表着马克图姆家族。在射击之外，赛义德王子还疯狂地迷恋跳水，不过在水贵如油的迪拜，要建设和维持一座游泳馆的费用是非常昂贵的，而赛义德的家里就有一个私人游泳馆，里面还专门搭建了跳台。

再说说阿联酋王子们的宠物吧，一般的小动物可引不起他们的注意。生于1982年的迪拜王储哈曼丹是穆罕默德酋长的次子，曾就读于英国某知名军校，威廉王子和哈里王子是其校友。相貌英俊的他一直备受外界媒体关注，曾被《福布斯》杂志评为“全球最性感的王室成员”之一。哈曼丹曾在

自己的网站上上传过自己的生活照，照片中，一只白狮幼仔正在他的沙发上打盹，而一只珍稀的美洲白虎幼仔则在他的手旁流露出慵懒的神态。除了这两只幼仔，哈曼丹还会不时地带着温顺的成年雌狮在王室私人动物园的草坪上嬉戏。为了带这些宠物出门活动，哈曼丹的巨型车库中除了法拉利、兰博基尼这些拉风的名贵跑车，也有无数辆可以洒脱地驰骋于戈壁的各式豪华越野车。

没有传承数百年的贵族史，也没有那些惊天动地的传奇，但是当阿联酋王子们的兰博基尼车队真正从你眼前驶过的时候，除了羡慕和惊叹，你还会有别的反应吗？

兰博基尼

如果是一位阿联酋的中产阶级，他的车库里所停的车基本不会少于5辆，而且起码都是像奔驰和宝马这样的“平价”名

▲ “雷文颂”这一名字取自斗牛史上一头同名斗牛，它曾在 1943 年导致西班牙著名斗牛士菲利克斯死亡。而兰博基尼驯养出来的这款异兽仿佛是在延续着“雷文颂”这个名字所蕴涵的狂暴不屈的性格，0~100 公里加速仅需 3.4 秒。其外观设计灵感则来自于 F-22 战斗机，喷漆颜色是一种全新的“游艇灰”色并且申请了专利，任何厂商以及兰博基尼其他车型都不得仿制，这也就意味着这种“游艇灰”的车漆只会出现在这 20 辆车上。

车，其中一辆是专门给菲佣使用的。如果换成是阿联酋王室成员，当他们打开自己的车库，其奢华程度绝对会令人叹为观止。不管是雍容华贵的劳斯莱斯，还是一直在疯狂地寻求赛车世界最极端速度的兰博基尼、法拉利超跑，或者是像奔驰、宝马这样长久以来的名车……所有世界上你能想到的名车在这里都遇到了最忠实的粉丝。对阿联酋王室成员来说，“车”的概念几乎等同于“车队”。如果中意某一款式的车，一次买上几辆是再正常不过的事情，所以，各大名车基本都在阿联酋设有专为王室服务的维修保养团队。而对像兰博基尼这种年产量不足 2 500 辆的顶级豪车来说，如果不是身家千万以上的富豪，是根本没有底气询问价码的，要是限量版的车型，身价通常不会低于 100 万美元，而且车的主人基本在其面世之前就已经确定。因为兰博基尼公司通常会优先征询其资深 VIP 会员买主以及专业收藏家的意向——他们对于兰博基尼车的性能有着更深的了解并且能为其提供最佳的保养，然后再确定生产的数量以及各洲及地区的配额，其他人即便再如何富有，恐怕也只能望洋兴叹了。

2007年，兰博基尼推出了100万欧元起售的“雷文颂”限量版跑车，仅生产20辆，阿联酋地区得到一辆配额。虽然兰博基尼至今仍未吐露关于买主的具体信息，不过兰博基尼的车迷都在猜测，爱车成痴的迪拜王储哈曼丹极有可能就是那位阿联酋买主。另外，对像兰博基尼这样的超级跑车来说，原装车在性能上已然是登峰造极了，但是卖到阿联酋王子们手中时，车子通常还要在外观上经过原厂或者是专业改装厂的处理。哈曼丹的这辆“雷文颂”据说是以他的名字特别命名的，相应的标志以及内饰也都是特别打造的，所以该车的最终价格预计会在260万美元以上。哈曼丹的车库中停着不下20辆兰博基尼超跑，其中还有一辆全球唯一的镜面版兰博基尼“蝙蝠”LP640跑车，其车身经过专业改装厂的镀铬处理，外观效果如同镜面，这一项的花费在10万美元以上。不过几乎没人见过哈曼丹开着它在迪拜的街头招摇过市，倒是在英国，这辆车被当地记者给挖了出来。

而在阿联酋最小的成员国阿治曼，现任酋长胡迈德·本·拉希德的儿子小拉希德则拥有一个以 RRR 命名的车队，这个车队包括了兰博基尼“蝙蝠”LP670-4 SV、布加迪“卫航”、宾利“雅致”、劳斯莱斯“幻影”、法拉利 458 Italia、奔驰 G 55 等若干名车的特别改装版，全部采用哑光黑、橙两色车漆，并且尾部带有醒目的 RRR 标志，连车牌也大都是 666、999、9999 这类的重金难求的号码。RRR 车队经常随小拉希德空运至世界各地，想不拉风都很难。

品·牌·志

在意大利乃至全世界，费鲁吉欧·兰博基尼这个人是诡异的、传奇的、孤傲的，他的公司在 1959 年还在制造拖拉机，而他本人则是法拉利的超级粉丝，拥有四辆法拉利跑车。后来他自己产生了改善车辆性能的一些想法并整理成提案

寄给了法拉利之父——恩佐·法拉利，但始终没得到对方的回应，于是费鲁吉欧决定自己成立公司，制造跑车。还有一种说法是恩佐当时其实作出了答复，只是与费鲁吉欧的期望大相径庭：我想，不需要一个制造拖拉机的来告诉我如何制造跑车吧！着恼之下，费鲁吉欧变卖了包括那四辆法拉利跑车在内的全部资产，在距离法拉利总部摩德纳仅15公里的[illegible]，建立了“兰博基尼跑车制造股份有限公司”。后来，兰博基尼又从法拉利和玛莎拉蒂挖了大批人才，包括著名的法拉利250 GTO的设计师贝萨里尼，他离开法拉利的原因据说是恩佐拒绝让他使用独立后悬挂。

1963年10月26日，意大利都灵车展，兰博基尼的第一部作品350GTV—— 一个极速280公里/小时的恶魔正式亮相。稍加改动之后，兰博基尼的第一款量产车——350GT开始投放市场并取得了初步的成功。费鲁吉欧为兰博基尼掌舵十年后退隐，之后该公司曾一度陷入困境并数次易主，其中包括克莱斯勒汽车公司。其间兰博基尼虽屡有新作，不过合作伙伴似乎未对其表现出真正的关注。1998年，兰博基尼加入大众汽车集团，并在奥迪的协助下，在2003年分别推出了“蝙蝠”概念车和目前依然十分紧俏的“盖拉多”。1963年至2002年间，兰博基尼每年平均售出250辆车，而增加了“盖拉多”以后，到2007年，兰博基尼的销量为2 406辆，2008年增加到2 430辆。近年来，兰博基尼一直在新车研发上保持着较大的投入，基本上每年都有新作问世。

跑车品牌在意大利有“两王一后”的说法，“两王”指兰博基尼和法拉利，“一后”指玛莎拉蒂。兰博基尼生来就是法拉利的对手，法拉利的标志是一匹漂亮的跃马，

兰博基尼的标志则是一头充满力量、已经进入攻击状态的蛮牛。除了因为费鲁吉欧本人的星座是金牛座，更大的原因应该是它契合了费鲁吉欧倔犟孤傲的个性以及兰博基尼跑车本身的大功率、高速度的疯狂性能。没有多少人可以拥有它、驯服它，也从来没有人认为兰博基尼的产品有好坏之分，因为对大多数人来说，买一辆兰博基尼作为自己的座驾就像是在有生之年享受登月的快感一样，那是一个梦想中的梦想。

典·藏·馆

盖拉多 LP570-4 Superleggera

典藏理由：盖拉多系列最新高性能轻量版车型

在超跑的世界中有着太多太多的完美设计，但兰博基尼独特的棱角却代表了它天生的攻击性，凶狠而犀利，也注定了它就是赛道上的热血怪兽，唯有同样热血的驾驭者才有可能驯服它！在2010年的日内瓦车展上，兰博基尼发布了“盖拉多”系列的最新高性能轻量版车型——盖拉多 LP570-4 Superleggera，它是该系列诞生以来的最快跑车。

“盖拉多”LP570-4 其中的 LP 代表了“Longitudinale Posterio ”，意大利文的

▲"盖拉多"LP570-4

意思是"发动机后置，纵向排列"，570 则代表最大输出功率为 570 马力，4 代表四轮驱动。在跑车界有一条俗语：大 10 马力不如轻 10 公斤，相对于普通版的盖拉多 LP560-4 来说，LP570-4 不仅最大功率提升了 10 马力，而且整体重量还减轻了近 70 公斤。车窗玻璃、发动机盖的玻璃全都换成了聚碳酸酯材质，车体的后视镜壳、发动机盖以及所有外观看不到的板材全部都是碳纤维的，内部坐椅也是以上等麂皮包裹的碳纤维材质，而且它所有多余的配置也都被一一抛弃了，包括导航系统、音响之类，只要不能帮它跑得更快，都会被它拒之门外。

"盖拉多"LP570-4 在直道上的 0~100 公里加速时间为 3.5 秒，当然是在使用弹射起步模式的情况下得到的成绩，照这个势头，325 公里 / 小时的极速绝对不是问题。驾驶着它，当所过之处留下自己的四行印记时，当变速箱固执地坚

守在四挡高速过弯时，四点式安全带把你牢牢地固定在了碳纤维坐椅里，可能你已经发现了兰博基尼的灵魂所在。

兰博基尼“阿文泰德”

典藏理由：兰博基尼全新旗舰车型

2010年11月5日，兰博基尼工厂最后一辆“蝙蝠”系列跑车下线，交付给了一位瑞士客户。从此，经典的“蝙蝠”系列正式停产，取而代之的是全新的“阿文泰德”系列，首款车型便是刚刚被曝光的“阿文泰德”LP700-4。

按照以蛮牛命名的传统，“蝙蝠”的继任者“阿文泰德”依然是一头斗牛的名字，只是这头斗牛背后究竟有着怎样的传奇还是一个谜，不过在西班牙语中的“阿文泰德”有“风力机”之意，这似乎已预示了“阿文泰德”LP700-4 的强大难驯。

“阿文泰德”LP700-4 箭头般的战斗机造型很容易让人想起经典的限量版“雷文颂”，整体采用碳纤维制造而成，它所搭载的全新 6.5L 的 V12 发动机是由兰博基尼总部工厂的专业技师手工装配的，可以实现 700 马力最高功率，这也让兰博基尼的量产跑车从此正式迈入了“700 马力俱乐部”。配合敏捷的 ISR 七挡变速箱，“阿文泰德”的 0~100 公里加速时间冲进了 3 秒之内，仅需 2.9 秒，极速更达到了 350 公里 / 小时。

兰博基尼“阿文泰德”LP700–4的外观有灰、红、白等颜色可供选择，目前中国市场的预售价达到了648万人民币，比起其性能上的大幅提升，兰博基尼的准车主们应该已经在偷着乐了。

名·人·堂

世界上第一位被公认的超级模特是在20世纪60年代走红的一个英国女孩——崔姬（Twiggy），正是她的出现，终结了20世纪50年代所风靡的以梦露为代表的那种性感、曼妙、曲线起伏的时尚潮流，她那白金色的短发以及犹如男孩般瘦削、颓废的形象至今仍然影响着时尚界的审美，模特的身材也就此有了新的标准。而崔姬最爱的一辆座驾就是她的那辆兰博基尼“穆拉”。

“穆拉（Miura）”原是来自西班牙的著名公牛驯养家，兰博基尼的同名车系在20世纪六七十年代曾经大放异彩，而拥有“性感的吼声”的兰博基尼“穆拉”SV也是当时世界上最快的跑车，很多买家愿意出三倍于普通“穆拉”的价格来订购其赛车版本，但是他们得到的回答永远是“NO!”有人猜测这是因为兰博基尼先生害怕他的儿子图尼诺会开着它在赛车场上不顾性命。伊朗末代国王巴列维二世也对兰博基尼“穆拉”青睐有加，他的那辆“穆拉”SV–J也许是世上最为稀有也是最为著名的兰博基尼了。

1970 年，当时兰博基尼的试车手鲍勃·华莱士出于个人爱好，将他的爱车，一辆底盘编号为 5084 的“穆拉”P400 改装成“穆拉 J”，车身材料选择了航空专用的一种铝合金，发动机、底盘和内饰也全部重新设计。但是这辆车依旧没有赛车的名分，也从来没有参加过比赛，它实际上只是华莱士的玩具。后来兰博基尼车厂出现经济问题的时候这辆车被出售给某企业家，但是不久后便在一场意外中焚毁，流传下来的却是极速 320 公里 / 小时，0~100 公里加速时间 3.6 秒的惊人记录。后来，一些兰博基尼“穆拉”的主人想把他们的车改装成“穆拉 J”，但充其量仅仅是外形相似，内部结构则无法模仿。这些“穆拉 J”的复制品总共不超过 6 辆，巴列维二世的“穆拉”SV–J 就是其中之一。

1979 年伊朗君主制被推翻，巴列维出走埃及等地，而他的爱车落到了接管伊朗的霍梅尼政府手中。后来该政府遭遇财政危机时，那辆车被卖给了好莱坞著名影星尼古拉斯·凯奇。该车后来曾在电影《极速 60 秒》中以 50 万美元的价格出镜，但充其量也就是凯奇为它付出的天价的一个零头。

▶ 阿布扎比酋长宫殿酒店大厅的总面积超过 2 000 平方米，虽然看上去只有五层，但实际高度是正常的十二层楼的高度，中庭呈宽大的八角形，穹顶为阿拉伯风格的花纹图案，纯金箔贴面的装饰角线。它给人的第一感觉是这里把金箔当乳胶漆使用，金子并非什么贵重金属，而只是装修材料的其中一种，可以大面积使用。

30 亿美元，40 吨黄金，阿布扎比王室用这样两个令人慨叹的数字烘托出了一座梦幻般的酒店。在那里，所有你能设想到的和想不到的奢华都变得如此唾手可得。

Emirates Palace

阿布扎比酋长宫殿酒店

如果提到阿联酋的地标式建筑，很多人都会不约而同地想到号称世界首家七星级酒店的迪拜伯瓷酒店。不过在阿联酋，奢华永远都是一场无止境的角逐。在伯瓷酒店于 1999 年底开始运营以后，阿布扎比酋长扎耶德又请来曾为文莱设计皇宫的著名设计师约翰·艾利奥特主持设计“会议宫”，以接待“海湾合

作委员会”首脑会议在阿布扎比召开。这座宫殿于 2005 年 4 月正式落成，建造时间长达 3 年，斥资近 30 亿美元。建成之后，由于其令人咂舌的豪华程度，阿布扎比政府改变初衷，将其命名为“酋长宫殿酒店（Emirates Palace）”。

来到阿联酋的外国人更愿意把酋长宫殿酒店称为位于阿布扎比的“八星级”酒店，它耗费的黄金据说多达 40 吨，于是造就了它 2 000 平方米的富丽堂皇的金色大厅及壮观的饰金穹顶。伯瓷酒店主要是接待重要的商业人物，阿布扎比酋长宫殿酒店主要是接待各国元首、政要以及王室成员等政治贵宾，特别是海湾地区各国的重要元首。它的内部面积超过 24 万平方米，但仅设有 394 间房间，其中包括 16 个面积为 680 平方方米的三卧室宫殿套房，每天的房费高达 1.3 万美元；顶层的 6 个 1 000 平方米以上的总统套房基本不对外开放，它们只负责接待来自海湾地区的元首或王室成员，并拥有专属的车道入口。

阿布扎比酋长宫殿酒店还拥有分别可容纳 1 100 位和 2 400 位来宾的礼堂和宴会厅，以及包括配备媒体中心和商务中心的 40 多间会议室。阿布扎比王室以及多国驻阿联酋使馆的很多重要官方活动都会在这里举行。户外 80 多公顷的花园景观甚至可以举办规模在 2 万人左右的晚宴和音乐会。由于面积太大，工作人员通常以高尔夫球车代步。

近年来，阿布扎比酋长宫殿酒店经常推出总收费高达 100 万美元的“情人套餐”，服务内容包括为两位客人提供为期一周的 680 平方米的宫殿式套间、配司机的轿车、管家全程贴身服务以及量身定制一周的娱乐行程，包括乘坐私人飞机前往伊朗、巴林、约旦享受“旅中旅”，去定制一张独一无二的波斯地毯，或者去采珍珠、捕鱼、潜水……另外，酒店还向客人赠送香槟、珍珠等珍贵礼品。

Emirates Palace

品·牌·志

阿布扎比酋长宫殿酒店是一座古典的阿拉伯式建筑，采用的进口大理石总共近 20 万立方英尺，共有大大小小的圆形屋顶 114 个，其中最大的一个直径为 42 米，表面镀银并以黄金镶饰，这是全世界拥有穹顶设计的酒店中最大的一个，毫无疑问，也是最奢侈的一个。酒店最小的客房面积是 55 平方米，其景观可以是葱翠的异国林园（珊瑚客房），或是热带花园、泳池和部分海滩景观（珍珠客房），或是 1.3 万公里的纯净白色沙滩的阿

拉伯海湾（钻石客房），而套房则分为海湾套房（110平方米）、海湾豪华套房（165平方米）、皇家海湾套房（265平方米）以及面积不等的四种宫殿套房，最低价格是每天600美元，外加20%的服务费。夸张的是，酒店还安装了一台出售黄金的自动贩卖机用于兑换纯金，它可以向客户提供数百款精致的产品，包括重达10克的金条、金币。

阿布扎比酋长宫殿酒店设有12个餐厅和8个娱乐厅，配有128个厨房和餐具室，可同时接待2 000多人就餐。在这里，即使喝杯咖啡都是极讲究的，服务生会用铺着玫瑰花瓣的银盘子送上咖啡以及甜点，旁边放着结晶砂糖以及亚麻餐巾，咖啡和水都是进口的，另外女士还将得到一朵红玫瑰。如果想沐浴，客

▲ 阿布扎比酋长宫殿酒店面积为 680 平方米的宫殿套房，用来接待各国王室成员以及政要名流。

人可以有 7 种选择，包括上千美元的香槟浴。为了营造瑰丽的效果，酒店装饰有上千盏水晶灯，这些灯具需要十几名专门的服务生清洁。所以，酒店里的员工远比客人多得多，比例大致是 6∶1，也就是说平均每 6 名服务生为一位客人服务，他们甚至会为在海滩和游泳池享受阳光的客人擦太阳眼镜、洒水雾消暑。

酋长宫殿酒店的另一个特点就是它的高科技，入住的客人会领到一个高级掌上电脑，除了上网，它还与电视、立体声音响等装置相连，客人通过它可以录像、下载或召唤服务员，酒店工作人员也通过类似的装置来遥控电视、灯光、音响和空调。酒店还将光缆和电缆铺设在长达 1 000 多公里的管道里，高速无线网络覆盖了酒店周围 100 公顷区域内的任何一个地方。但如果需要，酋长宫殿酒店的电脑和播放网络也可以完全与外界断开，就像美国政府的内部网络一样安全。

名人堂

在西方，许多国家大小酒店的星级标准除了要看硬件设施，其历史性或者有政要下榻过也是考量的重要标准。而阿布扎比酋长宫殿酒店总是被人定义为史无前例的“八星级”。自开业以来，它的16套680平方米的宫殿套房所接待的各国王室成员以及政要名流已经不计其数，法国前总统萨科齐、瑞士联邦前主席汉斯·鲁道夫·梅尔茨、摩纳哥亲王阿尔伯特二世以及他的外甥安德烈王子……大概是遗传了外祖母格蕾丝王妃的优秀基因，安德烈王子英俊的相貌在当今各国王室男性成员中绝对算是出类拔萃，而他的现任女友塔提阿娜是哥伦比亚首富桑托·多明戈家族的成员。在酋长宫殿酒店的留言簿上，安德烈王子用了一个大大的叹号来总结他的全部感受。酋长宫殿酒店的顶层有6套面积在1 000平方米以上的总统套房，它们一般只接待来自卡塔尔、沙特阿拉伯这些海湾地区国家的元首或王室成员。为此，酒店还有一条专门的汽车通道以供这些尊贵客人进出。

▲ 阿布扎比酋长宫殿酒店的宫殿套房的门厅

除了政要和王室，酋长宫殿酒店的富丽堂皇也吸引了许多名流慕名而来。有报道称，近年来迅速蹿红的英国歌手肖恩·沃德来到这里喝了一杯咖啡，他环视四周后，盯着那高高的、金光闪闪的圆形天花穹顶说：“这简直太疯狂了，不是吗？这简直是为国王建造的宫殿。”如果说金光四射的大堂多少显得有些浮躁的话，酒店房间的内部风格却显得温和平稳，整体色调没有强烈的对比色，以香槟银、香槟金为主。房间里很少看到纯金的东西，一切都统一在浅黄、浅金、浅银的色系里，扶手、水龙头、花洒、洗手盆是镀银的，纯白洁浴纺品则出自爱马仕。据说当年随同萨科齐出访阿联酋的记者在看到房间的华丽装饰之后，除了“哇”、“哦”……其他的话就都说不出来了。

以弹丸之地，成就一座世人梦想中的美好天堂，这样的奇迹是属于摩纳哥的。如今，这里依然存留着王室生活的魅力与华美，也依旧演绎着属于王子公主们的奢华姿态。

摩纳哥王室

玲珑小国 华贵之魅

王朝故闻

如果世界上真有所谓远离尘嚣的贵族天堂，那么摩纳哥绝对是其中之一。摩纳哥全名摩纳哥公国，它是世界上仅大于梵蒂冈的第二小国，国土面积仅为 1.95 平方公里，其著名的 F1 蒙特卡洛赛道基本上是依国而建。同时，碧波旖旎的地中海风光、世界最奢靡的大赌场、世界最古老的海洋馆以及超过美国几倍的人均收入也使这片弹丸之地成为了世界上最富有的国家之一。

摩纳哥的老城和王宫建在一块凸向海面的巨石上，宫门前伫立着一座修道士铜像，旁边的一块牌子上用多种语言描述了这样一则故事：1297 年 1 月 8 日夜，弗朗索瓦·格里马尔迪成功占领了热那亚人在摩纳哥岩石上建立的这座要塞。他用了一个诡计——伪装成修道士骗开了大门，然后控制了卫兵。由此，他成了格里马尔迪王朝统治摩纳哥的第一人。在与热那亚的反复争斗中，该家族开始了对摩纳哥长达 700 多年的断断续续的统治。

摩纳哥三面被法国环抱并曾一度并入法国，它的宫廷礼仪基本沿袭了法国的传统。1861 年，摩纳哥同法国签署协定，法国承认摩纳哥独立，同时摩纳哥放弃对芒通、罗克布伦两大市镇的所有权，领土缩小到了现在的不足 2 平方公里。1911 年，摩纳哥颁布宪法成为君主立宪制国家，现任元首为阿尔伯特二世。

沿着法国南部海岸一路向东，眼前出现的就是迷人的摩纳哥海岸。传奇的F1赛道、奢华的蒙特卡洛大赌场、顶级的海洋温泉浴场，这些词都能成为摩纳哥的关键词。

在摩纳哥的海岸边线上，终年停靠着无数清一色的米白色豪华游艇，在摩纳哥的街道上，兰博基尼、劳斯莱斯这样的豪车似乎都变成了寻常之物，而在海边悠闲地喝着咖啡、晒着太阳的，极有可能是哪国的王子或公主。在近百年的时间里，摩纳哥的免征个人所得税政策吸引了世界各地的富商投资、移民，加上风靡世界的F1运动以及让富豪们甘愿一掷千金的蒙特卡洛大赌场，最终，摩纳哥成了名人和富豪的游乐场和免税天堂，成了欧洲最富有的国度之一。

美丽优雅的格蕾丝，为全世界听着灰姑娘的童话故事长大的女孩完成了找到自己心目中的王子的美丽梦想。而当她放下好莱坞荧幕女神的光环，微笑着走进地中海边那栋淡金色的宫殿，所谓的完美也随之有了新的定义。

1956年，格蕾丝·凯利戴上了雷尼尔三世送给她的一套从梵克雅宝定制的订婚珠宝，几个月以后，梵克雅宝成为了摩纳哥王室的指定供应商。

20世纪50年代，格蕾丝王妃曾用一款爱马仕手袋遮掩怀孕微凸的腹部，最终成为了疯狂的时尚话题。在征得摩纳哥王室同意后，当初的那款爱马仕手袋被正式命名为“凯利包”。

在格蕾丝王妃最钟爱的品牌中，古驰自然也是必不可少的，她与雷尼尔三世的婚礼上向每个客人馈赠的礼物就是古驰的手套和丝巾。

皇家御用

由于地域有限，摩纳哥只有一座王宫，它原本是热那亚人在13世纪时修建在峭崖之上的一座军事要塞。王宫有一半是王室成员的私人住所和办公场所，另一半是博物馆，在每年的6月到10月间会向公众开放。在这里，人们可以真实地感受摩纳哥久远的地中海文明以及格里马尔迪家族的传奇历史。

摩纳哥宫殿上方有两根旗杆，如果都挂上国旗就说明元首在宫内。整个王宫有235个房间，16世纪意大利风格的长廊和壁画、彩色细木镶嵌的马萨兰客厅、白石修建的圣马力塔楼、17世纪的巴拉丁小教堂、带有一座文艺复兴式的壁炉的御座厅……从宫殿前的广场放眼望去，碧水蓝天中的蒙特卡洛港尽收眼底，不远处便可眺望到一水之隔的意大利。如果要选出一个世界上最适合举办贵族派对的地方，这座华丽的宫殿绝对当仁不让。1956年，雷尼尔三世就是在这里迎娶了摩纳哥人心中最优雅的王妃——格蕾丝·凯利。

格蕾丝出身于美国费城的一个富裕家庭，作为大导演希区柯克最欣赏的女演员之一，她先后主演了《后窗》等十余部经典影片，而她的端庄秀丽也成就了无数影迷心中永远的“天鹅绒女神”。1955年，凭借电影《乡下姑娘》，年仅25岁的格蕾丝眼含泪水，接过了第27届奥斯卡影后的小金人。但在第二年的4月，

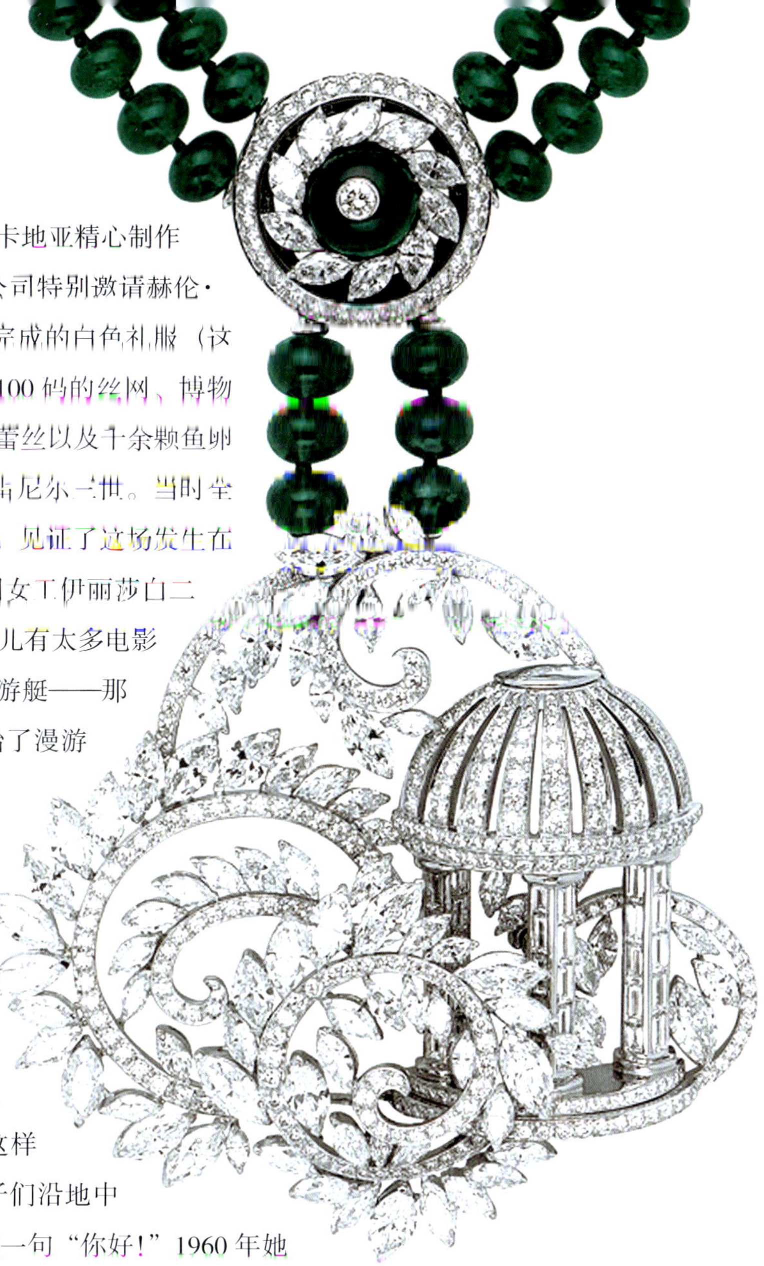

这位当红的好莱坞荧幕女神却戴上卡地亚精心制作的红宝石头冠，穿着米高梅电影公司特别邀请赫伦·罗丝设计、由36位裁缝耗时6周完成的白色礼服（这件礼服总共用了25码的塔夫绸、100码的丝网、博物馆馆藏的拥有125年历史的玫瑰花蕾丝以及千余颗鱼卵珍珠），缓步走向了她的新郎——雷尼尔三世。当时全世界至少3 000万人通过电视直播，见证了这场发生在地中海春天的盛大婚礼。当时英国女王伊丽莎白二世并未前来观礼，据说理由是“那儿有太多电影明星了。”仪式后，两人乘坐私人游艇——那是雷尼尔送给她的新婚礼物，开始了漫游地中海沿岸各地名胜的蜜月之旅。

婚后，摩纳哥的臣民对这位倾国倾城、举止优雅的王妃更是爱戴有加，因为她不但让以赌城发迹起来的摩纳哥跟着她高贵起来，她更是一位尽职尽责的母亲。格蕾丝育有二女一子，上了年纪的摩纳哥人至今仍然记得这样的画面：王妃时常会带着她的孩子们沿地中海骑着单车，并微笑着向路人问候一句“你好！”1960年她会见戴高乐的时候，也是手牵长女卡罗琳公主，怀抱儿子阿尔伯特小王子。

王室贵戚的珠宝配饰大多源自定制，而从梵克雅宝诞生伊始，定制就是它最大的卖点。对梵克雅宝的客户们来说，梵克雅宝的工匠们永远清楚他们需要什么。

Van Cleef & Arpels
梵克雅宝

格蕾丝王妃一直都是梵克雅宝的忠实拥护者，1956年1月，雷尼尔专程飞去美国求婚，而他带去的，除了一枚10克拉的钻戒，还有专门委托梵克雅宝制作的

一套钻石珍珠订婚珠宝，包括三圈设计的珍珠项链和手镯以及配套的珍珠耳环、戒指。这套有着淡粉色柔和光泽的珍珠系列珠宝是为契合格蕾丝的优雅气质特别定制的，而她戴着这套珠宝与雷尼尔拍摄的那张经典的订婚照也成为20世纪高级珠宝最美丽的一瞬。三个月后，梵克雅宝品牌获得了“摩纳哥公国指定供应商”的荣誉头衔。

婚后，格蕾丝王妃曾多次在摩纳哥的梵克雅宝精品店选购珠宝，包括一枚以钻石和蓝宝石镶嵌的花朵胸针、一串于19世纪70年代设计的黄金糙面长项链、“幸运草”项链、玫瑰胸针和耳环、一个“雏菊”百宝匣、一顶天鹅头冠、珊瑚和钻石长项链及胸针套装。这些珠宝艺术品成为点缀她生活的重要部分，伴随她走过无数的官方场合和私人聚会。1978年，梵克雅宝再次见证了摩纳哥的王室婚盟，在女儿卡罗琳公主的婚礼上，格蕾丝头上戴的铂金镶嵌梨形、橄榄形及圆形钻石头冠（总重77.34克拉）正是出自梵克雅宝的设计。

如今已经是摩纳哥元首的阿尔伯特二世曾说：“摩纳哥王室和梵克雅宝之间的关系一直都非常特别，引人注目，尤其是对我父母来说。他们与梵克雅宝的关系从订婚首饰开始，我母亲一生都对这些光彩夺目的珍珠与钻石项链及耳环珍爱有加，它们见证了她生平一些最为私密的时光。”

▼梵克雅宝为发明缝纫机的美国富豪埃利亚斯的后人黛尔·法罗制作的绿宝石项链可变成手镯。

Van Cleef & Arpels

品·牌·志

在世界高端珠宝品牌中，似乎只有“梵克雅宝”用了两个家族的姓氏为自己命名，因为它的故事开始于一段美好的姻缘。1896年，宝

▲ 全球仅一只的梵克雅宝珠宝腕表

石商的女儿艾斯特尔·雅宝嫁给了来自宝石加工世家的阿尔弗莱德·梵克，这两个家族不仅结为亲家，1906年，阿尔弗莱德与连襟查尔斯携手合作，一同创立了自己的珠宝品牌——“梵克雅宝”。

梵克雅宝的第一个店面至今仍安静地伫立在凡登广场22号。这个广场是巴黎最优雅的古典建筑之一，最初竣工于1720年，中央原本竖立着一座路易十四骑马雕像。1806年，为了纪念对奥地利的大捷，拿破仑一世下令用一座青铜立柱替代路易十四塑像，立柱用1200门从奥斯特利茨战场缴获的大炮熔炼而成，顶部耸立着一座拿破仑雕像。而梵克雅宝的品牌标志正是以凡登广场的立柱作为视觉灵感，两侧内含品牌缩写字母VC和A的菱形符号。这个品牌标志在1938年通过注册，尔后梵克雅宝每推出新的作品，都会在上面铭刻这个品牌印记。

自诞生以来，梵克雅宝一直致力于改良珠宝的外观，完美展现宝石的原始光泽与明亮度，所以，梵克雅宝避免一切粗劣的镶嵌方式造成对珠宝的破坏。1933年，梵克雅宝注册了自己的一项专利——“隐秘式镶嵌法”。相比于传统的镶嵌法，这种镶嵌法堪称是珠宝制作工艺上的伟大革命，它可以不用任何金属座或镶爪，使一颗颗细小的宝石以纺织的形式镶嵌在非常精致的金质网格内。这些珍贵的红蓝宝石、钻石都是由珠宝大师精心筛选，然后依照它们各自的颜色、色泽清晰度与匀称程度，巧妙地安放在网格适当的位置上，其光泽充满韵律感。尤其是结合了梵克雅宝独特的创作灵感，赋予宝石一个完全不同的外观，影响了整个高级珠宝业。

梵克雅宝不像宝诗龙那样钟情于通过意蕴深邃的生灵来渲染一种魅惑和危险的张力，它的世界总是洋溢着唯美和诗意。花卉、芭蕾、童话、陨落的古典文明，梵克雅宝一边绽放着法兰西独特的浪漫与时尚，一边又将珠宝本身的高贵灵魂演绎得惟妙惟肖。而如今，从独家专利的百宝匣到美轮美奂的腕表，再到精灵梦幻的香水，就算对生活品位极端挑剔的人，只要面对的是梵克雅宝，相信她唯一能做的就是露出满意的微笑。

“亚特兰蒂斯”系列

典藏理由：高级定制 歌颂最唯美的海洋文明

传说中亚特兰蒂斯是一个高度文明的国度，但它却在十年之前的某一个瞬间葬身海底，消失无踪。从柏拉图开始，人们就一直尽情勾画着关于亚特兰蒂斯的种种绚烂的画面，法国旅行家吉勒·拉普居在其《乌托邦与文明》一书中说：“水既是一种疆界，同时也是通往其他空间的入口”。在他的笔下，深海中的亚特兰蒂斯被描绘得神秘而奇幻，波光闪动、乍明乍暗的海洋王国中，海神、人类以及各种瑰丽神奇的海洋生物共生共存。

梵克雅宝的“亚特兰蒂斯”系列高级珠宝正是以人们向往中的亚特兰蒂斯海洋文明为创作灵感，作品包含了海洋女神克蕾塔、锦鱼、海王星之马、伊利亚特等十余个小系列。这些名字有一些是来自于荷马史诗《奥德修纪》，而选用的基础材质以白金和玫瑰金为主，宝石的色泽缤纷多变。为了表达出宝石蕴藏的生命力，尤其是为了表现出动物栩栩如生的神态，其镶嵌钻石和宝石的技术往往不止一种。

比如，伊利亚特胸针就先是以橄榄形切割的蓝宝石镶嵌于V形金属轨道上点缀魔幻鱼身，鱼鳍则运用了传统的隐秘式镶嵌技术，网状细工将钻石衬托得更加璀璨，至于背鳍则由长方形切割钻石镶嵌，整体缔造出精巧的三维效果，焕发出璀璨的光芒。而“海王星之马”项链则选择了大小相间的白色珍珠，营造出海中泡沫的感觉，纯洁、飘逸的曲线为亚特兰蒂斯的海岸线镀上了独有的美感。

巴黎的一天

典藏理由：品牌成立 100 周年纪念之作

巴黎素有“花都”的美誉，无论是在餐桌上、阳台上、院落中，还是在橱窗前、街道旁，人们的怀抱里、眼里都是盛开的鲜花，似乎连空气中都弥漫着醉人的芳香。巴黎也是世界建筑艺术的天堂，漫步在巴黎的街头，你常常会与那些心仪已久的历史遗迹不期而遇：凯旋门、埃菲尔铁塔、巴黎圣母院……2007 年，为庆祝品牌成立 100 周年，梵克雅宝以其诞生地巴黎的六大名胜为主题，推出了“巴黎的一天”高级定制珠宝。

梵克雅宝作品的一大特点就是构思巧妙，一件珠宝甚至可以拆组变换成为胸针、项链、手链。以蒙田大道站为例，其中的“领带”项链就是以领带为设计原型，上面镶嵌多颗梨形及圆形美钻，颈链垂挂处可拆开变成手链，剩余部分仍然可以作为项链，构思极为精妙。而在埃菲尔铁塔系列，你会发现梵克雅宝经典的拉链设计，耗时超过 600 小时。在巴黎歌剧院系列，你会看见优雅的芭蕾舞者；在杜乐丽花园系列，你又会在别针上发现翩然起舞的镶钻蝴蝶，在耳环上发现唯美真实的树叶……每一款都是匠心独运，唯美展现了花都巴黎永恒的时尚魅力。

Van Cleef & Arpels

名·人·堂

格蕾丝当年的盛大婚礼被美国媒体大肆报道，而当时还没有成为美国总统的约翰·肯尼迪和夫人杰奎琳一块儿看了新闻报道后，肯尼迪皱起眉头说：“与她结婚的，原本可能是我！”这当然只是一句玩笑，但是无独有偶，杰奎琳也是梵克雅宝的忠实粉丝，肯尼迪于 1953 年送给她的正是一枚梵克雅宝钻石及绿宝石订婚戒指。后来杰奎琳又购入了梵克雅宝的数件精品之作，比如珊瑚珠宝、黄金丝编制而成的晚装手袋、一只于 1972 年设计的不规则造型手镯，以及参加法国总统戴高乐设于凡尔赛宫的舞会时所佩戴的“火焰”及“树叶”胸针等等。而杰奎琳的第二任丈夫——希腊造船业大亨奥纳西斯在二人订婚至结婚期间也送给她无数梵克雅宝作品，包括一枚重 61.17 克拉的绿宝石指环。

其实在成为王妃之前，星光熠熠的格蕾丝身边一直有无数的追求者，其中包括伊朗末代国王巴列维。巴列维曾经送给格蕾丝三件梵克雅宝首饰：一个用黄金制成的鸟笼（里面关着一只用钻石和蓝宝石镶制的鸟，那实际上也是一枚胸针）、

2007 年，为庆祝品牌成立 100 周年，梵克雅宝以诞生地巴黎的六大名胜为主题，推出了“巴黎的一天”两款高级定制手表。

▲ 2011 年 2 月 18 日至 6 月 5 日，纽约的古伯惠特国家设计博物馆展出了超过 300 件梵克雅宝影响 20 世纪设计史的重要作品，包括高级珠宝、腕表、时装配饰及艺术作品。图为带有可拆卸的 95 克拉钻石的胸针。

一个带有搭扣并镶嵌着 32 颗钻石的小梳妆盒以及一只精致的黄金手镯。但是格蕾丝最终没有留下这些首饰，因为她不可能改信伊斯兰教。

巴列维一共经历过三次婚姻，他的第一任妻子是埃及国王法鲁克的妹妹法丽雅。1939 年，这位美丽的尼罗河公主与当时还是王储的巴列维共结连理，他们盛大的婚礼成为当年全球报纸的头版新闻，当时法丽雅所佩戴的头冠、项链与耳环均出自梵克雅宝之手。但是法丽雅一直无法适应新的环境，更糟糕的是她无法与其他王室成员和睦相处，所以她在生下一个女儿后便返回埃及，她后来虽然再婚但仍未摆脱分道扬镳的结局。

▲ 为了法拉赫王后的头冠，皮尔·雅宝曾 24 次远赴德黑兰，因为这些宝石不能离开伊朗。

巴列维的第二任妻子是当时年仅 16 岁的伊德混血少女苏拉娅，虽然两人感情甚笃，但由于苏拉娅患有不孕症最终导致二人离婚。1959 年，巴列维迎娶了他的第三任新娘——21 岁的法拉赫。法拉赫身材高挑儿，端庄秀丽，婚后育有两子两女，1967 年，法拉赫被加冕为伊朗历史上的第一任神圣王后。而巴列维亲自为她戴上的头冠正是由梵克雅宝的第二代继承人皮尔·雅宝亲自在位于德黑兰的伊朗中央银行地下室花费了 6 个月时间打造出来的，重达 1 600 克，上面有 1 469 颗钻石，前端最大的一颗祖母绿宝石重 150 克拉。1979 年伊朗君主制被废除后，巴列维一家开始流亡，而法拉赫也最终没能带走那顶她最心爱的头冠，它一直陈放在伊朗中央银行的地下室里。1980年，新政府由于财政拮据，头冠被卖给了一家英国拍卖行。

1987年4月，经苏富比拍卖会拍卖，一件1939年由梵克雅宝设计的镶有钻石和红宝石的项链以390.5万瑞士法郎（约2 626万人民币）的高价被拍出。而它的主人便是“不爱江山爱美人”的温莎公爵。温莎公爵一生为夫人定做了多件梵克雅宝珍品，包括两人订婚时的蓝宝石手镯，每一件都独一无二，而这件红宝石项链是公爵夫人最青睐的珠宝之一。公爵夫妇没有子嗣，按照其遗愿，他们将大部分财产捐给了巴黎某研究院进行癌症研究之用。

1951年，梵克雅宝为公爵夫人制作了一款灵感来自于时装拉链的作品，以皮革取代贵金属的镶材，拉开时成为项链，合上则是手链。由于钻石的硬度极高，如果在拉链滑动的时候产生相互摩擦就会留下刮痕而降低净度，因此在制作拉链项链时还得加入防摩擦的设计，大幅增加了此款珠宝的工艺难度。其实这个构思是公爵夫人早在20世纪30年代就提出的，而当第一条镶满钻石、华丽夺目的项链在1951年问世后便马上成为了举世瞩目的珠宝名作。此后，拉链的身影就反复出现在梵克雅宝的珠宝系列中，件件价值连城。

皇室的尊贵气度非一日即成，就像爱马仕背后的潜台词是极大的耐心。耐心地从拍卖会上选购上等皮革，耐心地精选出每块皮革的最好部分，然后再历经各种复杂程序耐心缝制……

HERMÈS PARIS 爱马仕

如果你自认为是时尚狂热分子，那么当然了解20世纪50年代，谁用一款爱马仕手袋遮掩怀孕微凸的腹部而引起疯狂的时尚话题，没错，她就是格蕾丝王妃。在征得摩纳哥王室同意后，当初的那款爱马仕手袋被正式命名为凯利包，而它陆续推出的变化款也是无数名人所追捧的收藏品系列。

凯利包的设计源于马鞍包，当时已有 28cm、32cm 和 35cm 三种型号，1968 年，“微型凯利”面世，1980 年，凯利包系列中又增加了 40cm 的新款。至今，凯利包都是爱马仕销路最好的手袋，价格非常昂贵，一般不会低于 3 000 美元。值得一提的是，每一款凯利包都是先由采购人员每年从全球的拍卖会上采购到上等皮革，然后再将这些皮革送到皮革工厂进行精选，每块皮革只选最好的部分用于制作手袋。而手袋的缝制自始至终由一个师傅完成。手袋扣上都有一个制作师傅的编号，表示担任制作的师傅必须负责该产品的售后维修工作。如今，要想拥有一只凯利包必须提前预约，等待时间可能会是一两年。

后来，爱马仕在展览中曾展示了其他四款格蕾丝王妃曾经用过的爱马仕凯利包和丝巾，而那款由格蕾丝王妃的小女儿斯黛芬妮公主保存的最经典的凯利包在一次摩纳哥抗击艾滋病的慈善活动中，以 52 000 欧元的价格出售。巴黎也曾经举办了一次爱马仕历年款凯利包的拍卖活动，其中包括一款印有格蕾丝王妃头像的凯利包，那是爱马仕专门向这位时尚王妃致敬的特别款。

爱马仕万圣节限量版套系

HERMÈS
PARIS

品·牌·志

如果时光回溯到 19 世纪 30 年代，当时整个巴黎的街道上都回响着清脆的马蹄声和轱辘声，几乎每个家庭都有自己的马车，贵族家庭通常有好几套，以供不同场合之用。所以，巴黎也就成了豪华马车和马具的制作中心。1837 年，在巴黎的城根街 56 号，一家马具

凯利包与爱马仕 EN 远航围巾，完美的色调，秋天的颜色。

店开业了，它的主人名叫蒂埃里·爱马仕，那里生产的优质轭具和鞍具很快使小店名噪巴黎。

1878 年，蒂埃里故去，爱马仕的第二代传人查尔斯接手父亲传下的事业。当时正值巴黎实施大规模重建计划，爱马仕原来店面所在的街区面临大举拆迁重建，于是，爱马仕的店面搬到了福宝大道 24 号。这里毗邻拿破仑三世的皇家庭院，王室贵族往来频繁，对爱马仕的发展来说，这无疑提供了一个绝好的机遇。直到今天，爱马仕的店面依然伫立在那个街角，静静地期待着新的传奇和故事。

19 世纪的最后几年，爱马仕开始推出自己设计的手袋，但这究竟是出自于客户的定制要求，还是查尔斯与儿子阿道夫的灵光闪念，早已不得而知。可以肯定的是，这看似简单的一小步，却成就了 20 世纪高端消费品市场的一个神话，也开启了爱马仕成为世界顶级奢侈品品牌的大门。因为很快，随着汽车工业的迅速发展，爱马仕将事业的重心转移到皮衣及手袋的生产。

如此做的同时，爱马仕开始将其精湛的制作工艺运用于其他产品的生产之中，如钱夹、旅行包，以及一些体育运动如高尔夫球、马球、打猎等所需的辅助用具，也设计制作高档的运动服装。其后在罗伯特接掌后，再陆续推出了香水、鞋履、餐器、珠宝、男女服饰、腕表等各个系列的商品，让爱马仕真正成了横跨全部生活细节的高品位代表。

2006 年 3 月，帕特里克·托马正式接任这家百年老店的 CEO，这是爱马仕诞生 170 年来第一次由非家族成员出任 CEO，所以一些投资人似乎从中看到了机会，认为这是爱马仕家族成员逐渐放松对爱马仕的控制的信号。不过，帕特里克·托马早已表明立场：“虽然有很多求婚者，有人追求的感觉也很不错，可我们根本不打算抛出绣球。”

HERMÈS
PARIS
典·藏·馆

柏金包

典藏理由：私人定制的极品首选

1986 年，爱马仕推出了一款大受追捧的明星产品——“柏金包”。这款手提包是爱马仕的第五任总裁杜迈与法国女星简·柏金在一次旅行中偶遇所产生的灵感设计。当时简·柏金向杜迈抱怨说现在都找不到做工精良又实用的稍大一点的手袋。于是爱马仕的总裁回去就专门设计了一款手袋，并最终以柏金的名字命名。简·柏金出身于英国贵族家庭，是法国已故歌王甘斯布的前妻，他们这对夫妻档在 20 世纪六七十年代的电影界和音乐界曾红极一时，留下了很多经典的音乐作品。

柏金包采用放大加深式的设计，尺寸有 30cm、35cm、40cm、45cm 等四个不同的选择，去除覆盖的结构后，便可以当做旅行登机包或公文包使用，其外形比凯利包更为休闲，材质与色彩也比凯利包的选择性更大，有 90 种不同的材质与颜色可以选择（牛皮、羊皮以及比较珍贵的鳄鱼皮、鸵鸟皮和蜥蜴皮）。2004 年，柏金包的设计延伸出了新的比例——横长方形的肩带背包。

价格上，柏金包最基本的款式通常不低于 5 万人民币，豪华的珍贵皮质可以达到 30 万左右。即便这样的天价，柏金包的订购等待名单还是很长。一个柏金包的制作周期大约是 3 个月，它们都由工艺师以纯手工制作完成，所以产能有限。一直以来，柏金包采取全球定制方式，平均定制一款，买主至少需要等上几个月的时间。如果有特殊的要求，比如黑色山羊皮材质原本只有金扣和银扣两个选择，但是你希望山羊皮搭配钻石扣子，那就要等待更长的时间了。

爱马仕丝巾

典藏理由：最精良的巴黎手工艺品

在爱马仕，一方 90 厘米见方的丝巾，动辄要上万元人民币，这不是一般普通大众所能坦然接受的。除了“爱马仕”这个商标，它所蕴涵的真正价值集中体现在它精美绝伦的制作工艺上。爱马仕的每方丝巾都以里昂区为基地，从设计到制作完成，必须经过严谨的工序，费时 18 个月才得以诞生。

首先，从主题理念开始委任一名设计师专职负责，在一系列的会议中进行草图的研究和修改，对颜色组合、

HERMÈS
PARIS
HERMÈS, LIFE AS A TALE

图案架构、布局及视觉平衡等必须一丝不苟，直至图样确定，所需时间约为9个月。当生产程序确定后，图样便会转交到另一部门，在6至8个星期内，根据设计的每一种颜色拆成不同的印刷网。印刷网完成后交由里昂的工匠负责印刷，然后由着色师根据潮流、图案的设计特点，对图案进行试色工序。由巴黎的颜色小组直接监督，通常每一种颜色在获得批准前需要经过60次的重复试色。

当印刷完成后，每一幅丝绸便被裁成90平方厘米的方巾，并通过清洗、蒸焗及晾干等工序固定色彩，然后再进行人工卷边，一般一条丝巾人工卷边需耗时将近一个小时，这样一条令人爱不释手的丝巾才能最后成型。难怪有人将爱马仕的丝巾称为“来自巴黎最纯正优雅的呼吸”，它不仅是品位的象征，更可以当做一件值得收藏的艺术品，每条丝巾都独一无二。

HERMÈS PARIS 名·人·堂

虽然只是一个虚构的故事，不过看过影片《公主日记》的人一定还记得，当天真懵懂的平民女孩在一夜之间成了一位货真价实的高贵公主，王后向她推荐的符合自己身份的配饰正是爱马仕丝巾。2007年是爱马仕诞生170周年，同时也是第一条爱马仕丝巾面世70周年，在过去的70年的时间里，优雅高贵的爱马仕丝巾成了无数王妃贵戚颈上最亮眼的风景。1986 年，适逢伊丽莎白二世 60 岁诞辰，英国特地为此发行了纪念邮票，在上面印着的女王肖像上，女王颈间就围着她最钟爱的爱马仕丝巾。

作为时尚界风口浪尖的人物，“辣妹”维多利亚每天更换的衣服、手上拎的大包小包都是时尚界最热的话题，而她正是爱马仕的忠实信徒，在她的收藏柜里摆满了各式各样的爱马仕手袋，据说她几乎把各种颜色的爱马仕柏金包和凯利包都收集齐了，实在是让全世界的女人都不由得有一些心生忌妒。

作为圣诞礼物，她的丈夫贝克汉姆曾送给她一款白色爱马仕柏金包，这款包名为爱马仕“柏金·喜马拉雅”，包上布满了大大小小的钻石，锁扣上的巨钻就有 3 克拉。这款包全世界仅有三个，所以不是有钱就能买到这件稀世珍宝的，贝克汉姆也是颇费一番周折，最终在洛杉矶从一位收藏家手中买到的。这款包价值 8 万英镑，8 万英镑到底在英国能买到什么？《太阳报》当时用实例来说明了这款手袋的“派头”——8 万英镑可以买一艘小艇；可以在维多利亚的故乡艾克塞斯郡哈洛区买下一栋单卧室的公寓，而且还富余 1 万英镑；8 万英镑相当于贝克汉姆租借意甲豪门 AC 米兰期间的周薪。

比起暗潮汹涌的宫廷争斗，古驰家族内部半个多世纪以来的恩怨情仇似乎也毫不逊色。所幸，创始人古奇欧·古驰先生留下的--句话依旧得到了很好的传承。“坚持完美是名流雅士永恒不变的原则。”

古驰

在格蕾丝王妃最钟爱的品牌中，古驰自然也是必不可少的，她与雷尼尔三世的婚礼上向每个客人馈赠的礼物就是古驰的手套和丝巾。

1966 年，格蕾丝与丈夫携手步入古驰米兰店，招待这对贵宾的，正是古驰家族第二代成员鲁道夫。当时格蕾丝先是选购了一件古驰的经典作品——绿色的竹柄手袋，随后，鲁道夫十分希望格蕾丝再挑选一样东西，作为古驰赠给她的礼物，以示尊重。盛情难却，格蕾丝无法回绝，于是就说：“要不您就送我一条丝巾吧！”但是这句话却让鲁道夫感到有点儿难为情，因为古驰当时的丝巾款式十分稀少，而且他认为其中也并没有一款可以足够衬托这位客人的高贵和优雅。于是鲁道夫试着询问说：“尊敬的王妃，您想要一条怎样的围巾呢？”格蕾丝说：“嗯，有花的吧。”情急之下，鲁道夫说：“巧得很，我们正在设计这样一款丝巾。完成之后，我保证您是第一个拿到的！”

格蕾丝离开后，鲁道夫立即联络到一位著名绘画师，请他火速赶到米兰参与设计。鲁道夫说：“王妃喜欢花卉图案，我希望这条丝巾不论怎么戴，从哪个角度看，都是盛开的鲜花！”

很快，备受古驰拥趸们推崇的图案——“Flora”绚丽诞生，在这款90厘米见方的丝巾上，近40种颜色勾勒出数种烂漫的鲜花，极为赏心悦目。这款丝巾后来由鲁道夫亲手送给格蕾丝，“Flora”图案也成为古驰的一个传奇，让欧洲女士爱慕不已，她们甚至把Flora围巾传给女儿，足见对它的喜爱，摩纳哥公主卡罗琳也在十多岁时就穿上了印有“Flora”丝巾图案的衬衫。后来，古驰还推出了“Flora”丝巾包和香水，其影响之大，可见一斑。

品·牌·志

古驰品牌的诞生地是欧洲文艺复兴的发祥地——佛罗伦萨。1921年，年近不惑的古驰先生在自己的家乡开办了一家高级皮

革制品工厂和一家箱包店。他曾在伦敦某著名的贵族酒店做过多年的行李工，除了对上流社会的生活方式有了很深的濡染，各式各样精美的箱包也引起了他的极大兴趣，后来回到佛罗伦萨之后他又在一家皮革公司工作数年。所以，打着古驰商标的产品既汲取了英伦贵族雅致的审美情趣，又结合了意大利精巧细腻的工艺精髓和艺术气息，很快就赢得了一众名流显贵的青睐，皮箱、手袋、骑士服、手套、皮带的订单源源不断。

1923 年，古驰在帕里昂大街开了第二家店面，同时重新装修和扩建了老店。第二次世界大战期间，古驰还将店开到了罗马，无数品质精良的古驰手袋、钱包和皮带也被当时身在意大利境内的各国军官们当做纪念品买回了家，古驰品牌随之传到英国、法国等欧洲各国，以及古驰日后最大的市场——美国。就此，古驰踏上了成为奢侈品帝国的征途，米兰、伦敦、巴黎……世界上最具消费能力的地方总能找到古驰的店铺。而且，古驰产品的种类也越来越全面，太阳镜、香水、腕表、鞋履……古驰几乎可以将进店的男男女女从头到脚打造一番。即便囊中羞涩，5 美元的钥匙链也能让你无法空手而归。然而，当时的古驰集团尽管表面看起来光鲜伟岸，内部实际上早已经是暗流涌动。

1953 年，古驰先生辞世，其子奥尔多和鲁道夫开始全面接手家族事业，而他

唯一的女儿葛瑞玛达却被排除在外，理由是“她是个女人”，她只得到了一间农舍、几块土地和少部分现金。在与弟弟们协商未果后，葛瑞玛达诉诸法律，虽最终败诉，但却开启了古驰家族的内讧序幕。

作为长子，精明强势的奥尔多早已参与公司运作多年，而鲁道夫曾一心想当电影明星并经历了十几年算不上辉煌的演艺生涯，他的妻子就是一位女演员。后来兄弟二人分别负责美国和欧洲市场，但为了争夺决策权，鲁道夫将自己唯一的儿子莫里吉奥派到美国，而奥尔多也把自己的二儿子保罗安插到佛罗伦萨总部。很快，鲁道夫借故解雇保罗。更糟的是，由于经营理念不同，保罗与父亲之间的关系也日益紧张。最终，保罗的敌人就变成了整个古驰家族。在 1981 年至 1987 年的 7 年时间里，他先后 17 次把古驰告上法庭，要求收回为古驰工作 26 年里的产品设计权。

1983 年 10 月，保罗搜集到相关证据后控告古驰逃税并导致父亲奥尔多在美国入狱一年。出狱后的奥尔多则在全无防备的情况下被侄子莫里吉奥架空。经过这次“政变”，莫里吉奥成为了古驰的最高权力核心。但是后来的事实证明，他并没有像先辈们那样高明的商业头脑，1989 年，古驰的一半股权被他出售给一家总部位于巴林的私募基金。五年后，他手里的另外 50%股权也没能守住，在他从投资集团拿到1.2亿美元现金后，古驰公司也彻底进入脱离了古驰家族的“后古驰时代”。

1995年，莫里吉奥与妻子帕翠娅正式离婚，原因是他越来越容忍不了帕翠娅的控制欲，同年，莫里吉奥被人连开三枪射杀于米兰办公室的楼梯上，后经警方查证，买凶杀人的正是他的前妻帕翠娅。莫里吉奥死后，古驰家族的成员极少出现在公众视线里，而古驰在投资集团选定的总裁德·索尔以及创意总监汤姆·福特的引导下迅速翻身，经典的设计层出不穷，屡创佳绩，迎来了一个新的发展巅峰，其实这在很大程度上得益于古驰原来良好的品牌基础。进入21世纪后，为与LVHM集团一较高下（该集团曾暗中囤积古驰股票企图并购），古驰主动出击，连续收购了宝诗龙等一些顶级奢侈品品牌，一个沉寂许久的奢侈品帝国开始重整河山。

典·藏·馆

古驰竹节手柄包

典藏理由：名媛必备

如果你是英格丽·褒曼的铁杆影迷，相信你一定记得，在罗西里尼执导的电影《意大利的旅行》中，女主角手中拿着的正是当时最受欢迎的一款古驰竹节手柄包和一把古驰竹节雨伞。

古驰竹节手柄包是在1947年最早设计出来的，外形模仿的是奥尔多从伦敦旅行带回来的一款手提包，手柄以竹子为材质。第二次世界大战结束后，全球物资匮乏，奢华材料更难求，古驰设计师绞尽脑汁，用当时从日本进口的竹子做实验——火烤蒸热，把竹节软化后弯折成半圆形，做成皮包手柄，再用四个金属环串联，连接在包身上，最初的竹节手柄包就这样诞生了。

当时由于日本是战败国，意大利人采用竹子相信也不是对东方文化的致敬，最主要是因为烤得黑亮的竹节上露出的嶙嶙骨节让人联想到皮革马鞍，在困境中仍力图传递奢华的信息。可以说，这是古驰在第二次世界大战结束后的投石问路之举，当时也仅有一个内部代号——0633。但是此款设计一经推出便大受欢迎，成为20世纪五六十年代被贵妇、女明星骄傲地挽在手上的经典设计。从后来的戴安娜王妃到今日的法国第一夫人布吕尼都是它的忠实粉丝。

竹节手柄包的专用竹子一般产自于亚洲特定山区的高山竹根部，这些竹子据说都是在地上摆横种植，而不是传统的直立种植，力求以完美的力度保证完美的弧度。整个竹节包由140个大大小小的部分组成，全由古驰在佛罗伦萨的工匠以纯手工精心制作完成，所以就连最普通的版本通常也要万元以上，如果是以鸵鸟、蜥蜴、鳄鱼这类珍贵的皮质制作，价格就更高了。

名·人·堂

第二次世界大战爆发后，意大利军队大量订购古驰制作的军靴——墨索里尼的法西斯元帅们十分清楚，只有古驰舍得采用托斯卡纳山区出产的小牛皮制作皮鞋。拿到军方的订金后，1938年9月1日，不顾父亲的反对，奥尔多来到意大利首都罗马，他选中康多提街21号作为古驰在佛罗伦萨之外的第一家分店，一楼专门经营女式皮包，二楼则是礼品和皮箱。还没等他在宣传上下力气，意大利王室就已经派人上门选购了五件手提箱和十多件礼品，紧接着英国首相丘吉尔的私人特使也秘密买走了两只箱子。

20世纪五六十年代，古驰推出了包括竹节包在内的一系列的佳作，这让古驰在当时声势大涨，除了奥黛丽·赫本、索菲亚·罗兰这些好莱坞一线明星以外，连当时的美国第一夫人杰奎琳·肯尼迪都成了古驰迷，古驰经典的“杰奎琳包”正是以她的名字命名的。

20世纪末，古驰在历经种种恩怨情仇之后重新起航，1995年3月，汤姆·福特设计的一款天鹅绒直筒裤配果绿色绸缎衬衣和短大衣的套装在米兰秋冬时装展上令所有人眼前一亮。很快，麦当娜打来订购电话，指明了要同款的深蓝色丝绸

衬衫，并穿着它登上了 MTV 音乐大奖的领奖台。1998 年，凭借电影《尽善尽美》，海伦·亨特捧起了第 70 届奥斯卡最佳女主角的小金人，而她的对手之一，正是当年得奖呼声最高的《泰坦尼克号》的女主角凯特·温斯莱特。当海伦走上领奖台时，她身上穿的正是一件古驰的天蓝色露背晚装。第二年，当她作为颁奖嘉宾出现在奥斯卡的红地毯上时，她选择的还是古驰的一款经典的水晶镶边银色晚装。

2004 年，人们似乎感到古驰与旗下品牌圣罗兰的服装愈来愈相似，而作为设计总监的汤姆·福特自然听到很多质疑的声音，终于他决定辞去在古驰的职务并去往下一站——雅诗兰黛。实际上，雅诗兰黛与格蕾丝王妃也颇有渊源，雅诗兰黛夫人曾将一款世家珍藏香水作为礼物送了格蕾丝王妃。不久，雅诗兰黛夫人在欧洲出席了一个化装舞会，她当时戴着一个遮住眼睛的面具。但是人群中一位穿着华丽的女士却缓缓向她走来，温柔地说道："我知道是你，雅诗兰黛！因为我看到了你可爱的微笑！"雅诗兰黛夫人的回答是："我也知道是你，格蕾丝！我认出了你美丽的眼睛！"格蕾丝的确有着美丽动人的眼睛，但是让雅诗兰黛夫人作出准确判断的，其实是格蕾丝身上淡淡的世家珍藏香水的味道。

古老的斯堪的纳维亚半岛从来少不了经典的童话来作为点缀，而维多利亚公主的一场豪华王室婚礼不禁让世人发出这样的慨叹：其实生活与童话之间的距离，竟然可以如此接近。

瑞典王室

浪漫的北欧贵族

王朝故闻

“森林之国”、“湖泊王国”、“北欧雪国”、“欧洲锯木场”，透过这些别称，瑞典的美丽也就不难想象。瑞典全称瑞典王国，是北欧五国（其它四国为挪威、丹麦、芬兰、冰岛）中最大的国家，盘踞着斯堪的纳维亚半岛的整个东部。但在公元 11 世纪之前，这里和周边的其他国家一样，还处于为克服恶劣生存环境而从事海上贸易、掠夺以及侵略的“维京”时代。到了 11 世纪，这片地广人稀的土地才开始逐渐统一，第一位国王是奥洛夫·言特科农。由于当时瑞典与丹麦、芬兰等国之间纷争不断，北欧地区的版图局势也在不断变化，直到 13 世纪中期，瑞典的君主制在福尔孔王朝期间才渐渐稳固下来。

1397 年，瑞典、挪威和丹麦三国组成卡尔马同盟并接受丹麦统治，共同治理斯堪的纳维亚半岛。1523 年，瑞典在新推举的国王古斯塔夫·瓦萨的领导下脱离同盟独立。瓦萨王朝开始了延续一个半世纪的对外战争并树立起了瑞典在北欧的绝对霸权，瓦萨王朝之后，瑞典由瓦萨王朝的旁系后裔统治，直至 19 世纪初开始的贝尔纳多特王朝。

1810 年，拿破仑麾下大将贝尔纳多特被立为瑞典王储，当时拿破仑统治下的法国雄霸欧洲大陆，而瑞典王储的暴毙致使瑞典人最终聪明地选择了拿破仑

的这位得力干将。同年，贝尔纳多特被瑞典国王卡尔十三世收为养子，改信路德教并改名为卡尔·约翰。很快，他证明了自己完全不是拿破仑的北欧傀儡，瑞典与法国决裂并加入了后来的第六次反法同盟，拿破仑最终战败。1818 年，贝尔纳多特加冕卡尔十四世，而他的妻子黛丝雷曾是拿破仑当年的未婚妻。

自卡尔十四世起，瑞典逐渐放下了昔日东征西讨的斗士形象，竖起了中立主义的大旗，其分水岭主要是 1866 年的“贝尔纳多特王朝议会改革”，上下两院建立，贵族渐渐让位于新兴的资产阶级。一战前夕，古斯塔夫五世曾为夺回王权作了最后尝试，结果碰壁，王室从此淡出政治，国家大事全凭以首相为核心的政府处理。1975 年议会通过新宪法，替代沿用了一个多世纪的 1809 年宪法，明确了国王只是象征性国家元首，不再拥有任何实质性政治权力，但仍拥

作为未来的瑞典女王，维多利亚从小就接受了各项严格训练。还在上中学的时候，她就被安排在斯德哥尔摩的国家文物馆和瑞典皇家收藏学会实习，以通熟瑞典历史文化。考虑到将会拥有国家的最高军衔，她还数度于瑞典军队维和训练基地接受军事训练。其后，维多利亚公主又像一名普通学生一样，先后在法国昂热西部天主教大学和美国耶鲁大学完成了进修。对一位王储而言，这是维多利亚必须做好的一切。

有最高军衔并参加内阁会议。近年来，王室将主要精力放在环保和慈善这些形象工程上，现任国王为卡尔十六世·古斯塔夫。

近两个世纪的和平和宁静似乎让瑞典王室有了一种难得的从容和淡定，而它应有的奢华也在斯德哥尔摩的那场盛大婚礼中，绚然绽放。

一顶有着近 200 年历史的绰美浮雕后冠，见证了一段历久弥新的瑞典王族史，也象征着这世界上最隆重的祈愿。要想见到它，除非等到瑞典的王子公主的下一次大婚吧。

1952 年，经瑞典国王古斯塔夫六世钦点，海丝腾床具成为了瑞典王室的指定供货商，直至现在，瑞典王室成员依然每晚都安睡在海丝腾的床具上，享受着世上最精致的睡眠。

皇家御用

1979 年秋，瑞典政府正式修改宪法条款并颁布了新的王位继承法，规定国王的第一个孩子不论男女都可以继承王位，这样的规定在世界上还是头一例。1980 年 1 月 1 日，刚刚两岁多的维多利亚公主正式成为瑞典历史上第一位女王储，她的弟弟菲利浦王子和妹妹玛德琳公主是第二和第三顺位继承人。

2010 年 6 月 19 日，一场空前盛大的王室婚礼成为了世界各大媒体争相报道的焦点。在宏伟的斯德哥尔摩大教堂，维多利亚公主挽着父亲卡尔十六世·古斯塔夫的手臂，幸福地走向了与她相恋 8 年的平民夫婿韦斯特林。这场婚礼是继英国王储查尔斯与戴安娜在 1981 年的婚礼之后，欧洲最大、最隆重的王室盛事，来自西班牙、丹麦、摩纳哥、日本等 18 国王室的 1 700 名嘉宾和各界代表受邀出席，瑞典国家电视台进行了全程直播。

早在婚礼前的几周，蓝黄相间的瑞典国旗以及公主夫妇的大幅照片就布满了斯德哥尔摩的大街小巷。婚礼当天，瑞典王室从“鲜花王国”哥伦比亚空运的 4 万多株玫瑰、康乃馨和百合花装点着公主夫妇乘车巡游的街道，上空是 18 架瑞典空军

“鹰狮”战斗机盘旋而过。而作为婚礼纪念礼品的巧克力、甜点等也都在精美的包装盒上印有公主夫妇的合照以及象征瑞典王室的皇冠标志。为了这次盛典，瑞典王室还专门从中国定制了总价值在100万人民币以上的5万件精美骨瓷，包括漆有公主夫妇照片的1万个装饰瓷盘和4万个杯子，作为送给各国客人的尊贵国礼，礼盒的外包装上依然印有象征瑞典王室的皇冠标志。

据悉，维多利亚公主的婚礼总费用高达2 000万瑞士克朗（与人民币大致等值），这还不包括教堂的翻新、新郎新娘的住所和为期两周的各类庆祝活动等所花费用，这些花费将由国王卡尔十六世·古斯塔夫以及瑞典政府共同承担。近年来，瑞典王室在民众中的支持率实际上一直在下降，对于此次用“公款”为公主大婚的排场埋单，瑞典民众和媒体难免颇有微词。不过瑞典政府可以说应对有方，借由这场名为“爱·斯德哥尔摩2010”的奢华婚礼，斯德哥尔摩将被打造成浪漫的“爱情之都”以带动当地的旅游业，与婚礼相关的形形色色的纪念品也将带来相当可观的收入。婚礼上用来接送各国王室成员和政府首脑的礼宾车队是85辆带有瑞典王室标志的白色沃尔沃，沃尔沃是瑞典本土汽车品牌，也是北欧最大的汽车企业，婚礼后，这些车将在瑞典市场上出售。通过这些努力，相信瑞典人应该会见到一些乐观的数字，也能体会到维多利亚美丽笑容之下的智慧和苦心吧。

维多利亚公主戴着瑞典王室传世的绰美头冠，走进了自己童话般的幸福婚姻。其实对真正懂得奢华真谛的人来说，无论何时何地，一件心仪的绰美首饰总是犒赏自己的最好礼物。

▲ 瑞典维多利亚公主和平民夫婿韦斯特林的婚礼

CHAUMET PARIS 绰美

瑞典国王卡尔十六世·古斯塔夫一直被外界视为21世纪王室大家长的典范，安静而绅士，他最大的爱好是打猎，偶尔高速驾驶是他为数不多的坏习惯。而王后西尔维娅原本也是平民出身，两人相识于1972年慕尼黑奥运会，她当时是一名翻译。1976年6月19日，卡尔十六世·古斯塔夫和西尔维娅在斯德哥尔摩大教堂举行了盛大的婚礼，当时，王后头上所戴的是瑞典王室所珍藏的一顶珍珠浮雕头冠。

西尔维娅曾被媒体称为全世界拥有最多头冠的人，她平时戴过的各式冠冕极多，而这顶浮雕头冠是瑞典王室传世之宝，只有像王室大婚一类的隆重场合人们才有机会看见它。它曾是拿破仑的第一任妻子约瑟芬皇后的珍爱，由拿破仑当时的御用珠宝商——绰美的创始人尼托在1809年创作，高12.5厘米，宽50厘米，黄金底座以及数百颗天然珍珠围成的花蔓托起了7个精美浮雕，其中一个雕刻的是拿破仑的侧面像。约瑟芬皇后后来将这顶头冠传给了她和前夫的小孙女——约瑟芬公主，约瑟芬公主又戴着它，嫁给了前面所提到的卡尔十四世与黛丝蕾王后的儿子，即后来的奥斯卡一世。从此，瑞典王室女性成员在结婚时一般都会戴上这顶头冠，包括维多利亚公主的姑姑——瑞典二公主布里齐特。而自1780年诞生至今，绰美总共制作了

2 000 多顶头冠，其中很多都是各国皇室贵族的珍藏，留待最隆重的场合，让世人一睹其华丽的风采。

2010 年维多利亚公主结婚的日期正是父母结婚纪念日——6 月 19 日，当天，33 岁的维多利亚身着由瑞典知名设计师帕尔·英格西顿设计的裙摆长达 5 米的白色婚纱，在父母当年举行婚礼的斯德哥尔摩大教堂，款款走向了她的新郎韦斯特林。当时，维多利亚公主头上戴着的，依然是母亲结婚时的那顶浮雕头冠。

CHAUMET
PARIS

品·牌·志

绰美的历史始于 1780 年，当年，法国珠宝商马里－艾蒂安·尼托和自己的老师，也就是路易十六和玛丽王后的御用珠宝师奥贝尔，合作创立了一家珠宝店。很快，众多巴黎上流社会的贵族们就成了这里的忠实顾客。不过真正让尼

▲ 作为瑞典王室传世之宝的浮雕后冠原是拿破仑的第一任妻子约瑟芬皇后所有

托声名大噪的是他在1802年成为了拿破仑的御用珠宝匠，打造拿破仑御用佩剑，并把帝国最美最大的钻石，即著名的重达140克拉的“摄政王”钻石嵌于其上，这把剑如今陈列于罗浮宫。两年后，尼托又为拿破仑铸造了加冕仪式上佩戴的头冠和御剑，而他的前后两任皇后约瑟芬和玛丽·路易斯的数件头冠和首饰也都是出自尼托之手。

本着对珠宝创作水准的执著追求，尼托“传贤不传子”，他的事业由工坊里最具才华的珠宝师尚·巴迪斯特·弗森接掌，弗森之子后来加入。他们从意大利文艺复兴和18世纪法国艺术中寻找灵感，珠宝设计风格浪漫活泼，深受当时贵族精英的青睐。弗森父子之后，其继任者莫雷在法国1848年革命期间将店面开到了伦敦，其作品深得维多利亚女王的喜爱。

1885年，莫雷的女婿约瑟夫·绰美继承了经营权，这个皇冠制作大师对珠宝创作有着极高的天赋，为品牌的发展作出了不可磨灭的贡献，正是他，以自己的姓氏——Chaumet，重新定义了这个已经走过了百余年岁月的珠宝店，并在1907年将珠宝店迁至凡登广场12号。如今，凡登广场12号被绰美建为品牌博物馆。它是一栋建于路易十六时期的建筑，一楼的大展厅在1927年被列入历史古迹，肖邦晚年就是在这里创作音乐并度过了他人生中最后几个月的时光。

多年来，绰美一直以最传统的水粉画绘制设计，珍藏于绰美博物馆中的手绘图超过8 000幅。工艺师在确定图样之后进行宝石挑选及切割工序，然后是繁复的倒模工序。在特制的工作台上，工匠先要依照设计图用蜡制成第一次模型，然后再用铝合金制成第二次模型，这中间需要不断测量及修改尺码，还要检测镶嵌孔与珠宝的契合度。绰美制作冠冕要用到最著名的隐形式镶嵌，尤其是垂坠造型的立体梨形宝石，更要完美地将其细小的水滴尖啄嵌入，并且打造轻颤的效果。宝石与托冠的接触面一般只有2~3毫米，稍有偏差便前功尽弃，所以由设计至完成，一件顶级珠宝可能要花上两年时间甚至更长。直至现在，绰美的冠冕依然是许多人的梦想之物。

CHAUMET
PARIS
典·藏·馆

“网着我－若你爱我”系列臻品

典藏理由：表达最精致的爱情

▲ 绰美“网着我－若你爱我”白金腕表，每款限量 12 只。

1945 年之后，绰美陆续推出了经典的 Class One 系列、Dandy 系列、Liens 系列、Khésis 系列，与之相配合的多款腕表也逐渐登场，而以拿破仑极其钟爱的蜜蜂形象为创作灵感的“网着我－若你爱我”系列堪称是绰美 200 多年以来的创作精髓的最极致的代表，从头冠、项链、耳环、戒指、手链、胸针一直到腕表，近年来每年都会有新款的设计面市。该系列将天真烂漫的蜜蜂、钻饰蛛网以及灵动俏皮的小蜘蛛融合在一起，营造出一个充满温情而又极其浪漫的情感世界，同时也将珠宝带给人的那种晶莹闪亮、充满诱惑而又无法抵抗的意味表现得淋漓尽致。

绰美“网着我－若你爱我”系列首饰的设计将近上百款，以钻石、摩根石、锰铝榴石以及各色蓝宝石勾勒出蜘蛛和蜜蜂的可爱形态，时而搭配金色、粉色、白色珍珠以及绿松石、碧玺，每一款都令人赞叹。至于腕表，绰美“网着我－若你爱我”的设计依旧卓尔不凡，佳作不断，它们大多与该系列的多款珠宝相配合并且限量发售。绰美最新推出的这一系列的腕表是 12 款不同颜色的同款白金腕表，每款限量 12 只。它们以 500 多颗钻石谱出一张超过 9 克拉的蛛网，由各色蓝宝石、玉石嵌缀而

成的一只蜜蜂和一只蜘蛛伏在两端，缎带表带上还以银线刺绣出可爱的蜜蜂，防水深度达30米。

CHAUMET
PARIS

名·人·堂

▲ 拿破仑第二任妻子玛丽·路易斯皇后的肖像画

绰美的辉煌与拿破仑对它的欣赏是分不开的，传说尼托当年因为成功制伏一匹脱缰的马给拿破仑留下深刻印象，也给了这位极具才华的珠宝工匠崭露头角的极佳机会。而拿破仑的约瑟芬皇后堪称是绰美第一位尊贵的缪斯女神，从她加冕为皇后时所戴的头冠，到后来包括戒指、项链、耳环在内的30多件作品，不难看出她对于绰美的无比钟爱。2010年初，为庆祝品牌诞辰230周年，绰美推出了以“约瑟芬”命名的高级珠宝系列。不久，一向钟爱法国本土品牌的法国当时的第一夫人布吕尼就是戴着绰美最新的“约瑟芬”系列镶钻坠链，出席上海世博会开幕活动。

在凡登广场12号的绰美博物馆里，陈列着一张绰美收藏于1975年的拿破仑第二任妻子玛丽·路易斯皇后的肖像画，它也象征着绰美为皇室贵族制作珠宝的传统。当初玛丽皇后与拿破仑大婚时，尼托为她设计了全套红宝石和钻石首饰。由于原套首饰在1887年已经遗失，绰美后来曾依照原样复制了一套。1803年，在拿破仑送给妹妹波琳·波拿巴的嫁妆里，那把镶嵌有7块刚石浮雕的梳子也是出自尼托之手。

除了珍贵的王冠，绰美博物馆里还有很多秘密宝藏，虽然自法兰西第一帝国时代起的档案珍藏于法国国家档案馆，但绰美在这里完好地保存了自1832年以来的其余档案，包括自1830年以来的设计图、150顶白铜头冠、与客户来往信函以及所用珍珠和宝石目录，甚至是收银处收集的客户拜访记录。从当初的拿破仑三世以及欧仁妮皇后、肯尼迪夫人，再到摩洛哥萨尔玛王妃这样的时尚新贵族，甚至是麦当娜与盖·里奇结婚时戴的头冠，可见，绰美作为皇室御用珠宝商的魅力得到了真正的传承和延续。

虽然无法住在华丽的王宫，但你依然可以和王室贵族一样，每天都在世上最舒适、最名贵的床上，享受一场最精致的睡眠，只要它的名字是海丝腾。

Hästens
海丝腾

瑞典地处高纬度地区，15%的国土向北延伸到了北极圈内，境内森林覆盖率在50%以上，湖泊数以万计，在北大西洋暖流的影响下，这里很多城市的气候十分宜人，首都斯德哥尔摩连续多年在世界最适宜居住城市中位列前十。瑞典也是世界上典型的高税收、高福利国家，被称为“从摇篮到坟墓”的保障。可能正是生活在这样一个天堂般的国度里，瑞典人似乎有了更多的闲情逸致去苛求自己的生活品质，奢华不是流于表面，而是融进了生活细枝末节中的最自然、最纯粹的享受。可能也正是这样，才有了如今数十万元一张的海丝腾床具。

海丝腾是由瑞典前国王古斯塔夫六世钦定的御用床具供应商。在瑞典，想获得皇室御用品牌荣誉的公司必须满足生产经营时间超过5年，而且其财务状况必须毫无纰漏。然后，它们需要先向王室递交申请，在经过一系列严格的检验程序之后，它们可以向宫廷中运送样品以备试用。在瑞典国王下令钦定供应商之后，公司方可公开展示其皇家许可，而且王室的许可会随着每次王位交替、公司更换主管经理或到达十年周期时进行

▼ 海丝腾豪华调节型床具沿用了海丝腾独有的专利弹簧系统，全新设计的磨砂铝床架带有储存柜，无论是看电视、看书或是早上在床上吃早餐，只需轻轻按下遥控器按钮就可以寻找和设定最合适的角度，遥控器还能够对这些角度进行储存记忆。该床具内置按摩系统，可以随时提供放松按摩，如果遭遇突然停电，整张床将靠蓄电池的力量完全放平。

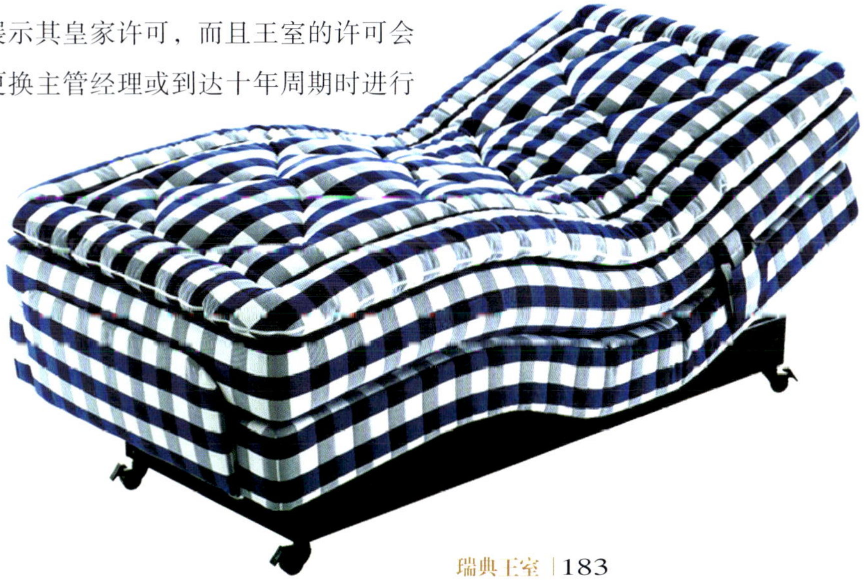

更换。1952 年，海丝腾床具成为了瑞典王室的指定供货商，直至现在，瑞典王室成员依然每晚都安睡在海丝腾床具上。这些床具上有的会刻有瑞典王室的族徽，不过更多的时候王室并不会提出特别的要求，他们十分欣赏并且尤其愿意尊重海丝腾一贯的简单、朴实、亲近自然的风格，不愿加任何缀饰。

Hästens 品·牌·志

在现存资料中，海丝腾最早的床垫交货收据签于 1852 年，那一年，其创始人皮尔·阿道夫年仅 22 岁，他的工坊当时的主要产品是马具，兼顾床垫制作。

如今，一个半世纪过去了，海丝腾已经成为了瑞典最大，同时也是世界上最贵的床具制造商，它始终坚持采用最上乘的天然材质以及最精良的手工制作，旨在制作出世上最优质、最舒适的床具。

天然是海丝腾最重视的元素，所选用的材质包括纯棉、亚麻材料、纯新羊毛以及货真价实的马尾毛。海丝腾的标志是一匹奔腾的骏马，除了以此纪念品牌以制作马具起家，更重要的是，在制作床具的用材上没有任何材料能与马尾毛相比。马尾毛具有极好的耐磨特性，使用马尾毛制作的床垫不仅非常耐用，而且具有极佳的透气和排潮性能，能够很好地保持自身干爽。不过，由于马尾毛的供应量非常有限，有时只有在期货市场才可以买到，因此价格昂贵。而且处理一张床所用的马尾毛要花费近 160 小时的人工，这也是海丝腾床具价格可以达到二三十万人民币的原因之一。

不仅如此，瑞典人制作海丝腾床具所选择的每种天然材料都有其特定含义：羊毛可以调节周边温度；嵌入的亚麻有消音和防静电的功能；底料所用的棉花则意味着柔软舒适。至于用做床架的松木，海丝腾所选用的都来自于瑞典北部森林，那里的林木生长缓慢所以密度极高。至于弹簧，海丝腾拥有自己的独家专利，采用特别的回火制造，永不变形。

海丝腾床具的材质均取自天然，绝不含橡胶等其他原料，它是第一个拥有天鹅生态纺织标签（北欧环保标签体系的标识）的床具生产商。除此之外，海丝腾床具的制作是纯手工、按工序完成的，缝纫工艺经得起任何严格细致的检查，两片缝合面上的精度甚至可达到毫米。曾经在斯德哥尔摩，有人看到海丝腾的员工在商店里进行公众展示时，人们会说：“得了吧，你们不会真的那么制作床具，对不对?”但是海丝腾的答案是：“我们真的会。”这也是为什么海丝腾会有底气将自己产品的保质期定位在 25 年的原因，而且，海丝腾的每一张床都有专属的出厂号码及质保卡，上面有制作该床的工艺大师的亲笔签名。

Hästens
典·藏·馆

海丝腾伊克赛尔床具

典藏理由：提供深入到细节的舒适睡眠

真正奢华的酒店十分看重床具的质量。除了希望酒店的客户能够拥有一流的舒适感，还因为酒店需要经久耐用、稳定结实的床具，而不会考虑如何处理。

海丝腾的伊克赛尔床具就完全满足这些要求。

海丝腾床具主要分为框架床、欧陆床以及调节床三大类。从加固的实心松木床架、厚实的弹性底座、底座上的厚弹簧垫直到最上面的拥有极佳睡眠舒适感的纯棉床垫，框架床的结构可以达到17层，而欧陆床甚至可以达到28层，伊克赛尔床具属于欧陆床。

伊克赛尔床具的中部是海丝腾独一无二的厚弹簧系统，每一根弹簧都安装在独立的织物袋里，可单独移动而不会干扰到周边的弹簧，所以即便是睡眠再轻的人也会睡得很舒适。伊克赛尔床具的每一个细节都为舒适而设计，床面使用海丝腾弹性布料，床边安装了把手，床垫采用手工缝边。与海丝腾的其他产品一样，顾客可以根据个人习惯，定制柔软、中软、坚硬或特硬弹簧的伊克赛尔床具，如果床两侧分别采用不同硬度，则需要另外支付250欧元的费用。

Hästens
名·人·堂

海丝腾床具一向不追求卖相，已经注册为独家专利的蓝白格纹是它的招牌形象，但是一旦躺上去你就会完全了解，为什么有人在体验海丝腾床具的时候甚至很快就发出了微微的鼾声，这时再看看放在前面的价签，价码通常在五位数以上。实际上这也映射出了一种对于奢华理念的不同理解，如果只是要求单纯的工具性和实用性，一件价格高出同类产品数十倍的海丝腾床具的确是有点奢侈。但如果是对于生活细节和生活品质有着更高要求，而且有能力满足自己

的这种要求的财富精英来讲，所谓的奢华其实已经变成了物有所值甚至是物超所值。所以，如果有人告诉你他家里的床是出自海丝腾，那么他就应该不止拥有一张海丝腾的床。除瑞典以外，丹麦、荷兰等欧洲王室的床具也都是出自海丝腾。

除了深受王室的喜爱，许多全球知名的顶级饭店的总统套房也都选择用它来营造完美的入住体验，包括芝加哥半岛酒店，世界上唯一的七星级酒店——迪拜伯瓷酒店也把它当成了每个房间的标配。美国脱口秀女王艾伦·德杰尼勒斯和影星布拉德·皮特不止一次公开赞美：“这是世界上最棒的床垫。”而汤姆·克鲁斯给新娘凯蒂的礼物不是超级跑车，不是高级珠宝，也不是限量手袋，而是一张舒适的海丝腾的床。

独立、自由、民主，在如此鲜明的底色之上，美国式的华丽与豪奢似乎总能表现出不一样的气度和风范。而身为美利坚合众国的总统，他们的威仪和排场也根本不亚于任何一国的皇族或王室。

美国权力家族

华丽的无冕之王

王朝故闻

2009年1月20日，贝拉克·奥巴马在美国国会大厦西侧的露天平台上正式宣誓就职，他是自1789年乔治·华盛顿以来，美国人迎来的第56届、第44任、第43位总统。与欧洲君主制国家不同，美国历史上从未有过王室的光环，但是200多年来，白宫却一直以另一种方式吸引着外界的关注。

英国前首相温斯顿·丘吉尔的独子伦道夫·丘吉尔曾经说："如果我21岁时有人说我以后无法成为议员，我会觉得那是天大的笑话，因为我是来自那样的家族。"事实上，他的这番表白也是美国政坛的写照。200多年间，美国出现了四大政治豪门：亚当斯家族、罗斯福家族、肯尼迪家族和布什家族，他们是美国政坛最显赫的坐标。

美国的"开国元勋"、美国《独立宣言》四位起草人之一的约翰·亚当斯是美国的第2任总统，其子约翰·昆西·亚当斯成为了美国第6任总统。有人称亚当斯家族为"美国历史上的第一王朝"。接下来的罗斯福家族在美国有超过300年的历史，家族缔造者艾萨克·罗斯福是美国当时著名的银行家，而西奥多·罗斯福和富兰克林·罗斯福这对远房亲戚先后成为了美国第26任总统和第32任总统（连任四届）。

至于肯尼迪家族，1960年美国媒体曾将其列入美国12大家族，缔造者约瑟

夫·肯尼迪也是银行家，妻子是波士顿市市长的女儿。次子约翰·肯尼迪是美国第35任总统，1963年被刺杀；三子参议员罗伯特·肯尼迪后来也被刺身亡；四子爱德华·肯尼迪是美国史上仅有的担任参议员的时间超过40年的5人之一。最后是布什家族，乔治·布什两父子先后成为美国第41任和第43任总统，老布什之父普雷斯科特·布什与艾森豪威尔总统相交甚密，家族缔造者、钢铁石油大亨塞缪尔·布什是胡佛总统的顾问，而小布什的弟弟杰布·布什连任两届佛罗里达州州长。

从汽车到飞机，如果冠上了“美国总统专用”的头衔，那么，请不用怀疑，与它们画上等号的一定只有两个字——顶级。

自1958年至今，改装自波音飞机的美国“空军一号”总统专机已经服务于自艾森豪威尔以来的全部11位美国总统，而其经典的蓝白相间外观设计正是源自于肯尼迪总统。

从林肯送给妻子的那条珍珠项链开始，蒂芙尼成了美国历届总统从来不会忽略的名字，在它那精致的蓝盒子里无论装着什么，都是最美好的礼物。

从第一次世界大战期间的伍德罗·威尔逊到如今的奥巴马，凯迪拉克服务于美国总统的历史已近百年，而它的花冠盾形车标早已成为美式豪车最经典的符号。

皇家御用

2011年初，根据美国媒体的一份调查榜单显示，如果按照现在的价值计算，在美国历史上的43位总统中，有34人是百万富翁或者更加富有，位居前三甲的是首任总统乔治·华盛顿（5.25亿美元）、第3任总统托马斯·杰弗逊（2.12亿美元）和第26任总统西奥多·罗斯福（1.25亿美元）。乔治·华盛顿在弗吉尼亚州有占地3 000多公顷的5个大种植园，300多名奴隶为他种植烟草和酿制威士忌，而他2.5万美元的身价占美国1789年全部预算的2%。位于西奥多·罗斯福，在19世纪，罗斯福家族在金融和投资方面成就巨大，纽约曼哈顿第22大街到第46大街，从第五大道到哈迪逊河的大部分地产都是罗斯福家族的物业，而富兰克林·罗斯福的资产也有6 000万美元（排名第7位）。

▲ 美国前总统约翰·肯尼迪的妻子杰奎琳

由于遭遇刺杀身亡，所以榜单中没有出现约翰·肯尼迪的名字，但他的身家大约在10亿美元，是美国历任总统中最多的。他与妻子杰奎琳及其一双儿女是美国历史上最年轻的第一家庭，从1953年结婚到1963年遇刺这10年间，肯尼迪曾不断送给杰奎琳各种名贵的首饰，甚至在1963年遇刺之前，他还特意定制了一枚47克拉的粉色紫锂辉石戒指作为送给妻子的圣诞礼物。不过在所有首饰里，杰奎琳最喜爱的其实是一件后来以3万英镑被拍卖的仿珍珠三股项链，那也是女儿卡罗琳最喜欢的玩具。

生活在白宫的三年里，单单是杰奎琳每年的置装费就不下3万美元，她的服装大部分都是由美国设计师量身定做。据统计，美国著名时装设计师卡西尼总共为杰奎琳制作了300多套衣服。回忆起为杰奎琳服务的岁月，卡西尼说："她真的很优雅，少有的优雅，穿什么都好看。但那些日子我却每天都要绷紧神经，因为她常在电话里给我布置任务：'快，卡西尼，我好像没衣服穿了！'"其实杰奎琳的品位不仅仅只表现在衣着穿戴上，当年在拿到了白宫150多个房间的钥匙之后，她就在第一时间组织成立了一个委员会对白宫进行装修，耗资近百万美元。不过这些钱并不需要肯尼迪或者政府来买单，因为那是她私人筹募所得的。

虽然身家不菲，但几十年来肯尼迪家族却仿佛被一个离奇的魔咒笼罩着，有人形容肯尼迪家族的故事就是一长串的讣告。确实，肯尼迪家族有四名第二代男性成员，一

人死于二战，两人遭遇暗杀，另外，坠机、植物人、滑雪意外、用药过量……非正常死亡的厄运始终伴随着肯尼迪家族，于是有人说，身为肯尼迪家族一员，你最好不要指望躺在床上平静地死去。

在蒂芙尼独一无二的蓝色盒子里装着美利坚人最独特的信仰与坚守。从林肯开始，到蒂芙尼的店中为妻子选购一件礼物几乎是历届美国总统不变的惯例。

TIFFANY & CO.
蒂芙尼

美国是一个盛产平民神话的国度，历数从华盛顿至今的 43 位总统，实际上，真正出身于上层社会的豪门子弟不足 10 位。从第 7 任总统安德鲁·杰克逊开始，包括林肯和如今的奥巴马，他们大部分都是出自平民甚至贫寒，没有任何的家世背景，凭借的只是自己过人的智慧、卓越的领导力以及强大的人格魅力。其实，这样的奇迹同样属于蒂芙尼。170 多年来，从一个第一天销售额不满 5 美元的小文具店，到如今光芒万丈的世界顶级珠宝商，蒂芙尼走过的是一条充满奇迹的路。自诞生至今，美国的每一个重大时刻几乎都有蒂芙尼的身影。

蒂芙尼和白宫的渊源很深，林肯总统就是蒂芙尼最早期的客户之一，1861 年，他为夫人玛丽选购了一条细粒珍珠项链，让她在总统就职晚宴上佩戴，而林肯总统就职典礼的纪念水罐也是蒂芙尼的作品。从林肯开始，到蒂芙尼的店中为妻子选购一件礼物几乎是历届美国总统不变的惯例。

▲ 蒂芙尼公司为赢得 2010 年美国职棒大联盟世界系列赛总冠军的旧金山巨人队设计的戒指

美国内战期间，蒂芙尼除了为北方军队提供剑、旗帜和外科手术佩械，后来又为格兰特将军和谢尔曼将军制作过镶嵌宝石的佩剑。1886 年，法国赠送的纪念美国独立 100 周年的礼物——自由女神像在纽约港落成，蒂芙尼为此特别设计了纪念请柬。此后，蒂芙尼又多次为美国政府制作荣誉勋章，包括“美国国会荣誉勋章”。

1961 年，45 岁的肯尼迪成为美国历史上最年轻的总统之一，他后来向蒂芙尼定制了特别的银质日历匾额，那是他准备送给白宫政要们的新年礼物，而他的夫人杰奎琳·肯尼迪的数件珍贵珠宝也是出自蒂芙尼之手，包括那件由蒂芙尼著名设计师让·史隆伯杰设计的珐琅彩宝石手镯。1963 年 11 月，肯尼迪遇刺身亡，副总统林登·约翰逊入主白宫并在一年后赢得连任。1968 年，蒂芙尼受其夫人琳达·约翰逊委托，专门为白宫打造瓷器，图案中包含了 19 种美丽的美国野花。美式足球是美国的国民体育项目，1967 年，美国国家美式足球联盟第一届超级杯冠军奖杯文斯·隆巴迪杯也是由蒂芙尼设计制作的。到了 19 世纪 80 年代，蒂芙尼重新设计了美国国徽，这款设计后来被印在了美钞 1 元纸币的背面。

TIFFANY & CO.

品·牌·志

1837 年，纽约百老汇大街 259 号出现了一家经营文具和工艺品的“蒂芙尼 & 扬”小商店，店主是两个年仅 25 岁的年轻

人——查尔斯·路易斯·蒂芙尼和约翰·扬，他们的启动资金只是蒂芙尼父亲提供的1 000美元。这家店的所有商品都严格按价签标价出售，不允许顾客讨要折扣，这种铁价不二的营销方式成为了当时的一大新闻。尽管蒂芙尼店里第一天的销售额只有4.98美元，不过很快，陆续推出的精美银器使它走过了最初的困境。同年，商铺改名为“蒂芙尼”。

由于100%纯银的质地很软，很容易被氧化和划伤，不适宜精细的工艺要求。1851年，蒂芙尼推出一套含银92.5%的银器，由于加入了7.5%的合金，银器有了理想的硬度、亮度、光泽及抗氧化性，而且能够镶嵌各种宝石。这种色泽光鲜、款式别致、工艺精美的作品迅速风靡全世界，925银也迅速成为银饰的主流，并成为国际上沿用至今的鉴定银饰的标准。1867年的巴黎世界博览会上，凭借精美的银器，蒂芙尼成为美国第一个获得世界博览会大奖的品牌。

1876年，蒂芙尼在美国费城世界博览会上第一次展出了自己的钻石首饰，两年后的巴黎世博会，蒂芙尼的作品出人意料地获得了包括珠宝设计金奖在内的8个奖项，跻身为全球瞩目的钻石珠宝设计大师。1886年，蒂芙尼推出了最为经典的“setting系列”钻戒，其独创的6爪设计将钻石凸嵌于戒环之上并由6个铂金细爪固定，使钻石在最大化裸露的同时还可以更加牢固，当光线进入宝石后，可以最大程度地折射出夺目的光芒。这种“6爪镶嵌法”面世后立即成为订婚钻戒镶嵌的国际尺度，得到一枚蒂芙尼的钻戒，成了无数正在热恋中的女人的终极梦想。到19世纪末，蒂芙尼的实力已经令欧洲珠宝巨匠无法小觑。

1906年，《纽约太阳报》出现了这样一段文字：“蒂芙尼有一样产品，无论人们愿意出多少钱都买不到，因为它只送不卖，那就是它的蓝色礼盒。”自问世之日起，系有白色缎带的蓝色包装盒就成了蒂芙尼的经典代言，它只属于购买蒂芙尼产品的顾客，而且只送不卖。所以，收集蒂芙尼珠宝包装盒甚至成为了无数名媛的一种喜好，因为那不单单是一个品牌的符号，中蕴藏着一种深刻、专一的情感。

珠宝、纯银器皿、瓷器、水晶——如今的蒂芙尼似乎找到了表达艺术的完美方式，它的每一件作品都能随着岁月的流逝而成为经典，正如创始人查尔斯·路易斯·蒂芙尼所说：“我们靠艺术赚钱，而艺术价值永存。”

TIFFANY & CO.
典·藏·馆

蒂芙尼“黄钻系列”

典藏理由：源自蒂芙尼黄钻的不朽灵感

1876年，蒂芙尼以1.8万美元的天价拍得了一颗重287克拉的极品天然黄钻，这颗钻石最后被切割成近90刻面、重128克拉的“蒂芙尼黄钻”并镶制成完美的“石上鸟”钻饰，蒂芙

西方婚礼通常要有“旧、新、借、蓝”四样东西，这种习俗已经沿袭了数百年。其中的“蓝”即穿戴一件蓝色饰物，它源自《圣经》时代，蓝色代表着纯洁、忠诚和爱情。随着时间的推移，这一抹蓝色已经从新娘结婚礼服下摆处的蓝色镶边，演变到新娘用的蓝色袜带或者是手捧的花束中。而现在，越来越多的人，选择将真诚、浪漫、温柔的幻想放进蒂芙尼的蓝盒子里珍藏起来，一生一世。

尼从此被媒体冠以“钻石之王”的美誉。作为蒂芙尼的镇牌之宝，“石上鸟”如今陈列在纽约第五大道蒂芙尼总店的专用展柜中，是仅供欣赏的非卖品，而它完美的天然美感与暖黄色泽也为蒂芙尼今天的“黄钻”系列提供着无穷的灵感。

蒂芙尼“黄钻”系列以铂金或18K白金为底座，以白钻映衬极品黄钻。一颗黄钻的价值远超过同等大小的无色钻石，因为每一万颗钻石中仅有一颗是黄钻、粉钻、蓝钻或绿钻这样的彩钻。蒂芙尼“黄钻”系列所采用的黄钻由位于澳大利亚西部的艾伦代尔矿场优先协议供应，每一颗还要经过极其严格的甄选，然后采用能完全展现这些宝石天然美感的切割和镶嵌方式，将其纯净的色泽以及耀眼的光芒发挥到极致。

蒂芙尼“蓝皮书”系列

典藏理由：蒂芙尼顶级珠宝

蒂芙尼的设计风格和创作精髓带着十足的美国范儿，自由、明朗、精进。它能够随意从自然界万物中汲取灵感，撇下繁琐和矫揉造作，只求简洁明朗，每件杰作都反映着美国人与生俱来的直率、乐观和乍现的机智，通过简约鲜明的线条，诉说着冷静明晰的智慧与令人心动的优雅。不过，如果你见过蒂芙尼“蓝皮书

(Blue Book)”华贵系列珠宝，几乎所有的文字都失去了力量。

蒂芙尼“蓝皮书”原本是首发于1845年的美国第一本产品名录，记录着蒂芙尼天才设计师们的经典之作。现在，蒂芙尼“蓝皮书”华贵系列珠宝已经成了世界顶级珠宝年度系列的代名词，每年，该系列的产品基本保持在200件左右，价值过亿。它们所选用的钻石和宝石通常是蒂芙尼经过数年时间精心收集到的，每一颗的色泽、净度以及彼此之间的匹配度都有非常高的要求。关于这些顶级产品的目录会提前直邮给全球范围内的少量客户，然后在纽约的旗舰店里限时发售。

2010年10月，蒂芙尼首次在纽约以外的地方，展示最新款的2010年至2011年“蓝皮书”系列珠宝，地点则选在了中国北京。在令人窒息的上百件珠宝珍品中，以钻石和祖母绿镶嵌的兰花胸针以及用红碧玺和12.16克拉的天然黄色蓝宝石镶嵌的花蕾胸针是依照蒂芙尼设计大师让·史隆伯杰的经典作品复制而成的。而最为珍贵的，当属“威仪”钻石项链，整个项链由300余颗顶级梨形和圆形的钻石组成，每一个铂金底座都单独打造而成，中心项坠则是一颗净度IF（最高级别）、重30.31克拉的极品钻石，整条项链的人工镶嵌工作花费了700多个小时才最终完成。

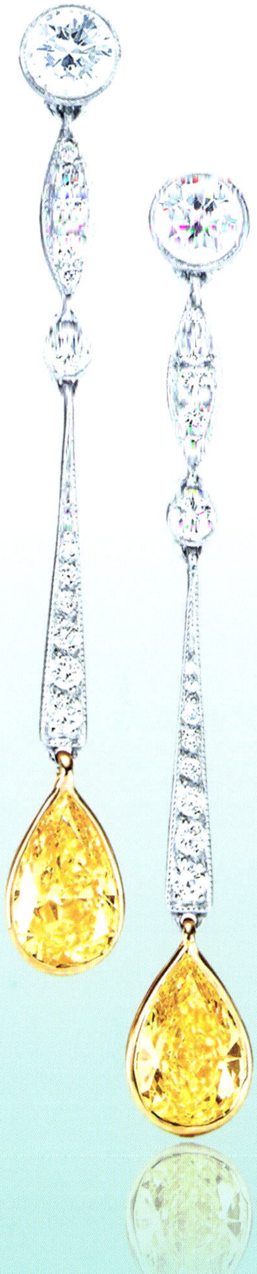

TIFFANY & CO.
名·人·堂

“我已经征得以前女友的同意，她可以接受我和你结婚，但是你要同意我能和她继续来往，并且每年有一个固定假期和她一起度过。你愿意吗？”如果一个男人敢对自己的未婚妻说出这样的话，相信这段感情也就走到尽头了。但是，一个名叫梅琳达的女人所给出的回答是“Yes”。于是，她搬进了位于西雅图市郊华盛顿湖畔的一栋占地约6 600平方米的豪宅，那是美国除白宫之外最受瞩目的宅邸，除了24个浴室、6个厨房、7间贵宾套房外，还有一个家庭图书馆、配有20个座位的电影院、

高端健身房以及可以满足100多人同时进餐的宴会厅，外面还有一个18米高的瀑布和一片养殖着鲑鱼的人工湖。蒂芙尼珠宝店甚至破例在某个星期日的上午只对她一个人开放，供她挑选钻戒，她也毫不手软地挑了钻石最大的那一颗。因为，她嫁的人是比尔·盖茨。关于那位比自己大9岁的前女友安·温布莱德，人们听到的盖茨的官方说法是：“我和她只是坐在一起谈谈物理学和计算机。”

清晨时分，纽约第五大道上空无一人，穿着黑色晚礼服、颈上挂着一串假珠宝项链的霍莉独自伫立在蒂芙尼珠宝店前，脸颊紧贴着橱窗，手中拎着一个牛皮纸袋，一边吃着袋里可颂面包、喝着热咖啡，一边以艳羡的目光，观望着蒂芙尼店中的一切，从镶嵌黄钻的项链到一件件精致的银器，每一件都让她心驰神往。

这是电影《蒂芙尼的早餐》中的一幕。最终，在梦想和虚荣之间历经磨难的霍莉如愿戴上了自己的蒂芙尼婚戒，而奥黛丽·赫本也凭借该片获得了人生的第四次奥斯卡影后提名。虽然最后输给了老对手索菲亚·罗兰，但这似乎根本没有影响到她对蒂芙尼的青睐。无论周围的女星是怎样的珠光宝气，这个被称为“唯一可以盖过珠宝光芒”的女子经常以蒂芙尼雅致的水滴形宝石耳环和最简约的珍珠项链，作为最适合她清秀的脸庞和公主般气质的配饰。1987年，适值蒂芙尼品牌诞辰150年庆典之际，奥黛丽·赫本为之写下自己的贺词：“我带着爱，也带着忌妒，祝你生日快乐。150年过去了，而你依然没有皱纹，因为经典可以永恒。”

让·史隆伯杰是20世纪最负盛名的珠宝设计师之一，1956年，他加盟蒂芙尼，而热衷收藏他作品的人除了曾经的第一夫人杰奎琳·肯尼迪以及黛安娜王妃这样的名流和王室成员，伊丽莎白·泰勒、奥黛丽·赫本这些最显赫的明星也都是他的好友兼拥趸。1962年，对泰勒倾心已久的理查德·波顿将一枚由让·史隆伯杰设计的海豚胸针送给了她，令双鱼座的泰勒感动不已。

▲ 奥黛丽·赫本

凯迪拉克“入主”白宫的历史已近百年，如今俨然成了一种传统。虽然少了王室为它正名，不过总统专门座驾的名头也毫不逊色。

Cadillac 凯迪拉克

每每提及美国总统的座驾，很多人脑海里浮现的依然还是那辆沾染过肯尼迪鲜血的1961年款林肯敞篷轿车。其实对美国总统专车而言，当时的凯迪拉克与林肯几乎是平分天下，因为历任美国总统的座驾基本上都不少于两辆，从1913年的伍德罗·威尔逊总统开始，包括富兰克林·罗斯福、杜鲁门、艾森豪威尔、肯尼迪在内的数位总统都接受过凯迪拉克的服务。而在肯尼迪遇刺事件发生后，美国总统的御用座驾逐渐被凯迪拉克一家包揽。

1993年克林顿入主白宫，当时的凯迪拉克总统车已经完全放弃了天窗，集装甲、通信、武器、抗干扰设备于一身，安全性达到了前所未有的高度。而在他任期的最后一个星期，白宫也迎来了小布什总统的座驾——总统特别加长版的凯迪拉克“帝威”，“9·11 事件”发生后，他又换了一辆全新的凯迪拉克防弹 DTS。克林顿曾经幽默地说：“要是你当了总统，后果之一就是他们不让你开车了，什么车都不让开了。”不过小布什还是愿意抓住一切可以开车的机会，2005 年访问俄罗斯时，他自愿当起普京的司机，开着普京的老爷车一起兜了一圈。

如今，奥巴马的座驾依然是一辆特制的凯迪拉克加长豪华防弹轿车，这辆造价约 30 万英镑的钢铁移动堡垒具有独特的防弹系统和先进的通信装置，车门厚达 8 英寸，重量相当于波音 757 舱门，车窗防弹玻璃厚超 2.1 英寸，全车防弹玻璃加起来重达 2.7 吨。没有天窗，只有司机两边的车窗能升降 3 英寸以方便其付费或者与其他特工联络。该车的车身、车底和车顶都装备了钛合金、高强陶瓷和复合装甲，能够有效防止自动推进武器（如火箭、鱼雷、导弹等）的袭击。汽车底部经过强化的 5 英寸厚钢板可以抵挡可能的爆炸，而特制的轮毂甚至可以在没有轮胎的情况下照样行驶，座舱则采用了加压密封设计以抵御生化武器的袭击。此外，该车油箱装有特制的泡沫，即使在受到袭击的时候也不会发生

▼ 奥巴马的座驾，凯迪拉克加长豪华防弹轿车。

爆炸，而车内的电磁干扰器可以发射出强力的电磁脉冲，让数百米范围内的爆炸装置或定时系统暂时失效。同时，该车还配备了包括数瓶与总统血型一致的血液在内的生命维持系统以备急用。

美国总统专车一旦退役，不是被美国联邦密勤局销毁就是由特定的博物馆收藏，它们将不再属于某个人并继续行驶。据说克林顿卸任后曾想买回当年的凯迪拉克座驾，但他没能拿回钥匙，安全部门的答复是：您可以为那辆凯迪拉克擦拭玻璃，但将不再被允许进入该车。

品·牌·志

美系汽车的忠实车迷应该都知道，凯迪拉克和林肯这两个豪车品牌的创始人是同一个人——亨利·马代恩·利兰。他生于 1843 年 2 月，南北战争爆发时他由于年纪尚小没能参军，而是进到一家军械厂工作。后来，他在美国的汽车工业摇篮底特律与人合开了一家机械厂，主要供应汽车发动机和变速器。1902 年 8 月，利兰被邀请对一家已停工的底特律汽车厂进行资产评估，而该厂的总工程师就是大名鼎鼎的亨利·福特。利兰在仔细考察后认为这是一个相当先进的工厂，他最终说服了工厂的投资人在福特决意离开后继续经营下去，凯迪拉克公司由此诞生。之所以起名“凯迪拉克”是为了向法国探险家安东尼·门斯·凯迪拉克表示敬意，因为正是他在 1701 年发现了如今的美国汽车城——底特律。而作为公司创始人之一，利兰不仅向公司提供发动机，还提供传动及转向机械。

凯迪拉克汽车的零部件制造质量及精度一直首屈一指，当时公司的口号是“技术是我们的信念，精度是我们的法律”。1908年，在伦敦皇家汽车俱乐部官员的严格审视下，3辆凯迪拉克轿车的数千个零部件被全部解体然后再重新组装。随后这3辆车被送往英国著名的布鲁克兰赛道进行了500英里的全油门耐力赛，最终全部以零故障的成绩跑完全程，凯迪拉克也由此荣获了该俱乐部特别颁发的杜瓦奖。凯迪拉克的零件尺寸在当时的公差仅为0.05mm，利兰因而被称为“精密生产大师”。

1909年，凯迪拉克加盟通用汽车公司，1912年，凯迪拉克成为第一家在汽车中装备电子启动、照明和点火装置的公司。因为这一成就，伦敦皇家汽车俱乐部第二次给凯迪拉克颁发了杜瓦奖，并且永久性地授予凯迪拉克“世界标准”

的荣誉称号。1915 年，凯迪拉克成为第一个将 V8 发动机应用于汽车的品牌。

第一次世界大战时，由于其出色的耐力和动力性能，伍德罗·威尔逊总统开始将凯迪拉克汽车作为自己的座驾，在 1919 年美国庆祝第一次世界大战胜利的大型巡游活动上，他就是乘坐着凯迪拉克驶过了波士顿大街。这也开了凯迪拉克为白宫服务的先河，此后，凯迪拉克一直为众多的美国总统、外交官、大使以及外国政要定制豪华轿车和专用车型。第二次世界大战时，就连麦克阿瑟将军的作战车辆也是凯迪拉克。战后，凯迪拉克逐渐成为了世界豪车最杰出、最气派的代表之一。

不过利兰并未看到凯迪拉克后来的辉煌，早在第一次世界大战时，利兰组织凯迪拉克公司最出色的工程师成立了一家生产飞机发动机的新公司，但由于与通用公司总裁杜兰特意见不合，利兰和儿子维尔弗雷德离开了凯迪拉克公司并于 1917 年创立林肯公司生产飞机发动机，后来转向了汽车生产。1932 年 3 月 26 日，作为给美国汽车业带来巨大影响的教父级人物，利兰在底特律逝世，而凯迪拉克依旧传承着美国人百年以来的豪情与梦想，缔造着属于美国豪车的经典与神话。

Cadillac
典·藏·馆

凯迪拉克 XLR

典藏理由：美式豪车的超级典范

凯迪拉克旗下现在生产的车型包括 CTS 运动轿车、STS 轿车、DTS 轿车、SRX 中型 SUV、Escalada 全尺寸 SUV、ESV 全尺寸 SUV、EXT 豪华皮卡、XLR 跑车以及高性能的 V 系列车型，Escalade、XLR 以及 V 系列等车型的售价都在 110 万以上。而于2003 年重磅登场的凯迪拉克 XLR 是美式豪车在超级跑车领域的一项标杆，前卫大胆的设计风格、双座电动硬顶开创了凯迪拉克的新纪元。

凯迪拉克 XLR 豪华跑车是不少美国明星最钟爱的跑车，曾荣登十大最拉风

豪华跑车榜榜首。它采用创新的Z字形电动折叠方式收折，按下车内的电动按钮，在不到30秒的时间内，优雅的双门轿跑车便可以转换成迷人的敞篷超级跑车。这款车的中控台位置和智能钥匙都是由宝格丽珠宝设计大师亲手设计的，而其外观为钻石切割的造型，极为出众，因此也被称为“钻石跑车”。至于内饰则采用了手工缝制的顶级小羊皮皮质、名贵的非洲桉树实木材质以及防炫目、防划伤的阳极电镀铝合金材料。重要的是凯迪拉克XLR配备了凯迪拉克最负盛名的4.6升V8北极星发动机，按照官方的性能数据，其最高时速是250公里。可以说无论你要的是速度还是别人的注目，这辆车都可以给你，只要你可以承受它超过150万人民币的身价。

凯迪拉克 V 系

典藏理由：高性能车型的“战神家族”

V 系是凯迪拉克家族中最让人热血沸腾的一支，被玩家们誉为豪华高性能车型的“战神家族”，缔造这一家族的神秘团队一直担负着凯迪拉克高性能车型的改装和研发任务，并为各种顶尖赛事提供高性能车辆和技术支持。2004 年，这支团队将凯迪拉克家族的最新车型 CTS 进行了尝试性的专业化改装，并以代表速度的“V”作为徽记。此后，经过改装的 CTS-V 开始在各种极速挑战赛中崭露头角，而他们的最终目标则是叫板老牌对手的高性能家族——宝马 M 和奔驰 AMG 车型，甚至媲美法拉利。

2008 年，第二代凯迪拉克 CTS-V 高性能豪华运动轿车已经可以输出 556 马力的最高功率，0~100 公里的加速仅需 3.9 秒。2008 年 5 月，这款车在被称做

“真理之环”的德国纽柏林赛道上创下了7分59秒32的量产四门轿车纪录。纽柏林赛道是包括顶级F1赛车调校试验的主要场地，具有世界高性能车型PK台之称，而这次新纪录的诞生也确实让老对手奔驰AMG和宝马M惊出了一身冷汗，因为凯迪拉克V系创造出如此强悍的高性能轿车仅仅用了四年的时间。另外，相比于宝马M和奔驰AMG二三百万的身价，凯迪拉克CTS-V仅100多万人民币的售价就似乎显得相当厚道。而且目前，作为凯迪拉克“速度灵魂”的代言人，CTS-V和XLR-V等新车型陆续投产，V家族可以说是日益人丁兴旺，这让世界高性能豪车市场的格局也在发生着微妙的变化。

Cadillac 名·人·堂

伍德罗·威尔逊是第一位乘坐凯迪拉克进行官方活动的美国总统，1938年，两辆分别被命名为“玛丽皇后”和“伊丽莎白皇后”的凯迪拉克敞篷车被交付给美国政府，第32任总统罗斯福、第33任总统杜鲁门和第34任总统艾森豪威尔这三任总统都接受过它们的服务。1953年，“车迷”艾森豪威尔就是乘坐着一辆凯迪拉克Eldorado在他的总统就职典礼上亮相，后来他又换过第二代的

“玛丽皇后”和“伊丽莎白皇后”，这两款车随后成为肯尼迪总统和林登·约翰逊总统的座驾，1960年光荣引退。林登·约翰逊十分喜欢凯迪拉克，他后来使用的一辆红色凯迪拉克敞篷车是第一辆红色的美国总统座驾。传说这位总统曾经自己开车带着几个女记者在得克萨斯州的乡间公路上狂奔，一只手握着方向盘，另一只手拿着苏格兰威士忌。他身边的女士们不免尖叫，总统于是就很有绅士风度地用牛仔帽把仪表盘盖上。

除了美国总统，前苏联的政要们也对凯迪拉克情有独钟，赫鲁晓夫在1959年9月访美时就开始对凯迪拉克心仪不已，据说回国后他曾命令某汽车厂依样设计一辆轿车，1963年该车试制出来后曾被人戏称“苏式凯迪拉克”。但赫鲁晓夫可不管那么多，经常开着它四处兜风。而勃列日涅夫也是一位超级的汽车“发烧友”，拥有不下100辆汽车，其中68辆是外国货，是他国领导人投其所好的赠物。尼克松曾于1972年5月访苏时送给勃列日涅夫一辆凯迪拉克，后来当1973年6月勃列日涅夫访美时，尼克松又送给他一辆新款的林肯大陆轿车，并在戴维营把该车的钥匙亲手交给了他。

1959年，凯迪拉克Eldorado推出一款设计灵感来自于火箭垂直尾翼的作品，这款具有汽车美学里程碑意义的作品将当时人们对于汽车的梦想都带到现实中，并且很快成为了美国的文化符号，频频出现在时尚杂志和好莱坞电影中。它也是玛丽莲·梦露最钟爱的车型，而美国20世纪50年代的全民偶像猫王埃尔维斯·普莱斯利也是凯迪拉克的忠实粉丝，传言他一生至少买过100辆凯迪拉克。

从当初的波音707到如今的波音747，波音飞机公司负责打造美国总统专机的传统已经延续了半个多世纪，而其经典的蓝白相间的外观正是源于肯尼迪的授意。

BOEING

波音飞机

“空军一号”是美国总统专机的特定称谓，这个传统始自肯尼迪总统的前一任——艾森豪威尔总统，其最初机型是1958年美国空军部引入的两架波音707喷气式飞机。肯尼迪执政初期，他新添了更高级的波音远程707飞机并对其重新进行了外观设计，喷绘成蓝白相间的颜色，这个设计一直沿用至今。1963年11月22日肯尼迪遭遇枪击当天，就是这架波音707搭载着肯尼迪夫妇前往枪击发生地——达拉斯市，并在当天晚些时候将其遗体运回。在返程途中，副总统林登·约翰逊就是在该机上宣誓继任总统。

“空军一号”不区分飞机类别与数量，只要是现任总统乘坐的专机都采用这一称谓。它通常是两架相似的鸳鸯机，一主一副共同行动，服役期在20年左右。1972年，美国空军部引入两架波音707 VC-137C，开始服务于尼克松总统；1990年老布什任期时，“空军一号”机型从波音707换成波音747-200B，而奥巴马上台时曾有消息称“空军一号”会换成空中客车A380，但最终证明只是谣传。

“空军一号”常常被人称做“空中白宫”，机舱的整体空间近4 000平方米，可同时容纳70名乘客、23名机组人员以及2 000份餐点的半成品。除总统套房外，机上还有模仿白宫的椭圆形办公室、现代化的厨房、健身中心和医疗中心。有时候总统可能会在机上接受采访，所以专机还特别为总统顾问和记者等其他工作人员准备了休息室，不过要想登机采访，记者胸前可能要挂上近20个相关证件牌。

“空军一号”的安全性能几乎无懈可击，能够防御核爆炸产

空军一号

生的电磁脉冲并装有最先进的反监听以及制导系统。它同时也堪称是一座空中五角大楼，担任美国三军的空中临时指挥中心，飞机上配置了近百条电话专线、十余台高级电脑以及一部足以应付一个律师事务所的大型复印机、传真机等设备，各种电线长度达到了 3 000 公里。

美国总统出国访问时，至少还会有一架国家情报局的通信飞机陪同，多架载有轻武器弹药以及总统其他生活设施的直升机、军用运输机等也都要随同起飞。2009 年 4 月奥巴马参加伦敦 G20 峰会时，35 辆防弹车就被装上了运输机。为了防止敌机空袭，“空军一号”起飞时一般由美国空军 F-16 战斗机护航，抵达目的地国家领空后，由该国最先进的战斗机进行接替护航，直到安全降落。不过这种护航也曾引发非议，奥巴马参加完 G20 峰会回国时，F-16 战斗机在纽约进行低空护航曾引发当地民众恐慌，有的民众还以为“9·11”恐怖袭击要重演了。

BOEING
品·牌·志

1916 年 6 月 15 日，美国西雅图联合湖湖面上，一位 35 岁的青年驾驶着他和朋友共同组织研造的一架双翼水上飞机——“蓝凫”，盘旋着缓缓降落于湖面，成

功实现试飞。这个人就是波音公司的创始人威廉·波音。

在20世纪初期，飞行还是一个充满了刺激感的新事物，也撩动起了无数民众的强烈好奇心，包括威廉·波音——一个出身于底特律富有的木材商家庭、22岁从耶鲁大学退学继承父业的年轻人。1916年，他和朋友韦斯特福特共同创办了“蓝凫”公司（后改名为“太平洋飞行产品公司”）并且造出了第一架“蓝凫”水上飞机。第一次世界大战期间，该公司获得了来自美国海军的50架飞机的订单，价值57.5万美元。1917年4月，公司改名为“波音飞机公司”。不过由于第一次世界大战很快就结束了，这笔订单的实际成交量只达到半数。

第一次世界大战后，航空飞机的用途主要转向邮政空运，波音公司也不例外。进入20世纪20年代，民用航空虽然仍主要用于邮政，但各家航空公司都在邮政飞机上设置了可以搭载乘客的座位，并且，人员运输利润高于邮政运输的现象逐渐突显出来。

因此，波音公司在其著名的 40A 型邮政机基础上研制出了 80A 型飞机，由于它拥有 12 个乘客座位，事实上它已经算是一种以搭载乘客为主的飞机了。同时，通过开辟固定航线，到 1928 年，波音公司占据了全美邮件以及旅客市场份额的 30%。20 世纪 30 年代，波音公司形成了强大的航空制造业加运营业的托拉斯帝国——“联合飞机及运输公司”（以下称“联合”）。

当时为应对经济大萧条，美国政府出台了一系列反垄断条文并开始了对“联合”的调查。最终，“联合”被拆分为联合飞行器公司、波音飞机公司和联合航空公司三家独立公司。随后，早就萌生退休之意的波音先生辞去了他在波音公司的所有职务并售出了自己手中的所有股份，除第二次世界大战期间曾短时当过顾问之外，他完全退出了航空领域。而波音公司却在第二次世界大战及战后获得了巨大发展，20 世纪 90 年代又并购了“麦道”等世界航空业制造业巨头，成为全球最大的民用和军用飞机制造商。同时，波音公司也是美国国家航空航天局的主要服务商，在国防、电子、卫星航天等领域拥有不可撼动的地位，美国国会曾如此评价波音公司，“没有波音，就没有美国，当然也就没有自由世界。”

BOEING
典·藏·馆

波音 747-8 洲际客机

典藏理由：波音 747 家族最新力作

1969 年 2 月，波音 747 系列第一款飞机试飞成功，从那时起，出自该系列的庞然大物开始成为 400 人以上大型宽体客机领域的绝对王者，并将全球最高载客量飞机的记录垄断了 37 年。2006 年，该记录被空中客车 A380 打破（超过 500 人）。不过严格来说，这样的数字与私人飞机领域并没有交集，波音 747 依然深得超级富豪们的青睐，而且，波音公司在 2005 年启动的波音 747 系列的最新机型——波音 747-8 洲际客机早已吊足了他们的胃口。

波音 747-8 洲际客机舱内效果图

波音 747-8 洲际客机是波音 747-400 的衍生型号，机舱自由使用空间近 400 平方米，其驾驶舱和发动机技术采用与其同期进行研发的新一代波音 787 客机，因此以数字“8”命名。与波音 747-400 相比，波音 747-8 的成本降低了 12%，燃油经济性提高了 16%，如果用于民航运输，每座位英里油耗低于其他任何大型民用飞机，所以它在计划公布之初就确认了来自多家航空公司的订单。2011 年 2 月 13 日，首架波音 747-8 洲际飞机正式下线。

波音 747-8 的售价在 2 亿美元以上，但这只是不包括外部油漆、内部设施的“裸机”。私人购机的买主需要经过与波音公司的设计中心以及意大利知名设计顾问公司“吉加罗”的商谈之后，敲定飞机的内部和外部设计。然后，飞机将在主人选定的完成中心完成 VIP 装备的安装，最后交付买主投入服务。这部分的费用可达到 2 000 万美元左右。此外，雇用飞行员和机组人员以及飞机的日常保养也是不得不考虑的问题。

BOEING
典·藏·馆

波音 787“梦想”客机

典藏理由：中型客机的极品之作

在私人飞机领域有这样一个经典的逻辑：得中型机者得天下。像波音 747、空中快车 A380 这样的“空中巨无霸”虽然有着诱人的超大内部空间，但是它们对机场的跑道条件有着很高的要求，一般只能在宽度达 45 米以上的标准国际机场跑道起降，因此它们的目的地通常只能是比较大型的城市。由于它们在起飞时会引起强烈的气旋，中、小型机至少要隔 3 分钟才能使用跑道。所以，如果一个人拥有多架私人飞机，那么其中的大型机数量一定少于相对便利一些的中型机和小型机的数量，但实际上中型机的价码并不见得低于大型机，比如波音 787“梦想”客机。

美国当地时间 2009 年 12 月 15 日，在经过先后五次延期之后，波音公司最新机型——波音 787“梦想”客机在华盛顿州某机场成功试飞。这款中型客机是波音公司的最新力作，根据不同

▲ 波音 787“梦想”客机

的具体型号，标价在 1.46 亿美元至 2 亿美元之间。

波音 787 是航空史上首架超长程中型客机，几乎能直飞世界上任何两个城市，民航版本的载客量在 200~300 人之间。它也是全球第一款以碳纤维合成物为主体材料的民用喷气式客机，碳纤维、铝、钛等材料占到了 90%。因此，波音 787 机身更轻，能比其他同类飞机节省 20% 的燃料，起落时的噪音低 60%。但是目前，除了试飞人员，世界上还没人有机会乘坐该款飞机。2011 年 1 月，波音公司宣布首架波音 787“梦想”客机预计将于 2011 年第三季度交付，而截至试飞当日，该机型已经收到了来自世界六大洲的 57 家客户的 878 架订单，包括韩国总统李明博在内的政要以及香港、中东等地的富豪则将眼光瞄向了这款飞机的豪华 VIP 版，定制专属的私人飞机。

升级版的波音 787“梦想”VIP 客机能够提供带有独立卫生

OPEN

波音 787“梦想”客机内饰

间的多间豪华套间，这些套间可同时容纳 32 名客人。偌大的休息厅中摆放着高级沙发，位于正中央的墙壁上悬挂的是一台 50 英寸等离子高清电视。为了方便商务沟通，客机还配备了可供 10 人开会的小会议厅，另外还有游戏厅和豪华影院，客人在工作、游戏之余，还可以到机上的豪华酒吧间小酌一番。当然，这种设计会根据私人购机的具体需求而作出彻底调整，买主可以像沙特阿拉伯已故前国王法赫德一样，专设一间豪华 SPA 浴室，或者是像里根总统那样，在飞机上打一场迷你高尔夫。

BOEING

名·人·堂

▲ 沙特阿拉伯已故前国王法赫德

“空军一号”的安全、精密以及排场可以说是任何飞机都无法匹敌的，但是若论奢华，它可就没了优势。据估算，俄罗斯富豪阿布拉莫维奇的波音 767 私人飞机——“阿布拉莫维奇星空”号仅内部装修就花掉了近 1 600 万美元，其奢华程度犹如沙皇贵族的寝宫别院，连洗手池都是镀金的，内部设有一个可以容纳 30 人同时就餐的餐厅，名贵的骨瓷餐具也会随着季节的变化而更换不同主题。与之相比，亚洲石油富国文莱的现任苏丹博尔基亚也是有过之而无不及，在他的一架波音 727 专机中，从安全带扣到洗手间里的水龙头，凡是有金属的地方几乎都被镀金，博尔基亚的全套餐具也是足金手工打造，刻有王室族徽。

沙特阿拉伯王室也是波音飞机的老主顾，已故前国王法赫德的一架波音 747 专机上有桑拿室、宴会室和手术室。如果是正式出访，一架携有防空导弹的战斗机会陪伴左右。法赫德年老多病后，每次乘波音 747 出巡时都有一架小型飞机相随，专门运载医疗装备和人员以防飞行途中出现意外。除了专机外，法赫德还有自己的私人专用机场——法赫德国王国际机场，该机场不仅用于接待国王本人，也让其他王室成员，或来访的重要国家首脑使用。沙特阿拉伯现任国王阿卜杜拉是法赫德同父异母的弟弟，他在 2010 年到纽约接受椎间盘治疗时由三架专机护送，然后被一

个由 40 辆车组成的豪华车队接走，其中大概一半的车是用来运送他的行李。后来，医院的 VIP 理疗室几乎被全部空出，专门接待他。

▲ 亚洲石油富国文莱的现任苏丹博尔基亚的一架波音 727 专机，从安全带扣到洗手间里的水龙头，凡是有金属的地方几乎都被镀金。

与以上的王室贵族相比，阿联酋王室定制私人飞机的目的可能更有新意。迪拜酋长穆罕默德对赛马运动的痴迷几乎人尽皆知，他的第二个妻子哈雅王妃是约旦前国王侯赛因的女儿，也是曾参加过 2000 年悉尼奥运会的著名马术障碍赛骑手。为了专门负责运送自己的宝马良驹，穆罕默德不惜花费上亿美元，从波音飞机公司订购了世界上唯一一架波音 747 赛马专机。穆罕默德的侄子艾哈迈德也至少拥有包括波音 747 在内的五架私人飞机，它们的任务经常是飞往世界各地将优秀的射击运动员接到迪拜王室的私人靶场，和他一起练习射击。

虽然从未有过皇室贵族的光环，但是富可敌国的富豪们却让它成了一个“无冕之王”的国度。短短两个多世纪，北美人以自己的方式，缔造着独有的奢华魅力。

美国财富世家

华丽的无冕之王

王朝故闻

一个人对于世界的影响究竟能有多大？如果引发你产生这种思考的人是哥伦布，那么答案可能就是整个人类史。从 1492 年到 1504 年，哥伦布的四次远航将神秘的美洲新大陆带到了世人面前。而在他之后，无论是避难的清教徒还是淘金的商人，他们的到来逐渐拉开了美洲大陆的移民和殖民开发的序幕。

1776 年 7 月 4 日，北美 13 个英属殖民地正式发表《独立宣言》，这一天后来成了美国的独立日。1783 年 11 月，英美在法国凡尔赛宫签订《巴黎和约》，美国正式独立。1789 年，美国独立战争时期的大陆军总司令华盛顿当选为美国第一任总统，他当年的就职演说只有简短的 135 个字。1796 年 9 月 17 日，他发表《告别辞》并表示不再出任总统，从而开创美国历史上摒弃终身总统，和平移交权力的先河。

和世界上很多老牌的君主制国家不同，美国人的身上从未有过皇室贵族的华丽色彩。但是到了今天，似乎任何人都不会觉得白宫上空的光环有丝毫逊色吧。对外界而言，不单单是备受瞩目的美国总统，作为世界上超级富豪最多的国家，这里有比尔·盖茨、巴菲特、考尼列斯·范德比尔特……在这个“无冕之王”的国度里，在这些富可敌国的超级富豪面前，真正的皇室贵族可能也会稍显失色。

虽然不是皇室贵族，不过他们的生活却可能比皇室贵族更受人关注。有了他们，奢华的韵味被演绎得更加浓烈；有了他们，奢华的旨趣被表达得更加完美。

“它是唯一能让我感到速度快感的机器，我希望能一辈子都驾驶着它。”比尔·盖茨曾经这样评价他的白色保时捷959。而为了能让它“解禁”，盖茨甚至特意开发了一个程序用来进行模拟碰撞试验。

在经历“9·11”恐怖袭击事件之后，出于对生命安全的考量，美国富豪对私人航空交通工具更是不惜一掷千金，而湾流系列公务机由此备受青睐。

徜徉在蓝天碧海之间，倒上一杯上好的法国红酒，点燃一支极品古巴雪茄，这样的生活到底透着怎样的惬意？问问法拉蒂游艇上的美国富豪们吧，也许他们会给你一个答案。

洛克菲勒庄园

皇家御用

2007 年，《福布斯》网站评出了美国历史上的 15 大富豪，洛克菲勒家族的创始人约翰·洛克菲勒以 3053 亿美元的总资产高居榜首。洛克菲勒家族所经营的标准石油公司曾一度控制了全美 90%的石油工业，形成托拉斯并最终催生了世界上第一部反垄断法案。1911 年，该公司被拆分成 40 个小公司，洛克菲勒石油王朝也结束了它的垄断时代。约翰·洛克菲勒是世界上第一位十亿富翁，1894

年，他在纽约北面100多公里的小镇兴建了一座面积上千英亩的庄园，整个庄园包括了75栋建筑和70条私人公路，建有雕塑花园、儿童游乐场、农场、9洞高尔夫球场以及数个湖泊，包括洛克菲勒送给妻子的人工大鹅湖。庄园的地下艺术馆甚至收藏有凡·高、达·芬奇等人的名作，车库内陈列着家族使用过的各种名车。那里就像一个独立王国，据说用人不下350名，每年的维护费用就高达350万美元。1960年，这座庄园的绝大部分被捐献给了国家，后来开放为公园。

美国田纳西州纳什维尔市有一座著名的私立研究型大学——范德比尔特大学，它创立于1873年，资助者是美国史上仅次于洛克菲勒和卡内基的第三大富豪考尼列斯·范德比尔特，他去世时的财富占到了美国当时GDP的1/87，主要从事船运和铁路建筑行业。范德比尔特家族成员很多，世界各地都有他们的豪宅，包括纽约哈得孙河谷中的美国史上最大的私人宅邸之一，位置紧邻小罗斯福总统故居。它整体耗资相当于现在的30亿美元，占地260英亩，主建筑共有250个房间、34间卧室、43间浴室和65个壁炉。工程耗时6年，不仅大量采用法国奥布松的壁毯和意大利卡拉勒的大理石，而且当时甚至建有现场制砖厂和木材加工厂，还有3英里长的专门用于运输材料的铁路线。

1912年4月15日，泰坦尼克号缓缓沉入北大西洋，1500余人也随着走完了生命的最后一程，包括船上的唯一一位亿万富

1929年，美国大都会美术馆作出了一个愚蠢的决定，它拒绝了一项多达500件现代艺术品的捐献，理由是“美国的现代艺术没有收藏的价值”，而捐献者惠特尼女士甚至将建立展馆和作品保养维护的经费都准备好了。实际上，惠特尼曾师从法国著名雕塑家罗丹，而且，她是范德比尔特家族的第二代成员。既然捐献不成，1931年，惠特尼在纽约曼哈顿富人区成立了惠特尼美国艺术博物馆，与大都会美术馆比邻而居。

翁——约翰·雅各布·阿斯托。他是美国史上第四大富豪老约翰·雅各布·阿斯托的曾孙，该家族自19世纪初开始从事贸易以及地产行业。事后人们在他身上发现了一张2500美元的支票，当时船上一个水手的月薪还不到20美元。泰坦尼克号上财富仅次于阿斯托的人是美国梅西百货公司创始人施特劳斯和他的妻子，据说他们自己带了十几个侍从和服务生以备船上人手不足。当年随船葬身大海的还有美国犹太富豪中的显贵——矿业大王本杰明·古根海姆。古根海姆一直是一个挂着艺术与财富双重标签的姓氏，本杰明的弟弟索罗斯和女儿派吉后来开创了艺术界著名的古根海姆博物馆，总部位于纽约，分馆则开到了毕尔巴鄂、立陶宛以及阿布扎比。

现在，根据美国某调查公司的调查结果显示，美国排名前200的超级富豪在购买艺术品上的平均花费大约是175万美元。比尔·盖茨曾以3080万美元购得了72页达·芬奇的《哈默手稿》，他还用890万美元购买了怀俄明州的一个牧场庄园，他也曾为了保护自己的隐私，用1440万美元买下了自家别墅的周边街区，而他在西雅图华盛顿湖畔的豪宅几乎是美国除了白宫之外最受瞩目的宅邸。除了一个家庭图书馆、水族馆、健身房、电影院以及可以满足100多人同时进餐的宴会厅，外面还有一个18米高的瀑布和一片养殖着鲑鱼的人工湖。

甲骨文公司 CEO 拉里·埃里森花费 2 亿美元打造的一艘长 453 英尺的“日出”号游艇

极少有品牌能够和保时捷一样，像出售必需品那样出售奢侈品。无论在哪里，只要保时捷露出它经典的前脸，车主的身价似乎也就不用多言了。

PORSCHE

保时捷

如果你是世界上最富有的人，你会如何填补空闲的时间呢？亿万富豪们可能有着一些你想不到的“怪癖”：微软的创始人之一保罗·艾伦收藏了约 20 架第二次世界大战时期的飞机，并在华盛顿州阿灵顿建立了一座老式飞机收藏馆，甲骨文公司 CEO 拉里·埃里森花费 2 亿美元打造了一艘长 453 英尺的“日出”号游艇，除 8 个豪华包间外，艇上还有一个全尺寸的篮球场、一座影院和一艘 40 英尺长可运送一辆 SUV 上岸的双体船；对冲基金创始人史蒂夫·科恩花了 800 万美元买了当代艺术家达明安·赫斯特的一件作品——一条鱼缸中的鲨鱼标本。但是，比尔·盖茨或许更愿意开着他的保时捷出去兜兜风吧。尽管他曾经对媒体表示过不喜欢收集名车，不过在他的车库里，有些车却是名车收藏家们梦寐以求的。盖茨很喜欢跑车，尤其是德国保时捷，19岁生日的时候，他在父亲的帮助下购买了首辆保时捷，现在经常使用的还有两辆保时捷911。不过他最喜欢的，也是最有故事的当数那辆1988年版的白色保时捷959。

20世纪80年代的欧洲超级跑车市场是“跃马”法拉利与“蛮牛”兰博基尼的天下，但1987年保时捷959的出现打破了意大利厂商垄断的格局。保时捷959是保时捷唯一同时采用气冷和水冷的车款，试驾最高时速为317公里，从静止加速到时速100公里只需3.7秒，这两项数据分别比当时的法拉利288 GTO快了14公里和1.1秒。实际上从1987年至1989年，保时捷959一共只限量生产了200多辆，当时价值20万美元。所以它注定只会成为少数人的宝贝，奥地利著名指挥家卡拉扬还有西班牙王室都是其中的幸运者，而美国只有七辆，车主包括比尔·盖茨和微软的另一位创始人保罗·艾伦。盖茨曾经这样评价他的保时捷959：“它是唯一能让我感到速度快感的机器，我希望能一辈子都驾驶着它。”但是因排量不符合美国当地标准，而且它的珍贵甚至让保时捷没舍得进行碰撞安全级别证明，所以这款车在美国一直禁止上路。十年后，克林顿总统颁布“特许令”，允许该车出于“展示”的目的作限速行驶，至于其中原因，据说是盖茨和保罗·艾伦特意开发了一个程序用来进行模拟碰撞试验，这才获得“特赦”。

▶ 第一款被冠以“保时捷”名称的车型，保时捷356/1在1948年6月获得了道路行驶许可。当时只有极少数美国上流社会人士拥有。

比尔·盖茨曾经很喜欢开快车，年轻时他甚至多次因超速以及无照驾驶而被拘留，而据他的一位助手透露：“他真正想要的其实是自己的专业赛车道，只是不知道他妻子梅琳达能否同意。”

品·牌·志

极少有品牌能够和保时捷一样，像出售必需品那样出售奢侈品。它的“大本营”与奔驰同为德国的斯图加特，创立者是一位叫做费迪南德·保时捷的年轻工程师，1900年，25岁的他

开发出一辆四轮驱动赛车和全球首创的油/电混合动力车。后来他曾参与过大众甲壳虫的设计，而且也是DMG公司（奔驰前身）的技术总监和董事会成员。1931年，费迪南德在斯图加特创办了一个工作室，为一些著名汽车制造商完成了整车设计，那一年也被视做保时捷汽车的历史元年。

第二次世界大战后的1948年，“356”成为第一款被冠以“保时捷”名称的车型，356/1在6月获得了道路行驶许可。在20世纪50年代早期，欧洲大多数汽车生产商都试图尽快实现机械化生产来提高产量降低成本，但保时捷却与众不同，每一辆保时捷跑车几乎都是工程人员手工打造的，精良的工艺和严谨认真的态度让保时捷在1955年就已经名扬天下。1956年，适逢公司成立25周年之际，第一万辆保时捷356出厂。在1963年法兰克福国际汽车展上，保时捷推出了356的接班人——保时捷911。

现在，保时捷的车型主要涉及卡宴、911、卡曼、博克斯特、帕纳美拉五大车系，目前年产量不足10万辆。全世界的汽车爱好者都知道保时捷总部的所在地：斯图加特－祖文豪森，今天，911和博克斯特车型以及所有保时捷发动机都在祖文豪森生产。而且，保时捷博物馆也坐落在这里的保时捷广场上。

2011 款保时捷 911 Speedster

典藏理由：限量 356 辆

在新款汽车保时捷 911 的广告中有这样一句广告词：“在一个充满多余和肤浅的时代，在一个充满轻浮与粗糙的年代，唯有保时捷 911 是真正的必需品。无可替代。”哪款车成就了保时捷？相信大多数对于车子有了解的人都会脱口而出：保时捷911。作为保时捷跑车最庞大的家族，量产车型不下 16 种，也是因为 911 的出现，才奠定了保时捷系列几十年如一日的经典前脸，直到今天，2011 款的保时捷 911Speedster 亮相的时候，它依旧保持着几乎和几十年前的那

辆911一样的造型。要说经典，或许，这才叫经典。

2011款911 Speedster尾部取自保时捷911卡雷拉4S，风挡玻璃取自保时捷博克斯特，同时提供了取自保时捷911 Turbo的轻质铝车门及顶盖。动力方面，它沿用了保时捷911 Sport Classic的超强发动机，输出功率为408马力。3.8升六缸水平对置发动机采用了谐振进气系统。另外，此款911 Speedster所独有的则是它的三折叠顶篷，倾斜度加大的风挡玻璃以及软顶上的凸拱，闭合的敞篷能够经受得住最高305公里的时速。为了纪念356车型，这款纪念版的911 Speedster只限量生产356辆，预售价超过20万欧元。

名·人·堂

对于高级跑车来说，“选车就是选颜色”的观念早已过时，保时捷早在25年前就开始为客户提供深度定制业务。曾经有一位美国得克萨斯的客户要求保时捷在皮坐椅上印上一个烙铁印，像牛仔会在马的身上留下印记一样；也曾经有一位印度富商要求自己定制的保时捷卡宴尊重印度“敬牛如敬神”的习俗，把牛皮坐椅改成其他材质；还有一位俄罗斯的富商，他要求固定挡泥板的螺丝要使用24K纯金，而车的换挡手柄上则要镶嵌一颗10克拉的钻石。而在阿联酋，几乎每个成员国的亲王、王子都可以随手带出一个顶级豪华车队，一位阿曼小王子还将自己的数辆保时捷、法拉利的外观都改装成了迷彩版。

生于1908年的指挥人师赫伯特·冯·卡拉扬被称为奥地利“魔棒”指挥家。他在指挥舞台上活跃了70年，带领过欧洲众多顶尖的乐团，并且曾和柏林爱乐乐团有过长达34年的合作，他的记忆力惊人，经常背谱演出。生活中的他热爱滑雪，也经常飙车。1955年的春天，经过试车，卡拉扬很满意地拥有了平生第一辆保时捷跑车——保时捷 356 Speedster RS。在随后的岁月里，卡拉扬又陆续拥有了多辆保时捷，其中包括稀有的保时捷 959。

“年老体弱的卡拉扬在众人的搀扶下走下后台，迈入一辆刚出厂的保时捷 959，音乐响起，是瓦格纳的歌剧《汤豪舍》序曲，嘹亮雄浑的圆号齐鸣，宏大篇章拉开序幕。随着旋律一轮一轮地推进，萨尔茨堡郊外郁郁葱葱的草地中一条笔直的道路上，一辆火红色的保时捷在不断地加速。红色在流淌，引擎在咆哮，铜管在轰鸣，人与车消失在远方……”

这是在卡拉扬去世前一年，也就是 1988 年摄制的纪录片《卡拉扬在萨尔茨堡》的一组镜头，纪录片是他留给后人的音乐遗嘱，讲述了这位指挥皇帝主政萨尔茨堡音乐节的最后一年。而那辆 2849cc 的保时捷 959 一直陪伴他到辞世。

不要认为它的出现只是为了满足富豪们的炫富心理，也不要说它的存在让富豪们有了攀比的另一个“战场”，对于富豪而言，私人飞机也许仅仅代表了两层意思——便捷、舒适。

湾流私人飞机

在《福布斯》2011 全球富豪榜榜单排名的前 25 位，美国占据了将近一半的席位。实际上对于美国的超级富豪而言，他们基本不太看重豪宅，置办两三幢也就觉得差不多了，但是他们却十分愿意购置私人飞机，似乎很不习惯和别人像沙丁鱼似的挤在一个舱里，而且即便是躺在头等舱宽敞的睡床上，可能仍逃不开航班晚点的烦扰。于是，富豪名流们纷纷成为私人飞机的“粉丝”。尤其是在经历了“9·11”恐怖袭击事件之后，出于对生命安全的考量，美国富豪更是

对私人航空交通工具不惜一掷千金，购入后往往还要花上飞机价格 20%的改装费用以及每年上百万美元的养护费用。因此，这些富豪有了一个专有名词：“飞机族”富豪。据估算，他们的年平均收入为 920 万美元，平均拥有的净资产为 8930 万美元。

目前有消息称，比尔·盖茨斥资 1.6 亿美元购买了一架空中客车 A380 来改装成私人飞机。实际上在私人飞机领域，相比于空中客车 A380、波音 747 这样的庞然大物，体积稍小一些的公务机明显更受欢迎，因为大型飞机对于机场的起落条件有着很高的要求。所以，出自湾流、庞巴迪的公务机很受美国富豪的青睐。在《福布斯》2011 全球富豪榜上位列第五名的甲骨文软件公司掌门人拉里·埃里森至少拥有 4 处豪宅、3 架私人飞机和 7 艘游艇，其中包括一架价值 3800 万美元的“湾流 V”喷气机。它是世界上第一架超远程公务机，客舱长度 13.7

湾流 I 内饰

米、高 1.88 米、宽 2.24 米，由于采用了新型机翼和尾翼，航程可达 12000 公里。

拉里·埃里森常常不顾一万美元的罚款，在深夜降落到他所居住的富人区停机场，硅谷机场也曾控告他经常违反宵禁规定，打扰了附近的居民。不过，官司的结果是机场管理方面修改了规定，根据噪音水平而不是吨位来管制夜间起降。拉里·埃里森后来还花了 600 万美元，从东欧小国摩尔多瓦买到一架俄罗斯米格 -29 喷气式战斗机，他常亲自驾驶这架改名为“克利夫兰精神”的战斗机往返于家乡克利夫兰和公司所在地莱伍德之间。由于该机用的是特种航空煤油，埃里森每飞行一次的代价几乎等于买了一辆宝马车。

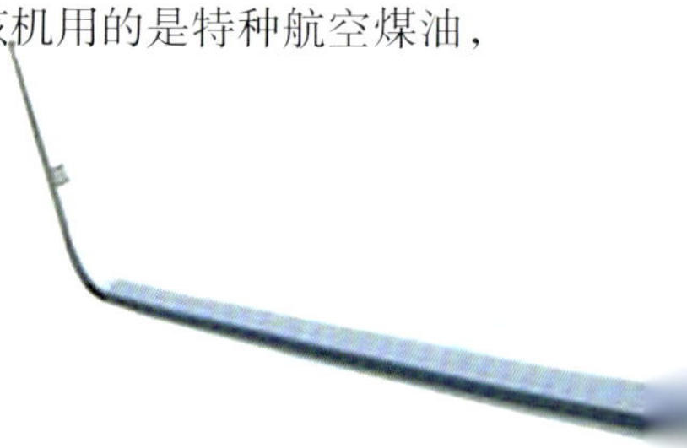

Gulfstream
品·牌·志

“湾流”原指北大西洋的一支强大的西边界暖流，亦称墨西哥湾（暖）流，而湾流宇航公司则是目前世界上生产豪华、大型公务机的著名厂商，其前身格鲁门飞机工程公司是美国最大的军火商之一，也是第二次世界大战期间美国海军主要的舰载机来源。美国是唯一本土没在第二次世界大战中遭受炮火洗礼的国家，故而经济迅速发展。1957年，格鲁门公司研制出了湾流I，该款飞机是世界第一款专为商务旅行所设计的飞机，可载客12名，最大巡航高度达到7620米，最大航程为3541千米，开创了大型座舱公务机市场。

湾流I销售的紧俏让格鲁门公司的高管们颇为意外，随后格鲁门公司开始将民用与军用剥离。1966年，湾流Ⅱ问世。在长达20年的时间里，格鲁门公司只生产这两款产品。1973年，美国航空工业的一家公司以200万美元从杜鲁门公司购买了湾流飞机的生产线并接管了湾流各项计划，湾流公司诞生。随后，湾流Ⅲ、Ⅳ、Ⅴ系列机型相继问世。

1999年，美国通用动力公司将湾流收购，2001年，通用动力公司在收购以色列的银河航天后将原属银河航天的“银河”和“阿斯特拉”两款商务机纳入到湾流旗下，更名为湾流G100和湾流G200。2002年，湾流以阿拉伯数字取代原先的罗马数字，重新命名旗下的飞机，包括：短程机种G150，中程机种G200、G250、G350，远程机种G450，超远程机种G550。现在，《财富》500强中有超过1/4的公司都在使用湾流公务机。

Gulfstream
典·藏·馆

湾流G650

典藏理由：全新湾流公务机旗舰机型

从某种意义上说，湾流公司也许是世界上最懂得为有钱人节省时间的飞机制造商，2012年，湾流公务机的最新旗舰机型——湾流G650将交付使用。

湾流 G650 可以说是全球现役商务机种中最大、最昂贵、最快速的一种，配备两台劳斯莱斯 BR-725 发动机，最大飞行速度为 0.925 马赫，航程可达 13000 公里（搭载 8 名乘客），几乎可以直飞任何两个北半球的主要城市。

湾流公司的工程师特别注意了客舱环境的设计，G650 的机舱空间很大，它比湾流 G550 多出 38%容积和 30%地板面积，可同时容纳 18 名乘客。G650 还配备了独立通风的洗手间以及全套厨房和吧台，还有多种娱乐设施，包括卫星电话、无线互联网，电动坐椅还具有加热和按摩的功能。舱内气压也非常适宜，即使在高空中，乘客感觉也会相当舒适。

湾流 G650 配备最新的航电系统，包括自动 3D 天气雷达扫描系统、整合式的增强型视觉系统与抬头显示仪。湾流 G650 提供三套各自独立的线传控制系统，保护飞机不会丧失各翼面的控制力。这款机型目前已经获得了大约 200 架的订单，首架湾流 G650 预计将在 2012 年第二季度交付，交付价达到了 5850 万美元。如果是有特殊要求的私人飞机，价值可能在 6000 万美元以上。

Gulfstream
名·人·堂

公务航空使用的飞机通常为 4 座以上 30 座以下，其中既有装饰豪华的高端喷气式飞机，也有价格便宜、驾驶和维护简单的涡轮螺旋桨甚至活塞式发动机的飞机，也还有直升机。至 2009 年 1 月，美国湾流宇航公司已向全球交付 198 架湾流 G550。除各大公务机公司及私人购买外，湾流 G550 还有庞大的政府和军方用户，其中包括土耳其政府、美国海军、阿根廷政府、德国政府、希腊空军、新加坡空军。这些飞机往往被用于贵宾或政府高级官员的出行。美国政府和美国军方也购入过湾流 G550 并且当做总统专机的备用机，美国总统有时会先乘坐湾流 G550 到达机场，然后再换乘庞大的“空军一号”波音 747。

德国著名的 F1 车手小舒马赫不但是个赛车迷，而且也是个飞机迷。他拥有一架湾流 G200，如果去巴西圣保罗站比赛，一些私人飞机需要中途加油，而小舒马赫的湾流 G200 可以轻松胜任这样的长距离飞行。2002 年参加了加拿大站比赛后，小舒马赫曾驾驶湾流 G200 用七个多小时返回德国克里莫夫。2001 年小舒马赫与妻子科拉外出度假时忽然十分想念留在家里的爱犬，于是他用这架私人飞机将小狗从奥地利接到西班牙。这只小狗享受的总统级空运足足花掉了小舒马赫三万美元。他同时拥有价值 5200 万美元的波音 737、价值 5500 万美元的湾流 G550。

“如果你看一眼法拉蒂的游艇，就会明白为什么地球上 4/5 的表面被海洋所覆盖。”也许就是这么简单的一句话，已经足以解释法拉蒂游艇天生的魅力所在。

FERRETTI
YACHTS

法拉蒂

17 世纪中叶，当时英王查尔斯二世登基时，荷兰送给英国一艘做工精美的皇家狩猎船，取名“Yacht”，它也是今天“游艇”的词源。到了 18 世纪，游艇开始受到王室、名人和顶级富豪的追捧。与私人飞机和豪车相比，动辄数百万美元的超豪华私人游艇看起来像是一项非必需品支出，船主们一年里可能用不上几次，而养护费每年大约要花上船价的十分之一，包括保险、泊位费、燃料费、船上工作人员工资等等。但是对船主来说，他们可能更看重专属游艇所带来的私密性和自由感，而且比起去自己的别墅，在游艇上招待贵宾要更轻松惬意吧。

最重要的是，拥有私人游艇是超级富豪与一般富人之间的分水岭。通常来说，长度在 100 英尺以上的游艇售价不会低于 800 万美元。所以，如果想见识

法拉蒂 800 豪华游艇内饰

一下真正的富豪生活，或许应该看看戛纳码头、摩纳哥蒙特卡洛码头、迈阿密棕榈滩码头、悉尼港中常年停靠着的豪华游艇。

实际上，美国游艇市场的销售额占世界游艇业销售额的半数以上，而且，无论是富豪还是明星，他们都对于来自意大利的法拉蒂游艇十分青睐，包括布拉德·皮特、伊丽莎白·泰勒、超级名模娜奥米·坎贝尔。微软公司的创始人之一保罗·艾伦是出了名的游艇爱好者，他斥资 2.5 亿美元，向德国等地的船厂订购了长度为 414 英尺的超大型豪华游艇——“章鱼号”。不过由于它每次出行都需要将近 40 名随船的服务人员，所以为了方便起见，保罗·艾伦还另外置办了数艘法拉蒂豪华游艇。这些游艇分布在世界各大知名海港，除了他自己享用，还偶尔租借给一些游艇俱乐部，然后再租给会员使用。

两岁时，他第一次随父亲出海，14岁时，父亲送他一个礼物——一艘法国制造的长5.7米的小型帆船；18岁时，他拿到梦寐以求的游艇驾照，曾驾船横跨加勒比海。这个人就是法拉蒂集团主席诺伯托·法拉蒂。1968年，诺伯托·法拉蒂和阿莱桑多·法拉蒂两兄弟成立了法拉蒂船厂，20世纪70年代，该厂生产出了全球第一条采用玻璃纤维的机动帆船——Altura 33，在随后的80年代，法拉蒂开始专门制造豪华游艇，并在意大利北部城市弗里（现在集团的总部所在地）建立了新工厂。十年后，法拉蒂集团成为了中等尺寸的巡洋舰式游艇制造领域的领跑者，并逐步确立了在豪华游艇领域的领导地位。

除了“法拉蒂”及高水准的“定制”这两个品牌外，法拉蒂集团旗下还有七个顶级游艇品牌，其中包括在1998到2000年间收购的美国顶级运动型海钓用游艇品牌伯特伦，以及意大利著名的博星、CRN、丽娃。2004年，法拉蒂收购了意大利另一家游艇产业巨头——意达马。法拉蒂、丽娃以及“定制”这三个品牌尤其适合喜欢豪华优雅的内饰以及精致外观的客户，博星和意达马则以高性能见长，而CRN品牌以建造大型（长度一般大于40米）游艇为主，适合追求稀有以及独特个性的客户。

意大利人对于精工细作的品质有着极为独到的理解和追求，而每年出自法拉蒂的豪华游艇只有不到150艘，上面的每一颗螺栓都是特制的，每一处磨角都是人工完成的，它们的设计风格更是集合了百余位技术专家的智慧，视野广阔的海景大窗、SPA浴缸侧面可以折叠的墙壁、超豪华的VIP套房……而它身后那数百万甚至上千万的价码甚至渐渐击败了私人飞机。面对这样一座飞驰在蓝色洋面上的顶级豪宅，谁也不会否认，它是一件带有意大利式触觉的赏心悦目的艺术品，一种能够定义极品生活的奢华元素。

FERRETTI YACHTS

典·藏·馆

法拉蒂“Navetta 33 Crescendo”

典藏理由：“定制”系列最新力作

法拉蒂旗下九大品牌之一的“定制”一直备受富豪名流的青睐，2011年初，该系列发布了最新的长度达33米的Navetta 33 Crescendo豪华游艇。

Navetta 33 Crescendo是法拉蒂集团工程技术部与其老帮手——意大利著名的Zuccon国际项目设计工作室携手合作的结晶，通过经典的三层甲板设计，重新定义了艇上许多区域的实用功能，尤其强调了私有空间的面积以及对于自然光线的利用。按照法拉蒂公司给出的效果图，前后甲板可以被设置为露天餐厅或者酒吧，一道采用特别透明设计的圆形拉门能保证从任何方向都可以进出该餐厅，而顶层全日光甲板则是安放日光浴床和躺椅的绝佳选择，游艇尾部还有专门放置小型备艇的区域。

重要的是，客户可以在法拉蒂工程师的建议下，从设计图纸就开始加入自己的想法，可以将上部甲板改装成一个带有沙发床的会议区，或者按照客户的要求，在内舱中设置书房和健身房。

多年来，法拉蒂游艇拥有着一批尊贵的客户，从已故的摩纳哥亲王雷尼尔三世和格蕾丝王妃，到如今的西班牙国王胡安·卡洛斯、意大利前总理贝卢斯科尼，他们都是法拉蒂游艇的收藏者。如今，越来越多的亚洲富豪也成为了法拉蒂游艇的忠实拥趸，包括香港富商华晁城、朱官健。

除了富可敌国，俄罗斯超级富豪罗曼·阿布拉莫维奇（外界常称之为阿布）留给外界的另一个主要印象应该就是神秘了吧，媒体在早期甚至没有一张关于他的样貌的确凿照片。如今要挖出关于阿布的照片虽然不像过去那样艰难，而媒体们的兴趣也转向了别的方面，比如，他的“阿布拉莫维奇私人舰队”。

对于阿布来说，顶级游艇似乎具有着天然的诱惑力，他在不到十年的时间里先后砸下数亿美元，打造了一支奢华无比的“私人舰队”，其中包括多艘从法拉蒂、阿兹慕等高端游艇生产商订购的不同型号的顶级游艇，它们常年停泊在欧美、中东沿海地区的某些风景如画的港口，或者停泊在俄罗斯、英国、希腊的某些私人游艇俱乐部的码头，随时待命。作为英超豪门切尔西的老板，他的球员们偶尔会乘着这些游艇出海欢庆胜利，而普京的那艘“奥林匹亚号”游艇据说也是阿布送给他的“小礼物”。

从17世纪初到20世纪初，大清王朝用将近300年的时间，走完了中国君主制的最后一程。而在绿瓦红墙的紫禁城中，中国最后的皇族也完成了属于他们的奢华绝唱。

中国皇室（上）

大清王朝的奢华印象

王朝故闻

如果自公元前221年秦始皇统一六国开始算起，一直到1912年中华民国成立，中国的君主时代走过了漫长的两千多年，其间历经80余个王朝，近600位帝王。于此，仅选取大清王朝将近三个世纪统治中的些许片段，呈现中国历代帝王的生活点滴。

中国历史上出现过两个由少数民族统治的朝代，一个是由蒙古人建立的元朝，另一个就是由女真族建立的清朝。1616年，清太祖努尔哈赤建立后金称帝，1636年，皇太极改国号为清，1644年迁都北京。从努尔哈赤算起，直至中国历史上最后一位皇帝溥仪，清朝总共经历12位皇帝。而在这清朝十二帝中竟然有5位都是幼年登基，其中登基时年龄最大是康熙，时年8岁，年龄最小的是宣统（溥仪），不到3岁。但康熙帝也是中国历史上在位时间最长的一位君主，共61年，其孙乾隆在位60年，然后又当了4年执掌朝政的太上皇帝，所以实际上，乾隆应该是中国统治时间最长的帝王。在清朝这三个世纪的历程中，一代代的帝王都留下了属于自己的独特印记。

乾隆平时的一大爱好就是饮茶、品茶，中国各地的名茶几乎都留下过与乾隆皇帝有关的故事，他常常在重华宫举行茶宴，钦点王公大臣，一起赏剧、品茶、赋诗。

历史悠久的茅台酒与法国干邑、苏格兰威士忌并称为世界三大蒸馏酒，也是中国大曲酱香型白酒的鼻祖，自古以来，茅台酒一直都是朝廷贡品，其品质独步天下。

明、清两代，朝廷又在景德镇设御窑厂，并特派部陶官驻厂监造，不惜工本，大量烧造宫廷用瓷。至清末皇宫内保存的瓷器达数十万件之巨。

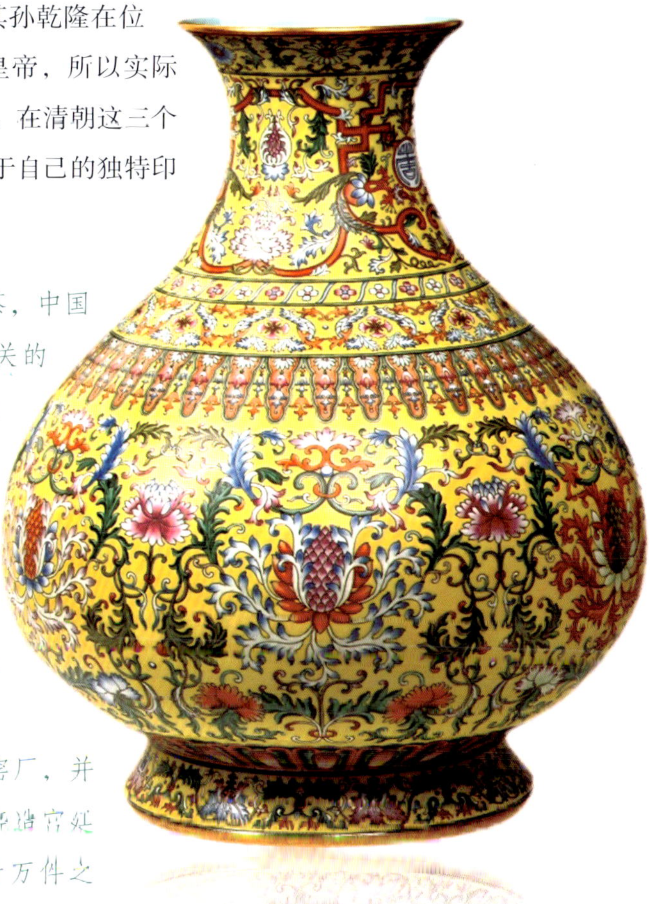

▲ 乾隆粉彩黄地花卉纹玉壶春瓶

中国历代皇帝之中，长寿的前三名为：南北朝时的梁武帝萧衍（享年 86 岁）、女皇武则天（享年 82 岁），而乾隆则高寿 89 岁，位居中国封建皇帝中的长寿之最。实际上，他的寿命已经是当时清朝人平均寿命的两倍有余，而以一个日理万机、政绩卓著的统治者来说，这几乎是个奇迹。至于其中缘由，应该说与乾隆生活中少有任性、多有节制、注意养生的生活习惯有极大关系。

贵为君王，富甲天下，中国宫廷在饮食上常常极为考究。但是乾隆的御膳其实并不像人们想象中的那样奢侈异常。按照清宫规矩，皇帝每日通常只吃两次正餐，即一般所谓的“早膳”和“晚膳”，“早膳”时间约在早 6 点，“晚膳”约在下午两点，日常的点心不算正餐。而乾隆每餐亲自拟定的饮食标准是在 15 道菜以内。适逢除夕或者万寿节（皇帝寿辰）这类大的庆典活动时，御膳才会加到上百道菜。

虽然不求奢华，但是乾隆极重养生，一年四季早膳前都要先吃一碗大火炮制的冰糖燕窝，在早晚的正餐中也常有燕窝菜品，其余的一般是他爱吃的蔬菜粗杂粮，精粗搭配，肉类而常是他喜欢吃的新鲜山珍，例如鹿肉。他还喜欢喝各种强健脾胃的药膳粥、药酒。至于点心，乾隆最喜欢的是八珍糕，而配方据说是他亲自发明的，选料包括人参、茯苓、薏米等八种。

后来，乾隆根据自己的切身体会，总结出了养生四诀："吐纳肺腑，活动筋骨，十常四勿，适时进补。"其中"十常"即：齿常叩，津常咽，耳常弹，鼻常揉，睛常转，面常搓，发常梳，足常摩，腹常旋，肛常提。"四勿"即：食勿言，卧勿语，饮勿醉，色勿迷。乾隆时期宫中妃嫔不下30人，但是乾隆仍然能做到不贪恋美色。

除此之外，乾隆还有很多陶冶性情的方法，诗词书画、骑射摔跤无一不通。他一生赋诗四万多首，每到一处常常御笔亲题。而且，满族人素以能骑善射见长，大清历代帝王，特别是最初几位帝王身上都蕴含着猎射和尚武的基因。而乾隆更是自幼精熟刀剑骑射，即位后也常以之为乐，甚至在80岁高龄时还

▼"天下之剑韩为众，一曰棠溪，二曰墨阳、三曰合伯……"[illegible]西平的棠溪宝剑也由此被推崇为中国九大名剑之首。棠溪在战国时期是韩国的领地，时至今日，铸造剑器的历史已超过两千多年，被誉为"中国冶铁铸剑之乡"。棠溪剑器需要经过冶炼、抛光、打磨等前后320多道工序，它的剑鞘使用的是当地多年生的棠棣树（俗称"棠梨木"）木质坚实，纹理细腻，尤其适宜于雕刻花纹图案，而淬剑时所使用的是得天独厚的堂溪水，这种种因素最终成就了它"天下第一剑"的美誉。

▲ 乾清宫是故宫内廷正殿，也是内廷后三宫之一。

去行围狩猎。尚武的他还自创了一套“养心剑”，时常于养心殿中练习，舒活筋骨，而在他的收藏中，除了钟表（故宫现今所藏钟表1500余件，其中尤以乾隆时期的藏品为最多）、书画、瓷器，自然少不了历代名剑。乾隆一生酷爱收藏和赏玩名剑，其中就包括被尊为中国九大名剑之首的棠溪剑器。另外，他曾多次命内务府召集铸剑高手设计制作御用刀剑。

它不像酒精那样疯狂，但同样会让人上瘾；它不像咖啡那样浓郁，但同样会让人痴迷。一盏清茶，一袭轻风，没有人会不陶醉于这样的生活，哪怕他是高居万人之上的帝王。

▲ 清乾隆红锦地番莲碗

名茶

根据考证，中国是最早发现和利用茶树的国家，历史已经长达3000多年，世界其他国家的饮茶习惯和茶树种植都传自中国。而在中国数千年的君主制过程中，上到王公贵族，下至黎民百姓，茶文化已经深入到了生活的各个层面，很多帝王都有着饮茶、品茶的嗜好。当年，舜帝和秦始皇都居住过盛产名茶的湖南君山；唐朝时，南方各名茶产地普设贡茶院，每年采集贡茶上万斤，而且，不仅好茶要成为进献皇宫的贡品，就是与之相得益彰的泉水、井水也成为了贡品，被大量运往长安。为了确保贡茶质量，皇室还规定每年第一批茶必须在清明前十天起程，要不惜一切代价，赶在清明祭祀仪式之前运到。及至清朝，乾隆帝的数次南巡几乎都留下了一些与茶有关的趣闻逸事。

乾隆在世89年，为中国历代皇帝中之寿魁，而他平时的一大爱好就是饮茶、品茶。他常常在重华宫举行茶宴，钦点王公大臣，一起赏剧、品茶、赋诗，极为隆重讲究。他还规定，凡宫中举行宴会，必须茶在酒前。禅位于皇十五子颙琰后，他安居太上皇帝，一位老臣不无惋惜地劝谏道："国不可一日无君啊。"一生爱好品茶的乾隆帝却端起御案上的一杯茶，说："君不可一日无茶。"这也许是句玩笑之语，但潜台词也许是"我也是时候该退隐了"。晚年退位后，他在北海镜清斋内专设"焙茶坞"，悠闲品茶。

按照不同的制作方法，我国的茶叶大致可以分为绿茶、红茶、青茶、白茶、黄茶、黑茶六大类，具体品种多达数百个，其中，武夷岩茶、安溪铁观音、西湖龙井、君山银针、洞庭碧螺春、黄山毛峰、庐山云雾茶、祁门红茶、六安瓜片、信阳毛尖被誉为中国十大名茶。而这些名茶几乎都留下过与乾隆皇帝有关的故事。他曾在品尝洞庭中产的"君山银针"后赞誉不绝，令当地每年进贡18斤；"铁观音"之名也是由他所赐，从此安溪茶声名大振，至今不衰；他对武夷山大红袍推崇备至，并赋诗《冬夜煎茶·咏武夷》赞之。乾隆十六年，他第一次下江南到杭州，在天竺观看了茶叶采制的过程，颇有感受，写了《观采茶作歌》。他在龙井狮子峰胡公庙前饮龙井茶时，赞赏茶叶香清味醇，遂封庙前18棵茶树为"御茶"并派专人看护，年年采制进贡到宫中，当然茶客就是他本人，"御茶"至今遗址尚存。

▲故宫三希堂位于养心殿的西暖阁，是乾隆帝的书房，仅八平方米，陈设幽雅、古朴，但每件饰物却都是珍品，乾隆常在这里喝茶，看书。

武夷山大红袍

典藏理由：无价之宝

▼ 国宝御用九龙杯，该玉器上有九条龙，其中一条独占鳌头，外形为貔貅，位于杯盖，为九龙之首，寓意为九五之尊，天下一统，是财富和权力的象征；上部南北各有一条龙，象征着黄河、长江；杯体呈葫芦状，象征着吉祥如意、福禄及多子多福，六个方向各有一条龙，龙嘴能够自动滴水或者酒，寓意行云施雨、风调雨顺、天下太平。

武夷山坐落在福建武夷山脉北段东南麓，面积70平方公里，有“奇秀甲于东南”之誉，也是中国乌龙茶的发祥地。武夷山的地质属于典型的丹霞地貌，多悬崖绝壁，但是枯叶、苔藓等植物腐烂形成了肥沃的土壤，依然可以为茶树补充养分，茶农就利用岩凹、石隙、石缝，沿边砌筑石岸种茶，有“盆栽式”茶园之称，形成了“岩岩有茶，非岩不茶”之说，武夷岩茶因而得名。它是乌龙茶的典型代表，而其中最负盛名的当数长于九龙窠峭壁上的武夷山大红袍。

传说古时有一穷秀才上京赶考，路过武夷山时身染重病，幸被天心寺老方丈看见，沏了一碗茶给他喝，结果病很快就好了。后来秀才高中状元，次年他来到武夷山谢恩，在老方丈的陪同下来到了九龙窠，但见峭壁上长着几株高大的茶树，枝叶繁茂，吐着一簇簇嫩芽。老方丈说当时就是这株茶树的茶叶治好了他的病，状元要求采制一盒进贡给皇上。状元带了茶进京后，正遇皇后患病卧床，他遂将茶献上让皇后服下，果然茶到病除。皇上大喜，将一件大红袍交给状元，让他回武夷山封赏天心寺，把这件大红袍披在茶树上，以示皇恩。后来，人们就把这几株茶树叫做“大红袍”，有人还在石壁上刻了“大红袍”三个大字，而大红袍就成了年年岁岁的贡茶。

这段故事虽无准确的历史可考，但是生长在武夷山九龙窠峭壁上的六株茶树的树龄已有350年，可以肯定的是，在清朝，除了皇族显贵，别人是基本没有机会品尝到的。解放初期，大红袍在采制期间会有专人守护，制作过程中的每道工序都有专人负责并称重后签字，最后加封后由专人送呈当地政府，作为顶级国礼使用。1972年尼克松访华时，毛主席以四两武夷山大红袍相

赠。据说尼克松还觉得毛主席有点小气，周总理和他解释说："总统先生，主席已经把'半壁江山'都送给您了，武夷山大红袍是中国历代皇家贡品，一年出产也就不到八两。"

目前市面上的大红袍身价不菲，却大多是经过多次再移植和培育的茶树。别说母树，就是大红袍二代、三代，每年的产量也非常稀少，世间难得一见，也无法估价。

君山银针

典藏理由：洞庭名茶

君山银针是有一千多年历史的传统名茶，属黄茶类的轻发酵茶，产于湖南八百里洞庭湖中的一个面积不足百顷的小岛——君山。此岛又称洞庭山、湘山、有缘山，传说古时候舜帝的两个妃子娥皇和女英便葬于此处，而岛上最早的二株茶树母本据说也正

▲ 君山银针最好以玻璃杯冲泡，冲泡初始，芽尖朝上、蒂头下垂而悬浮于水面，随后缓缓降落，竖立于杯底，忽升忽降，蔚为壮观，有“三起三落”之称。最后竖沉于杯底，如刀枪林立，似群笋破土，堆绿叠翠，令人心仪。

是她们亲自培育于白鹤寺旁。秦始皇统一六国后，君山上的庙宇逐渐增多，僧侣们在庙周围培植茶树，君山茶由此发展起来。到唐代时，君山茶已久负盛名，文成公主出嫁西藏时还特意带了君山茶，而历代诗人都留下了赞美它的诗句，李白诗曰：“淡扫明湖开玉镜，丹青画出是君山”；刘禹锡形容君山：“遥望洞庭山水翠，白银盘里一青螺”。

关于君山茶还有很多离奇的传说。后唐的第二位皇帝明宗李嗣源在第一次上朝时侍臣为他奉茶，当杯盖轻启，只见杯中一股白气袅袅上升，水汽中一只白鹤先是对明宗点了三个头，然后飞天而去，群臣皆谓之象征皇上洪福齐天。君山茶由此得名“白鹤茶”，又因为茶色微黄，形似黄雀的翎毛，所以别名“黄翎毛”。后来，这种茶连同君山的白鹤井水都被列为贡品，要一起运至皇宫。到了清朝，乾隆数次南巡湖南、福建等地，他尤其钟爱君山茶，命岁贡 18 斤。君山茶在历史上的名称很多，有据可查的有黄翎毛、白鹤茶、龙鳞、凤羽、雀舌、金镶玉、银芽等等，1957

年，中国茶叶进出口总公司将其命名为君山银针，现在的年产量只有大约300公斤。

一般的茶叶都是用叶片冲泡，古代制茶叶分为“小芽”、“中芽”、“紫芽”、“白合”、“乌带”五种。“小芽”又叫“鹰爪”、“雀舌”、“谷粒”，是最好的茶；“中芽”又叫“一枪一旗”或“一枪二旗”，即中心一芽，外有一或二片稍卷的小叶。“一枪一旗”已经算是最嫩的茶，但君山银针全由未开叶的肥嫩芽头制成，芽尖如针，芽身挺直，色泽如银，满布白毫，所以叫做“银芽”，也叫“白毛尖”、“老君眉”。

君山银针于清明前几天开始采摘，盛茶篮内衬有白布，而且九种情况下不能采摘，即雨天、风霜天、虫伤、细瘦、弯曲、空心、茶芽开口、茶芽发紫、不合尺寸等。君山银针制造过程特别精细，分杀青、摊凉、初烘、初包、复烘、摊凉、复包、足火八道工序，历时三昼夜之久。

由于茶芽尚未张开，所以泡起来的味道隐而不扬，香气清郁，舌韵醇和，喉韵轻润，必须一点一滴地啜饮，才能品出它的非凡。所以，好喝浓俗之茶的人无法品味君山银针的滋味。《红楼梦》第四十一回里就描写过君山银针。当时贾母带刘姥姥来到妙玉的栊翠庵，妙玉亲捧了一个海棠花式雕漆填金云龙献寿的小茶盘，上面放一个成窑五彩小盖钟，里面沏的正是“老君眉”，贾母还特意问了是什么水沏的，妙玉回曰：旧年雨水。贾母吃了半盏便笑着递与刘姥姥，刘姥姥竟一饮而尽，还说道：“好是好，就是淡些，再熬浓些更好了。”众人皆笑。

▲ 乾隆青花寿桃莲花纹象耳扁瓶

安溪铁观音

典藏理由：福建顶级名茶

福建安溪是我国古老的茶区，产茶的历史始于唐朝，至今已有1000多年，自古就有“龙凤名区”、“闽南茶都”的美誉，而明清时期是安溪茶走向鼎盛的关键时期，相继培育出了包括铁观音、黄金桂、本山、毛蟹这“安溪四大名旦”在内的一大批优良茶种，因此安溪也有“茶树良种宝库”之称。而至于安溪铁观音的得名，传说为乾隆御赐。

相传，在安溪西坪尧阳南岩（今安溪县西坪镇南岩村）有位仕人叫王士让，生于清康熙二十六年（1687年），雍正十年（1732年）中副车，乾隆十年（1745年）任湖广黄州府蕲州通判，卒任上。王士让平生喜欢收集奇花异草，曾筑书房于南山之麓，名为“南轩”。乾隆元年（1736年）春，王士让告假回家，访亲问友，亲朋们经常聚集于南轩。每于夕阳西坠，他总徘徊于南轩之旁。一日，王士让见层石荒园间有株茶树异于它种，遂移植在南轩之圃，朝夕管理，精心培育，压枝繁殖。这株茶树枝叶茂盛，圆叶红心，采制成品后，乌润肥壮，气味超凡，泡饮之后，香馥味醇，沁人心脾。乾隆六年（1741年），王士让奉召赴京，在拜谒礼部侍郎方苞时，以此茶馈赠。方苞品其味非凡，遂转献内廷。乾隆饮后甚喜，召见王士让垂问尧阳茶史。王士让如实禀告此茶发现始末。乾隆细察、掂量此茶，认为此茶乌润结实，沉重似“铁”，味香形美，犹如“观音”，便赐名为“铁观音”。

安溪铁观音是乌龙茶类的极品代表，介于绿茶和红茶之间，属于半发酵茶类，它的制作综合了红茶发酵和绿茶不发酵的特点，采回的鲜叶力求完整，然后进行晒青、凉青和摇青。摇青是制作铁观音的重要工序，通过摇笼旋转，叶片之间产生碰撞，叶片边缘形成损伤，从而却激活了茶叶内部酶的分解，产生一种独特的香气。就这样转转停停、停停转转，直到茶香自然释放，香气浓郁时进行杀青、揉捻和包揉，茶叶卷缩成颗粒后再进行文火焙干，最后还要经过筛分、拣剔。成茶的品质特征是：茶条卷曲，肥壮圆结，沉重匀整，色泽砂绿，整体形状似蜻蜓头、螺旋体、青蛙腿。冲泡后汤色金黄浓艳似琥珀，有天然馥郁的兰花香，滋味醇厚甘鲜，回甘悠久，俗称有“音韵”。铁观音茶香持久，可谓“七泡有余香”。

茅台是中国大曲酱香型白酒的鼻祖，更是无法被复制的天赐之物，自始至终，它那沁人心脾、独步天下的酒香都是世人以飨口腹的顶级之选。

茅台

茅台酒与法国干邑、苏格兰威士忌并称为世界三大蒸馏酒，是中国大曲酱香型白酒的鼻祖。它因产于贵州北部怀仁赤水河畔的茅台镇而得名，那里

的酿酒历史可以从司马迁的《史记》中找到，享用之人是公元前 135 年的汉武帝刘彻。当时这种酒被称做“枸酱”，主要是用水果加入粮食经发酵酿制的，中国酿酒史上真正完全用粮食酿造白酒是始于唐宋，而茅台镇的白酒一直都是朝廷贡品，其品质独步天下。

清乾隆年间，随着赤水河道的疏浚，茅台酒的生产规模空前盛大，到了道光年间，根据《遵义府志》记载：“茅台烧房不下二十家，所费山粮不下二万石。”到了 1840 年前后，茅台酒的年产量据说已达 170 余吨，晚清时期，名将石达开还曾为之留下了“万顷明珠一瓮收，君王到此也低头”的名句。但是到了 19 世纪末至 20 世纪上半叶，中国时局动荡，茅台酒生产逐渐凋敝，最终仅剩成义、荣和、恒兴三家酿酒作坊。1949 年贵州解放后，贵州这三家作坊整合起来，成立了国营茅台酒厂，也就是如今的贵州茅台酒股份有限公司的前身。一直以来，茅台酒都是我国的国宴指定酒品，也是赠送外国政要的尊贵国礼。毛泽东第一次赴苏联赠送给斯大林的礼品之一就是茅台酒；中日邦交正常化之后，田中首相回国带给家人的贵重礼物是周恩来送的茅台酒，中英香港问题谈判结束后，邓小平与撒切尔夫人共同举杯相庆，喝的依然还是茅台酒。

品·牌·志

中国白酒品种繁多，但基本都是以粮食为原料酿造而成的蒸馏酒，主要过程是先用麦类或者豆类作物制成霉菌及酵母——曲，然后用曲将高粱等主要酿酒原料发酵，使粮食中的淀粉分解成糖，再将糖转化为酒精，最后再进行蒸馏。曲酒按照香型，大致可分为酱香型、浓香型、清香型、米香型、兼香型五类，茅台酒属于酱香型白酒的鼻祖。它首先用小麦制成高温曲，然后将其与优质糯性高粱混合置于含有独特微生物环境的窖中进行敞开式高温堆积发酵，茅台大曲在发酵过程中温度高达 63℃，这比其他白酒的发酵温度起码高出 10℃，之后再进行高温蒸馏。这是茅台酒制作工艺中的“三高”，另外还有“三长”。首先是大曲贮存时间长，最长可达半年，几乎是其他白酒的两倍，而且用曲量大，是其他白酒的四到五倍。其次，茅台酒的生产周期长，需要经过二次投料、九次蒸馏、八次发酵、七次取酒，历经几近一年时间，而一般白酒甚至只需个把月即可。再次，茅台酒基酒酒龄长，基酒陈贮三年以上才可用来勾兑调配，然后还要再贮存一年，使酒质更加醇香绵润，所以，全部生产过程近五年之久。

▲ 茅台酒酒窖

茅台酒的品质依赖于它特定的气候、环境、水质、原料以及独具匠心的酿酒工艺，其醇郁的酱香型香气是指酒品具有类似酱的香气，组成成分极为复杂，至今未有定论，但普遍认为是由高沸点的酸性物质与低沸点的醇类组成的复合香气。据说茅台酒一度欲被复制到贵州遵义一处山清水秀的所在，除了原来的酿酒师傅、设备，当时甚至还带去了酒窖中的灰尘微生物。但是经过数十次试验之后还是宣告失败，其口感和香气与贵州茅台相去甚远，这也充分证明了茅台酒与产地是密不可分的。

关于茅台酒还流传着很多有趣的故事。在 1915 年，巴拿马万国博览会在美国旧金山举办，贵州茅台酒被展示于农业馆。到了当年 8 月，博览会的酒类评比行将结束，但茅台酒却少人问津，于是某一天当几名评委来到中国馆参观时，中国工作人员故意打碎了一瓶，满场顿时酒香四溢，引起了评委以及参观者的极大关注。最终，茅台酒荣获金奖。其实这段故事中有一些演绎的成分，实际情况是当时的工作人员为引起观众和评委的注意，准备将茅台酒由农业展馆移到人气比较高的食品加工展馆，在移动过程中，工作人员不小心把一瓶茅台酒摔落，其香气引来众多参观者，并最终荣获金奖。

典·藏·馆

贵州茅台酒建国 60 周年典藏酒

典藏理由：限量 60 瓶

2009 年适值中华人民共和国成立 60 周年，贵州茅台酒股份有限公司特别推出了“贵州茅台建国 60 周年典藏酒”。这款酒提炼出“6 个 6”的设计理念：木盒采用六棱柱结构、盒顶部是代表新中国 60 年发展历程的 60 颗星、酒瓶底座周围有六级台阶、每级台阶高 6 毫米、容量为 600 毫升，限量典藏 60 瓶。酒盒上浮雕的“天安门”是新中国成立时刻的见证者，上方的“祥云”代表这 60 年繁荣祥和的发展，下部象征富贵繁荣的牡丹花灿然绽放，盒底座周围六对飞龙戏珠，游走在祥瑞云端，浑然天成。

包装木盒采用珍贵的楠木为主体材料，楠木具有琥珀感和金色透明的水波纹，富有光泽，高贵而极其稀有，向来为皇家所青睐，并甄选出纹理最为精彩的部位，由中国工艺美术大师，以传统的暗榫工艺、手工精心雕刻而成。酒瓶为拥有 7000 年制陶历史的宜兴产陶瓷瓶，表面采用极富美感的冰裂纹釉面的特殊烧制工艺。

名·人·堂

1972 年 2 月 21 日，尼克松的“空军一号”专机降落在北京机场，周恩来总理亲自迎接，中美两国关系终于打破坚冰。尼克松来华的 7 天称做“改变世界的 7 天”，在这 7 天中，茅台酒扮演了重要的角色。

茅台酒早在 1915 年巴拿马万国博览会上已蜚声国际，而在 1972 年 2 月 21 日晚，在人民大会堂举行的国宴上，摄像机记录下了周恩来与尼克松用茅台酒干杯的镜头。当晚尼克松与周总理相谈甚欢，他说："我听说过一个您讲的笑话。说一个人喝多了，饭后想抽烟，可是点火时，烟还没被点燃，他自己先爆炸了。"尼克松讲到这里，不等翻译译完，自己先笑了。周恩来也开怀大笑，然后当真拿来火柴，点燃自己杯中的茅台酒……据说回到华盛顿以后，尼克松还得意地向女儿朱莉演示，结果是，美国第一家庭的成员们慌忙救火。

后来，尼克松在他的《领导者》一书中回忆说："我们绕着宴会厅与50多位高级官员碰杯，我注意到周恩来向每个客人祝酒时，只用嘴唇轻轻碰碰杯沿。"当时他很奇怪，因为传说中周恩来酒量不错，周恩来解释说："年龄大了，医生限制我喝酒，不能超过两杯，最多三杯。"尼克松说："我曾经读过这样一段故事，说红军长征途中攻占生产茅台酒的茅台镇，把镇里的酒全部用光了。"周恩来不无怀念地说："长征路中，茅台酒被我们看做包治百病的良药，洗伤、镇痛、解毒、治感冒……"1974年4月，邓小平在出席联合国会议后，对基辛格进行了拜访，当时，他们谈到了"水门事件"，谈到了苏联，谈到了日本，也谈到了茅台酒……

皇室制瓷一向不计工本，只求精美。到清代末期，皇宫内保存的陶瓷器达数十万件之巨，其种类从日用的杯碗盏碟到各种装饰摆件，件件集萃了瓷艺史上极高的艺术水准。

瓷器

瓷器是中国文化的一大表征，创制于汉代，距今已两千多年。及至唐、五代时，朝廷已经下旨让一些制瓷质地优良的窑场烧造贡瓷，《国史补》、《元和郡县图志》和《新唐书·地理志》中都有河南白瓷和

▲ 清乾隆青花龙寿纹螭耳六方瓶是乾隆皇帝喜爱的物品之一

浙江越窑青瓷向长安进贡的记载。宋代，朝廷先是令一些制瓷质量较好的窑场，如定窑、耀州窑等烧造贡瓷，而后设立汝窑、钧窑、修内司官窑等官办瓷窑，专烧宫廷用瓷，至明代初期，皇室已收藏了数量可观的宋代名窑瓷器。

明、清两代，朝廷又在景德镇设御窑厂，并选派督陶官驻厂监造，不惜工本，大量烧造宫廷用瓷。从《明史》、《明实录》、《大明会典》、《江西大志·陶书》、《瓷务事宜示谕稿·序》、《陶成记事》等有关记载看，其烧造数量十分惊人。如明宣德八年，应专掌御膳的机构尚膳监之需求，一次烧造各式瓷器 443 500 件。清雍正六年至十三年“计费帑金数万，而制进圆琢等器不下三四十万件”。

雍正在位仅仅 13 年，但制瓷工艺成就却是清代官窑的顶峰，特别是“粉彩”工艺盛行。它是我国瓷器“釉上彩”（上釉之后再绘图、再烧制）中的一种独特装饰方法，因彩料中含有“玻璃白”粉而得名，这种粉中含有氧化砷，由于砷的乳蚀作用，使所有颜色都“粉化”成不同深浅浓淡的颜色。雍正时期，景德镇御窑厂出于雍正帝的爱好和宫廷陈设、使用的需求，大量烧制粉彩瓷器，成为一时的主流。

至清末皇宫内保存的陶瓷器达数十万件之巨，它们的种类从日用的杯碗盏碟，到盛装肉骨鱼刺的渣斗，从花瓶到摆件，件件集萃了瓷器史上极高的艺术水准。

在清代宫廷，黄色象征着尊贵吉祥，黄釉瓷器的使用也是大有讲究，由全黄釉到以黄釉为底，再到黄釉做彩甚至没有黄色，黄釉的多少标志着使用者身份的高低，等级规定非常严明，不得僭越。例如，内外全黄釉的盘盏一般是为皇帝、皇后、皇太后专用的，皇贵妃可以用内白釉外黄釉的瓷制品。

现在，中国的陶瓷业依旧兴盛不衰，质高形美，其中比较著名的陶瓷产区有江西景德镇、河北唐山和邯郸、湖南醴陵、广东石湾和枫溪、江苏宜兴、山东淄博等。

清朝宫廷收藏了诸多闻名于世的瓷器精品，如唐代邢窑白釉葵口碗，宋代汝窑三足樽、哥窑鱼耳炉、定窑孩儿枕，元代蓝釉白龙纹盘，明代永乐青花压手杯、弘治黄釉描金双兽耳罐、万历五彩镂空云凤纹瓶，清代康熙紫红地珐琅彩缠枝莲纹瓶、雍正珐琅彩雉鸡牡丹纹碗、乾隆各色釉彩大瓶等。

汝窑瓷器

典藏理由：存世稀少

汝窑在北宋时被称为五大官窑之首，窑址在如今的河南平顶山所辖的汝州、鲁山一带。汝窑以烧制青釉瓷著称，它是继定窑之后为皇宫贵族烧制特别贡瓷的专门窑厂，其中器物多是仿造青铜器以及玉器的造型，其瓷胎一般由10多种矿石粉碎，经过三次过滤，并且还要用磁铁把其中的铁质吸出，然后和成泥浆，再入模成型。瓷胎晾干之后，还要经过三次打磨，使其表面光滑。接着进行10个小时的素烧，素烧温度大约有800℃，出来之后还需要经过两次打磨，接着再进行13个小时的烧制，终成。而且，每窑的成品率不到两成，上等品更是少之又少，只有经皇室挑选过后留下的“次品”才会流入民间。汝窑瓷器的颜色不像钧窑千变万化，一般以天青、天蓝、淡粉、粉青、月白等为主，釉层薄而莹润，釉泡大而稀疏，被人称为“寥若晨星”，釉面上还有细小的纹片，被称为“蟹爪纹”。

汝窑烧制宫廷贡瓷前后只有20多年，约在北宋哲宗元祐元年到徽宗崇宁五年，金兵入侵后，技艺失传，故传世品极少，全世界传世品仅有60余件，分别珍藏在北京、台北以及英国、日本的博物馆内。

景德镇瓷器

典藏理由：御用名瓷

景德镇素有"瓷都"之称，自五代时期起便开始生产瓷器，产品常被形容为"白如玉，明如镜，薄如纸，声如磬"。其实中国古瓷在釉色方面素来以青为贵，宋代以前甚至不曾有过彩绘。但在北宋时期，景德镇仿效了青白玉的色调和湿润的质感，创造性地烧造出了一种质薄色润的青白瓷，大部分还在坯体上刻暗花纹，使青瓷艺术达到了高峰，从而使景德镇在南北各大窑之间名声大噪。发展到元代，景德镇瓷器的工艺上出现了划时代的变革，在短短的一个世纪里，成功烧成青花瓷、釉里红、青花釉里红等诸多新的品种。明洪武二年，朝廷在景德镇设"御窑厂"，当时据说镇内官窑有58座，民窑达数百座，"昼间白烟掩盖天空，夜则红焰烧天"，足见当时生产规模之宏大。

明朝永乐年间，景德镇成功烧制出晶莹剔透的"玲珑"瓷器，这种瓷器又称"米花"，欧洲人还把它叫做"嵌玻璃的瓷器"。它采用镂雕技法先在瓷器坯体上镂出若干一定形状的玲珑眼，用特制的釉把眼填平。明朝中期成化年间，景德镇不仅能够成批生产玲珑瓷器，还把晶莹剔透的玲珑与青翠幽雅的青花结合组成图案，烧造出闻名于世的青花玲珑瓷器，深得皇室青睐。

清康熙年间，受珐琅彩瓷制作工艺的影响，景德镇粉彩瓷器问世。这种瓷器发挥了中国传统工笔画的技法，将花、鸟、风景这些主题表现得极具层次质感。这种粉彩瓷器在雍正、乾隆年间被大量制作，北京故宫博物院收藏了众多皇室御用的珍品，如鼻烟壶、翎管、壁瓶、渣斗等。

而后来，青花、玲珑、粉彩、色釉被合称为景德镇四大传统瓷艺，釉色品种很多，有青、蓝、红、黄、黑等，仅红釉系列就有钧红、郎窑红、霁红和玫瑰紫等。

乾隆御用

名·人·堂

从17世纪下半叶到18世纪上半叶，世界历史上同时出现了两个伟大的君主，中国的康熙和法国的路易十四，而且他们几乎有着同样的经历：同样是年少登基，同样让自己的国家变得空前强大。据说路易十四十分向往中国的文化，尤其对瓷器非常迷恋。他曾在凡尔赛宫建造了一座“中国馆”，专门收藏和陈列与中国文化相关的东西。这座建筑一经落成，立刻引起了欧洲各国的效仿。他的弟弟奥尔良公爵曾策划过一场中国风格的晚宴，在舞会上，路易十四身穿中国服装，坐着中国轿子出场。

路易十四对康熙大帝的崇敬进而影响了整个欧洲，从17世纪晚期开始，整个欧洲曾掀起了一股异乎寻常的“中国热”。从政界到文化界，从贵族到平民，都沉醉在对中国文化的狂热追逐中。那时在欧洲，人们关于中国的商品抢着买，关于中国的书争着读。塞纳河边的戏院里，男女老少聚精会神地观看中国皮影；国王的情妇养金鱼，大臣的夫人乘轿子；富人在私家花园的中国式亭子里闲聊，特别是景德镇陶瓷受到欧洲众多王侯的珍爱，被视为“东方的魔玻璃”，成为上流社会显示财富的奢侈品……就连法国启蒙思想的泰斗伏尔泰也不能例外，称颂中国是“举世最优美、最古老、最广大、人口最多而治理最好的国家”。

18世纪的俄国女皇叶卡捷琳娜二世也十分钟情于中国的瓷器，而且她用来表达喜欢的方式可以说在整个欧洲历史上都是极为罕有的，除收藏了大量精美的中国瓷器，她在冬宫的起居室里还特意安装了一个从中国进口的青花瓷立式大壁炉，高度超过了4米。

▼ 英国威廉王子大婚，英国王室从中国定制了数万件精美瓷器。

雕梁画栋的紫禁城中，他们曾以怎样的方式延续着华丽至极的皇族生活？而今，重重宫阙仍在，中华文化所特有的华丽质感也似乎还在依顺着它的脉络生长、延伸……

中国皇室（下）

大清王朝的奢华印象

王朝故闻

1861年应该说是清朝历史上具有转折意义的一年。当年8月，咸丰帝驾崩，年仅6岁的儿子载淳即位，肃顺等八位大臣辅政，载淳的生母懿贵妃与咸丰帝的皇后被分别尊为慈禧及慈安皇太后。但是仅仅4个月后，慈禧联合咸丰帝的弟弟恭亲王奕䜣发动辛酉政变，瓦解了八大臣的势力，两位皇太后开始垂帘听政，改年号为“同治”。当时的慈禧年仅27岁。

1875年1月，同治帝驾崩，慈禧立当时只有五岁的载湉为皇帝，改年号为“光绪 ”，两位太后再次垂帘听政。六年后，慈安太后暴亡，卒年45岁，慈禧大权独揽。1908年11月14日，光绪帝无嗣而亡，慈禧立醇亲王载沣之子、年仅三岁溥仪为帝，年号“宣统”。而就在光绪帝驾崩次日，慈禧逝世，终年74岁，而她统治中国的时间将近半个世纪。

到清朝时，中国漆器的制作工艺已经发展到14种，从皇宫中的几案、龙床、屏风到慈禧的梳妆台、衣柜、笔匣，再到侍从们手中的各种碗、盘、奁、盒，样样精美至极。

北京故宫博物院现在藏有织绣文物13万余件，包括服饰、材料、陈设用品（帷幔、床品等）和织绣书画四大类，其中服饰大部分是来自于清代，而慈禧当时单单衣服就超过了2000件。

故宫交泰殿为皇后千秋节受庆贺礼的地方，两边黄色包裹内收藏的是清朝 25 方皇帝玉玺。

中国素有“玉石王国”的美誉，自古以来，玉就是中国最具代表性的文化表征之一。慈禧平时最爱用的茶杯不是瓷质的，而是上等的羊脂白玉制成的，为的是与花茶的茶香相得益彰。

皇家御用

▲ 清皇宫御用餐具

清朝时，人们的平均寿命不到 40 岁，而慈禧却活到 74 岁，这在中国历代统治者当中也是不多见的。这与她平时深谙养生之道有很大的关系。

先就饮食上说，平时为慈禧备膳的厨役、太监有二三百人，而食材多为新鲜时蔬，随季节时令而变，冬季会偏重于鹿肉等热性食品，夏季偏重于野生的山菜、蕈菇等，而水果之中她尤爱苹果。据说慈禧还有一个怪癖——食物特别是茶点中经常以菊花、荷花等鲜花为原料。慈禧所用的餐具极为讲究，多为金银玉翠器皿及细瓷盘碗，冬天多用金银暖锅，而筷子通常为象牙质镶金头。

慈禧深信吕不韦提出的“流水不腐，户枢不蠹”的保健名言，一向注意运动和锻炼，每天清晨要练习传统气功。另外，据说慈禧的长寿与大内太监李莲英精通按摩技法不无关系。李莲英早年曾得到名师指点，后又潜心钻研，使得他的按摩手法极为精妙，颇得慈禧的欢心。此外，慈禧还喜欢看戏、逗狗、下棋、玩纸牌、散步、书法等，今天人们仍可在颐和园仁寿殿的左右壁上，看到她写的巨大的“寿”字立轴，功力不浅。慈禧还特别爱看京剧并且精通戏典，据说她亲自改动过的唱本就有 100 多处。总之，慈禧的休闲生活可以说相当丰富，这些也大大益于她的长寿和健康。

▼ 识文描金瓜果纹八角盒

据记载，慈禧一生，特别是到了老年以后尤其喜爱以药膳补益身体，这些药一般都被制成膏或丸剂以便于保存。而在《慈禧光绪医方选议》一书中所载的 13 个内服方、使用的 64 种药物中，大部

▲ 故宫储秀宫西暖阁，这里是明清两代后妃居住的地方，慈禧太后曾在这里居住。

分都是被医书列为上、中品的药物，其中使用频率最高的 7 种是茯苓、人参、白术、当归、白勺、砂仁、香附。此外，有些药还会被制成膏药外敷，循经取穴，敷贴腰腹。晚年时，慈禧还每天服用一钱人参，由宫女按天包好，早上给她。她的用法非常奇特，既不吃掉，也不咽下，就是一天到晚噙在嘴里。因此据说她有时候说话别人不太能听清楚，其实是因为嘴里噙着人参。为了驻颜长寿，慈禧除了服用药膳，据说她还时常将研好的珍珠粉末调成粥状后服食。

除了日用饮食以外，慈禧连平时洗澡和洗脚都极为讲究。传言她每次洗澡时要用到上百条毛巾，每条毛巾都饰有金线绣成的金龙，一叠是一种姿势：或者翘首，或者戏珠，或者喷水。每次洗澡这些毛巾只能用一次，在湿了以后就不再放回盆里，以保持水的干净。另外，慈禧还有另一套保养容颜方法，就是每天睡觉之前用鸡蛋清敷脸，以使皮肤紧绷并且一夜就让它这么绷着，而这些蛋清里总会加入珍珠粉等养颜物质。第二天清晨起床，宫女们先端来一盆温水，让她将已经结成一层薄皮的蛋清轻轻洗去，然后再为她轻轻按摩面部穴位。之后，宫女们会捧上中国传统的脂粉，如扬州产的宫粉、苏州制的胭脂和宫廷自配的玫瑰露等等，她会用长长的指甲把脂油挑一点在手心里，双掌旋转摩擦一会儿，轻轻擦在脸上。

▲ 2008 年 12 月 3 日，一件明永乐“剔红双凤莲花盏托”出现在香港会展中心佳士得拍卖会上，除了使用漆器工艺中最为复杂的雕漆工艺，这件器物最大的亮点在于盏托内乾隆皇帝的御题诗。最后，这款传奇漆器以 3314 万元港币成交。

一直以来，慈禧对自己的两样东西十分在意，一是她的头发，为她梳头的太监以及梳头用具都是经过精心挑选的；另一个就是她的指甲。慈禧特别爱留双手无名指和小手指的指甲，每天要用温水浸泡并用特制的工具进行修饰。为了保护指甲免受损伤，她的无名指和小指上长年戴着长长的指甲套。而这些指甲套全部是特别加工定制的，有镂空嵌丝珐琅的，也有纯金镶宝石的，非常名贵。其实这些指甲套还有一些功能是很多人都不知道的，慈禧在批阅奏折的时候，经常直接用指甲套蘸墨在上面划道，许多人的生死命运以及很多的国家大事就这样从她的指甲下轻轻划过，也许，这当中就有当年在戊戌政变中被处决的戊戌六君子。所以有人说，慈禧的指甲就是历史的画笔。

清朝时期，中国漆器的制作工艺已经发展到 14 种，从皇宫中的几案、龙床、屏风到慈禧的梳妆台、衣柜、笔匣，再到侍从们手中的各种碗、盘、奁、盒，样样精美至极。

漆器

中国数千年的文明进程中，有两种树对之产生了极大的影响，一种是茶树，另一种就是漆树。漆树受伤时会分泌出黏稠的树脂，经过加工以后涂在器物上可以防腐、防水、防蛀、防锈。

中国是世界上最早认识漆的特性并将漆调成各种颜色，用来美化实用器物的国家。早在6000多年前的河姆渡文化遗址中就发现了一只木胎红色漆碗，由此揭开了中国漆器制造史上光辉的第一页。发展到清朝时期，漆器的制作水平已经登峰造极，漆器几乎是清宫中最重要的器物之一，从几案、龙床、屏风到慈禧的梳妆台、衣柜、笔匣，再到侍从们手中的各种碗、盘、奁、盒，样样精美至极。

漆器主要以木质或金属为胎，在胎骨上层层髹漆几十层甚至上百层，半干时再以剔红、剔犀、螺钿、描金等14种独特工艺，进行描、雕、镶、刻、堆……一件顶级的漆器杰作可能历经数年才能大功告成。故宫博物院是现今世界上收藏漆器最多最丰富的博物馆，藏品达1.7万件，其中以元明清三代传世作品为主。这三代是中国漆器制造史上一大高潮，官造、民间漆器生产同时并存。到元末明初，明成祖朱棣将都城由南京迁至北京，在北京建立了御用的漆器作坊——果园厂，并从全国征调漆工高手，大量生产顶级漆器以满足皇室的需求。据《明会典》记载，当时轮班入京的南方漆匠每班甚至多达5000余人，元末著名的雕漆大师张成的儿子张德刚曾奉朱棣之命主持果园厂的漆器生产。

▼ 乾隆时期的剔红五屉“御制诗花卉紫毫笔匣”，每层拉屉可收纳10支毛笔。

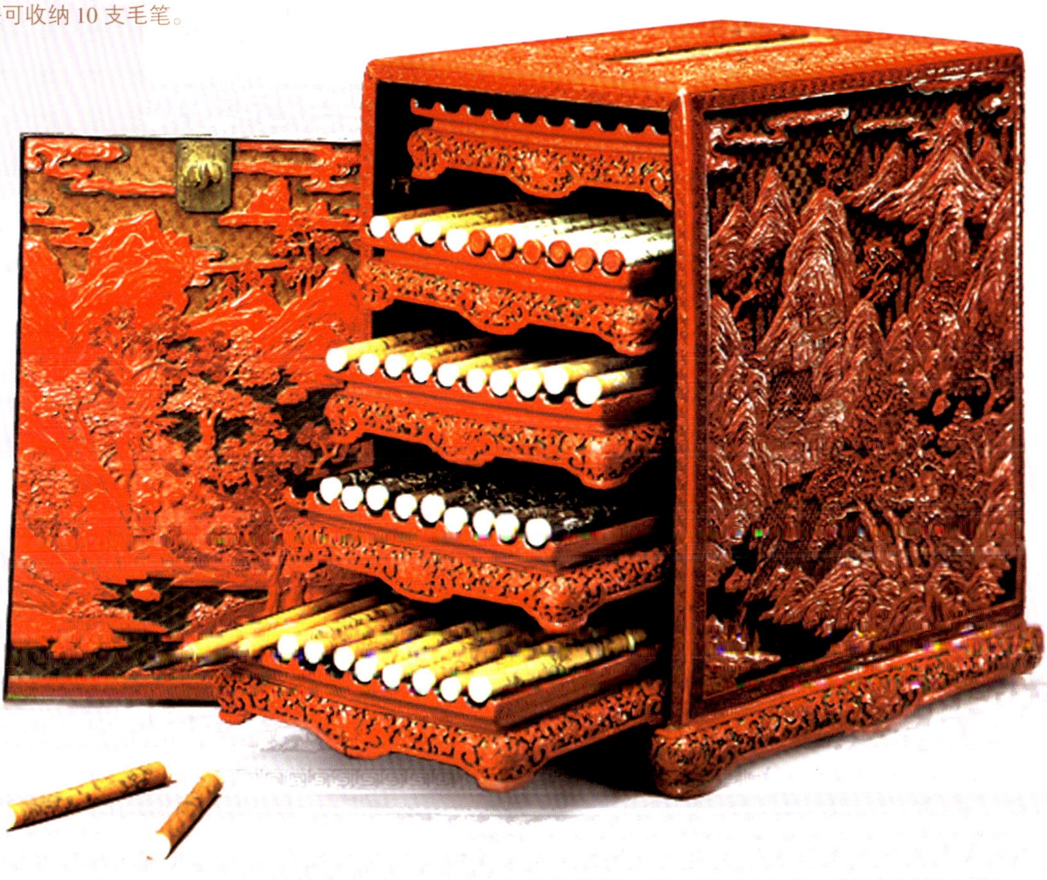

元代时，雕漆工艺取得了辉煌成就，它是剔红、剔黄、剔彩等工艺的总称，其中以剔红最多，做法是在底胎上挂一定厚度的朱漆，少则二三十道，多则200余道，然后在上面雕刻花纹。剔彩则是在器物上分层挂上不同颜色的漆层，然后根据图案色调要求分层剔掉，露出所需漆色。这种工艺的成本很高，工时动辄超过半年，所以一般只有官造漆厂能大量制作。到了清代，珐琅彩、斗彩、粉彩瓷器的奢华也影响到了漆器，根据清宫造办处的记载，雍正曾下旨命江西景德镇烧造瓷胎漆碗，它只在内部挂釉，外部仍是涩胎以便于上漆，制作工艺颇为复杂。

除了自己使用以及赏玩，漆器也经常被皇室拿来赏赐群臣或者当做国礼馈赠外邦。据记载，明永乐皇帝先后三次赠日本天皇雕漆礼品达186件之多，清乾隆皇帝也曾先后送给英国王室数十件精美的漆器。

典·藏·馆

扬州漆器

典藏理由：历史悠久，闻名遐迩

早在秦汉时期，扬州漆器的彩绘和镶嵌工艺就已经达到了很高的水平，北京老山汉墓、长沙马王堆汉墓出土的文物中都有扬州漆器的早期作品，到了唐代，扬州漆器被列为扬州24种贡品之一，唐玄宗和杨贵妃曾多次将扬州所贡的名贵漆器赐给臣僚。唐僖宗时，高骈任扬州盐铁史，为献媚朝廷，曾一次向长安运送扬州漆器逾万件。扬州漆器在唐代也曾随鉴真大师东渡传至到日本，现供于日本奈良唐招提寺的鉴真大师坐像（以真人为模型制作，1980年曾回中国巡展）等三座漆塑均为鉴真弟子扬州兴云寺僧人义静等人所造，是日本的国宝。

明清时期，扬州成为全国的漆器制作中心，特别是在乾隆年间，扬州漆器是两淮盐政的重要贡品，盛极一时。当时除了传统的彩绘和雕漆漆器，扬州漆器还将华丽精美的“螺钿”工艺发扬光大，选用翡翠、玛瑙、珊瑚、白玉、象牙、紫檀、云母、夜光螺及金银等800余种名贵材料，将其打磨后嵌饰成精美的各式纹样，其中多有摹刻“扬州八怪”等名人书画，极富艺术欣赏价值。清代后期，扬州漆器年产超过两万件。

平遥推光漆器

典藏理由：工艺繁复 精美绝伦

漆树多生长于南方，所以自古以来，漆器的产地基本都集中在南方，山西平遥漆器是中国四大漆器中唯一一个出自北方的漆器。它始于唐朝开元年间，距今已有1200多年历史，素以手掌推光和描金彩绘技艺著称。它首先要按照设计制成木胎，然后再裱上麻布并抹上用猪血调成的砖灰泥，这个过程叫做“披麻挂灰”，经反复五到六次（由粗到细）后成“灰胎”。在给灰胎上漆之前要先用水砂纸蘸水擦拭，直到手感光滑才可上漆。

平遥推光漆器所用的漆是提取自生长在黄土高原的一种漆树的天然大漆，上这种漆必须要用一种特制的工具——漆栓，通常用牛尾制成，最好的漆栓用少女的头发制成。传统推光漆工艺要经过从底漆到面漆的数道上漆，每一道都有不同的工艺要求，一般所说的推光漆是指最后一道面漆用手掌推磨抛光的工序。通常的做法是先用细砂纸把漆面打磨光滑，然后用优质椴木烧制的木炭块蘸水细细打

▲ 福州脱胎漆器

磨，然后再用头发蘸油打磨，最后用手掌蘸上特制的细砖灰和麻油推光，直至推得漆面生辉，映影如镜。一件精美的平遥推光漆器最后还要经过描金、彩绘等几道工艺，呈现出山水人物、飞禽走兽、亭台楼阁、奇花异草等各种图案，有些顶级漆器还要嵌缀金、玉、珠、螺等各种材料，因而往往价值连城。

早在唐代贞观十二年，唐太宗李世民巡游石壁山玄中寺时，看见梁栋、佛桌、坐椅等漆品奇巧别致，闻为平遥艺人所制，便在文成公主入藏时，让她携带平遥木匠、漆工等艺匠30余人，参与修建了著名的文成宫大昭寺。

福州脱胎漆器

典藏理由：工艺独特

福州脱胎漆器与江西景德镇瓷器、北京景泰蓝并称“中国三大传统手工艺品”，其鼻祖据传为清乾隆年间福州漆匠沈绍安，但其制作工艺基本上是还原了当时已经失传多年的汉代“夹纻”技法（当初大量用于制造漆艺佛像，唐晚期大量佛像被毁坏，夹纻技术也逐渐衰败）。它主要是以泥土、木瓣等塑胚，然后用麻布或绸布在上面逐层糊裱，待阴干后用水冲去泥胎或者脱去木瓣胎（有的会保留），得到雏形，之后再经过层层上灰、打磨、上漆研磨，最后施以各种装饰纹样，遂成成品。

福州脱胎漆器的最大优点是坚固、质轻、耐腐蚀，当年沈绍安曾进贡朝廷一只脱胎菊瓣形朱漆盖碗，通高 10 厘米，口径 10.8 厘米，壁薄如纸。乾隆帝见后龙颜大悦，亲自在上面刻隶书填金诗一首。值得一提的是，这种薄料漆器上色时不是用刷子刷，而是用手指蘸漆，一点一点拍到器物表面，以提高漆的色彩明度。光绪三十一年，闽浙总督许应骙精选一批沈氏第五代传人沈正镐与沈正恂制作的脱胎漆器派专人护送进京献给慈禧太后，受到慈禧的喜爱，慈禧御赐漆器的制作者沈正镐、沈正恂二人四等勋章、五品顶戴官衔。后来随着“五口”通商，福州漆器远销海外。

如今，福州脱胎漆器品类甚多，小的如碗、盘、花瓶、罐，大的如陈列在北京人民大会堂的漆画大屏风、彩绘大花瓶、脱胎仿古铜狮等，当初周恩来总理在会见外宾时还曾颇有兴致地举起了那尊看似有上百斤重量的脱胎仿古铜狮，让外宾登时瞠目结舌。

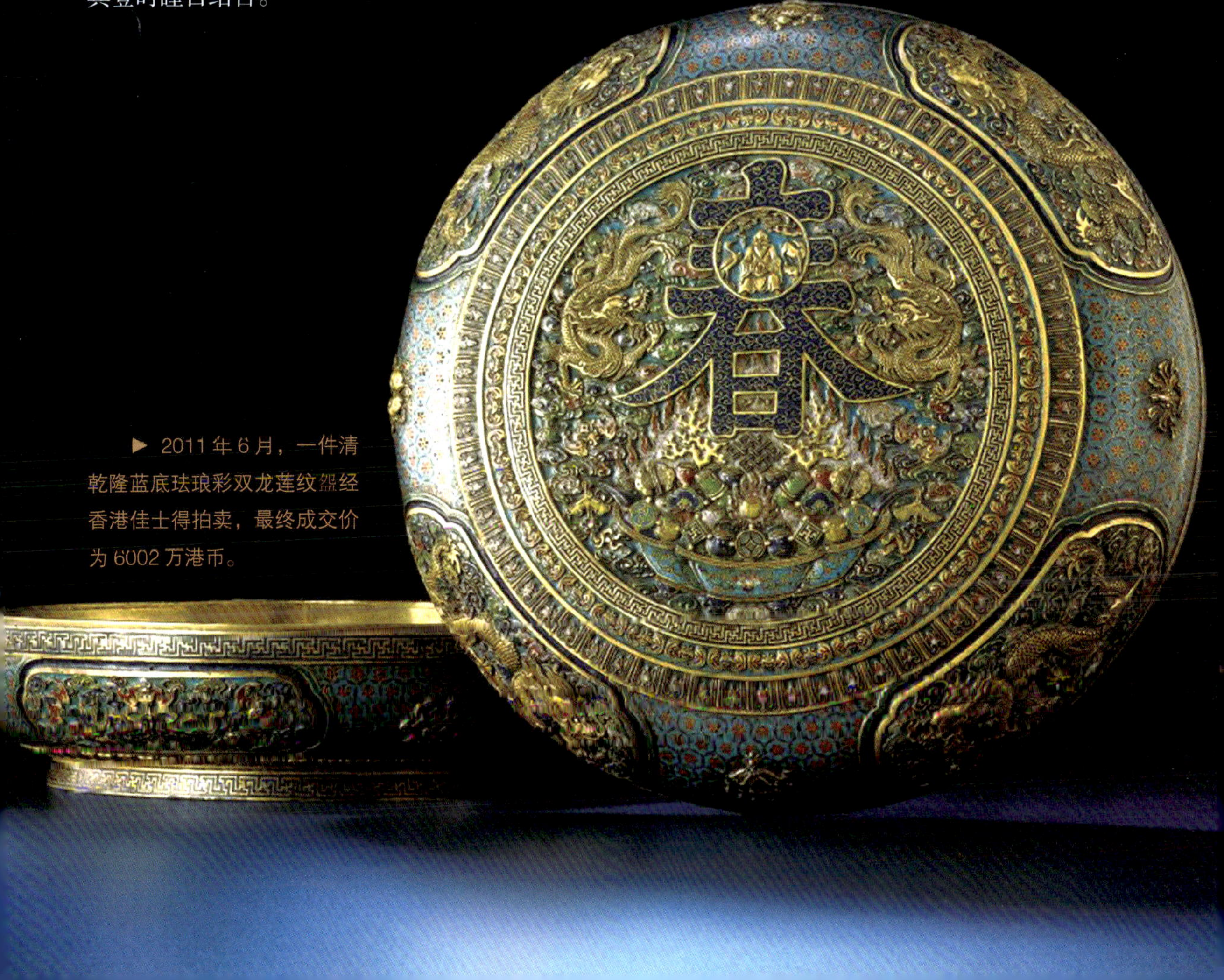

▶ 2011 年 6 月，一件清乾隆蓝底珐琅彩双龙莲纹盒经香港佳士得拍卖，最终成交价为 6002 万港币。

名·人·堂

“金陵子弟来相送，欲行不行各尽觞。请君试问东流水，别意与之谁短长？”这四句诗出自李白著名的送别诗《金陵酒肆留别》，其中所言之“觞”即喝酒用的一种漆器酒杯。早年中国的文人雅士之中流传着“曲水流觞”的风俗，众人围坐在回环弯曲的水溪边，将酒杯置于上游再顺流而下，漂到谁的跟前停下谁就作诗一首，作不出来就罚酒。东晋永和九年（353 年）三月初三，王羲之与名士谢安等 40 余人集于浙江山阴（今绍兴）兰亭，以曲水流觞为戏。随后王羲之将当天的诗作编成《兰亭集》并亲自作序，是为《兰亭集序》。

乾隆是中国古代皇帝中有名的风雅之士，当年为附庸“曲水流觞”之雅兴，他特意命人在宁寿宫中修了一座禊赏亭并开凿了一条小水渠，时常和自己“一觞一咏”。但所谓水渠其实只是在石基上凿成的迂回水槽，其意境与王羲之笔下“有崇山峻岭，茂林修竹，又有清流激湍，映带左右”的那种大自然的情趣已相去甚远，“即兴”咏诗也一般都是他在前一天就作好的。

北京故宫博物院现在藏有织绣文物 13 万余件，包括服饰、材料、陈设用品（帷幔、床品等）和织绣书画四大类，其中服饰大部分是来自于清代，而慈禧当时单单衣服就超过了 2000 件。

织绣

北京故宫博物院现在藏有织绣文物 13 万余件，包括服饰、材料、陈设用品（帷幔、床品等）和织绣书画四大类。这些织绣品材质涉及绸、纱、锦、缎、绫、罗、绢、绒、缂丝和棉布等等几乎都产自江南的江宁（今南京）、苏州和杭州三处官营织造局，统称江南三织造。江南三织造规模庞大，工艺精湛，代表了清代丝织技术发展的最高水平。不过慈禧平时并不喜爱极其华丽的色调，例如冬天，她常穿的就是茶青色缎子皮袄，见客时会另换一件丝的或织锦的旗袍。所以她的很多衣服根本没穿过，另外一些衣服因为具有纪念意义而被她一直留存，比如她当年还是贵妃时穿过的衣服就时常被拿出来把玩，这些衣物每三袭盛放在一个朱漆木盘中，由两个太监抬到面前，全部看完，队伍不下百人。

说到宫廷织绣，龙袍当然不能不提。先来做档制，1958年5月，考古人员在北京明十三陵中的明朝万历帝的定陵地宫出土了3000多件随葬器物，其中有100多件云锦工艺服饰，包括一件他射猎休闲时候穿的金寿字龙云肩通袖龙襕妆花缎衬褶袍。

据记载，这件龙袍上绣仙鹤540只、灵芝540只、正楷寿字1045个，全身有18条不同的彩龙，在用料上，寿字和妆花大量使用金线，寿字用的是捻金线，妆花用的是片金线，整件龙袍共用捻金线4000米，片金线11300根。最终，这件龙袍重4斤。当时，万历皇帝对于生活非常讲究，他的龙袍颜色、图案等都必须由他本人点头通过才行，然后，织造在动工之前，皇帝要祭天、祭祖，而云锦工人只能在黄道吉日才可以织。所以，一件如此华丽的龙袍没有13年织不起来。这件龙袍完工于万历四十七年，而万历皇帝总共在位48年，也就是说，他这件衣服织成后不久就去世了。于是后人就把这件新衣作为随葬品，葬进了定陵。300多年后，这件龙袍在出土时早已腐旧成咖啡色，原本的彩色龙纹早已没了模样，局部也化成碎片了，只有金线绣成的寿字还清晰可见。后来，南京云锦研究所用了三年时间将其成功复制，现珍藏于定陵博物馆。

▲ 清乾隆明黄缎绣五彩云蝠金龙十二章吉服袍，“十二章”指日、月、星辰、山、火等，包含了十二种至善至美的帝德。

品·牌·志

我国是世界上最早饲养家蚕和缫丝织绸的国家，大约在公元前4世纪，中国的丝织品就已经驰名于世。汉代张骞通西域后，

▲ 真丝织锦版《孙子兵法》。全书锦缎质地高贵，手感柔和细腻，彩图及书法行文呈现织锦特有的华贵高雅色泽和立体感，被业界公认为丝绸文化的极品。目前该书已被荣幸地选为中华人民共和国国家领导人出国访问的专用国礼。

中国的丝绸制品通过丝绸之路开始传向欧洲。欧洲人把这种质地轻柔、色泽华丽的丝织物视为是神话中天堂里才有的东西。古希腊人干脆称中国为“赛里斯（Seres）”，即“丝之国”，他们把购丝绸、穿丝绸看做是富有和地位的象征。据记载，有一次罗马的恺撒大帝穿着一件中国丝绸做成的袍服去看戏，绚丽夺目的华服在剧场内外引起了巨大的轰动，许多人情不自禁地赞道：“真像是一个美丽的梦。”

唐朝是丝绸生产的鼎盛时期，无论产量、质量和品种都达到了前所未有的水平，“丝绸之路”的通道增加到了三条。宋元时期，随着蚕桑技术的进步，中国丝绸有过短暂的辉煌。不但丝绸的花色品种有明显的增加，后来又出现了宋锦、丝和饰金织物三种有特色的品种。明清两代，丝绸的海外贸易发展迅速，江南一带成为最重要的丝绸产地，我国丝绸发展到了最活跃的时期。但晚清时中国丝绸业在苛捐杂税和洋绸倾销的双重打击下渐趋没落。

典·藏·馆

南京云锦

典藏理由：江南织绣的典范

根据织物组织结构、经纬线组合方式、加工工艺、绸面的外观形态及质地，丝织品可分为锦、绸、缎、纺、绒等14大类以及乔其、塔夫、薄纺、绢纺、绵绸等34小类，“锦”是丝织物14大类中的一类，是指经纬丝无捻或加弱捻，采用先染后织、具有多种色彩花纹的丝织物。而南京云锦与成都的蜀锦、苏州的宋锦、广西的壮锦并称“中国四大名锦”，因其绚丽多姿，美如天上云霞而得名。

南京云锦的产生和发展与南京的城市史密切相关，南京丝织业甚至可追溯到三国东吴时期，公元417年，东晋在建康设立专门管理织锦的官署——锦署，这被看做是南京云锦正式诞生的标志。从元代开始，云锦一直是皇家服饰专用品。明朝时织锦工艺日臻成熟和完善，并形成了南京丝织提花锦缎的地方特色。清代在南京设有“江宁织造署”，《红楼梦》作者曹雪芹的祖父曹寅曾任江宁织造20年之久。

南京云锦织造鼎盛时拥有3万多台织机，近30万人以相关产业为生，是当时南京最大的手工产业。不过现在，了解并能够传承云锦工艺的艺人已经不是很多。2009年9月，中国南京云锦织造技艺成功入选联合国教科文组织《人类非物质文化遗产代表作名录》。

苏州宋锦

典藏理由：收藏价值极高

苏州织锦始于五代，到了宋代已发展得相当兴盛。特别是宋高宗南渡以后，全国的政治、文化中心移到了江南地区，为满足当时宫廷服装和书画装饰的需要，在苏州织锦中出现了一种极薄、极细的供装裱书画用的品种，其中有“青楼台锦”、“紫百花龙锦”、“柿红龟背锦”等40多个品种。这些美丽的织锦与书

▲ 极乐世界宋锦图轴

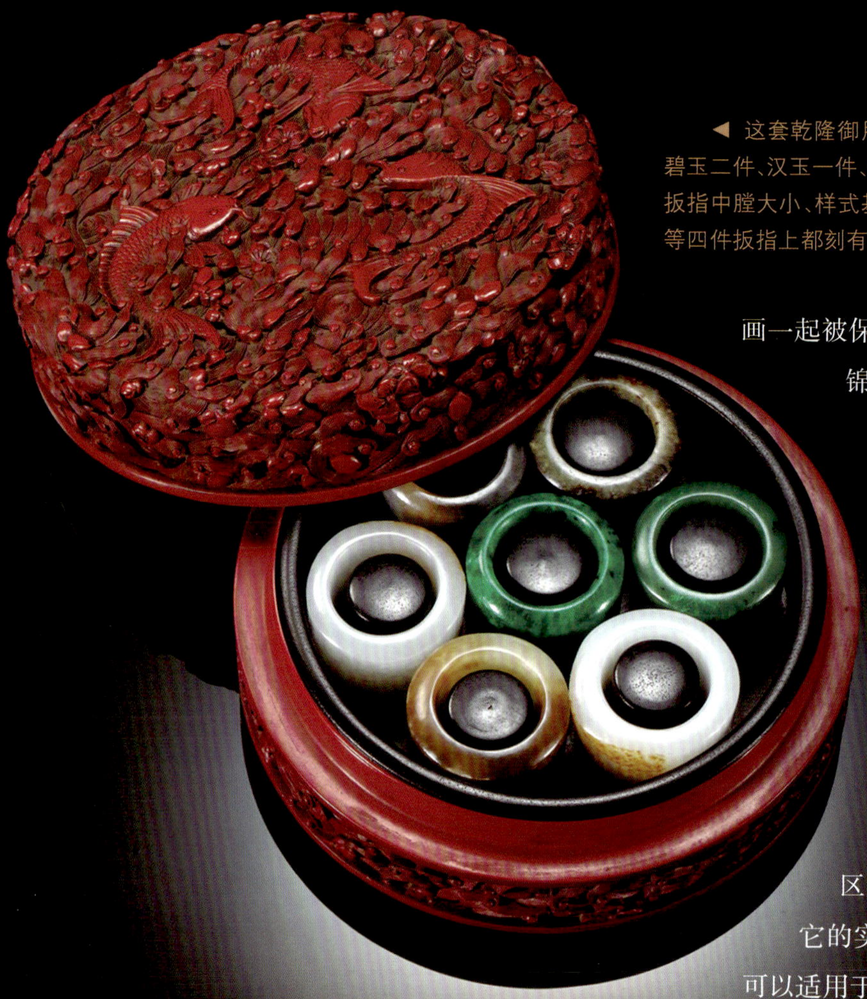

◀ 这套乾隆御用的七枚玉扳指中有白玉二件、碧玉二件、汉玉一件、青玉一件、赤皮青玉一件。所有扳指中膛大小、样式基本一样，其中碧玉、汉玉、青玉等四件扳指上都刻有乾隆帝的御制诗。

画一起被保存了下来。所以后世谈到锦必称宋，宋锦由此得名。

宋锦不仅具有不菲的鉴赏收藏价值，还有个很大的优势，它解决了任何丝绸类手工艺品都无法达到的实用性问题。通常在我们的概念中艺术品只能小心翼翼地用画框装裱展示，那与一般的书画没有什么本质上的区别。而宋锦的工艺决定了它的实用性，它质地非常坚固，可以适用于任何所能想到的用途，因为它可以反复洗涤。2009 年 9 月，宋锦作为中国蚕桑丝织技艺，入选联合国教科文组织世界非物质文化遗产。

中国素有“玉石王国”的美誉，自古以来，玉就是中国最具代表性的文化表征之一。慈禧平时最爱用的茶杯不是瓷质的，而是上等的羊脂白玉制成的，为的是与花茶相得益彰。

玉器

慈禧嗜茶成瘾且极爱花茶，为她泡茶的水是当天从北京颐和园玉泉山运来的泉水，常用的茶杯不是瓷质的，而是上等的羊脂白玉制成的，为的是与茶香相得益彰。其实中国素有“玉石王国”的美誉，自古以来，玉就是中国最具代表性的文化表征之一，历朝历代，崇玉、尚玉、佩玉、藏玉、赏玉，并赋玉以灵性、礼教、德性等独特内涵。自三代经秦汉至隋唐，玉器大多只是王公贵族的饰品，两宋时经济发达，由于商业繁荣以及手工业技术的进步，玩玉、赏玉之风渐盛。而到了明清尤其是乾隆和嘉庆年间，玉器制作及玩赏达到顶峰。

乾隆皇帝爱玉成癖，被后人称为“玉痴”，一生曾留下了800首咏玉诗，现在故宫博物院的3万多件玉器多半都为乾隆时期收藏，当初他还专门命人打造了一个九层高的收纳盒，每层有若干个抽屉，抽屉中的每件玉器都有它专属的小格子，内部构造与玉器完全吻合。乾隆还是玉器的最大“造假者”，据养心殿造办处记载，乾隆八年正月二十七，乾隆命其根据《考古图》所载，按上面的尺寸仿做玉如意、玉马等六件玉器，同年十一月初七又命人在某些玉器上篆刻了“宣和玉玩”等字，颇有以假乱真的意味。乾隆之后的嘉庆皇帝是皇十五子颙琰，“琰”即美玉之意，而从长子颙璜到十七子颙璘，乾隆为颙琰的十六个兄弟所起的名字也都与玉相关。

上之所好，下必流行。乾隆二十四年（1759年）至嘉庆十八年（1813年）是清代玉器生产的鼎盛时期，当时由于回疆问题得到了解决，和田玉石进入中原的渠道也被打通，乾隆二十四年（1759年）时还在和田专设“哈什伯克”（玉石

► 清乾隆白玉御题诗仿汉龙尾觥和清乾隆御制青白玉十六罗汉玉册

官）督办采玉。当时平均每年贡玉量可达4000余斤，制造了大量的杯盏餐具，著名的京城琉璃厂也是在乾隆年间形成的。

品·牌·志

除了供人观赏把玩的各种玉饰，玉玺自然也是皇室玉器的重中之重。中国人用印信来表示信用的传统始于周朝，到了秦朝才有玺和印之分。根据汉代的记载，当时皇帝处理政事主要有六玺，由专人掌管，到唐高祖武德年间增为八玺。实际上皇帝御用的印章远远不止这些，康熙生前曾使用印章不下130枚，乾隆更是堪称中国历史上拥有印章最多的皇帝，数目不下千枚。这些印章小似黄豆，大如方砖，材质涉及金、木、白玉、墨玉、青田石、寿山石、象牙等20余种，所镌的文字多为他的别号、地名以及他欣赏的诗词，字数最少的仅刻了一个“寿”字，最多的则刻了《陋室铭》的81字全文。即便文字相同也可能以不同的字体和材质做出四五十枚，其中相当多的印章在篆刻后从未使用过。近些年，乾隆玉玺在国际拍卖市场上的身价一直居高不下，成交价屡屡超过千万人民币。2008年，一方镌有“乾隆御笔”的交龙钮白玉玺在香港以6338万港元成交；2009年，当时为庆祝乾隆80寿辰制作的一方“八徵耄念之宝”交龙钮和阗青玉玺

▲ 清三希堂青玉

▼ 乾隆御制交龙钮白玉玺

和田玉

典藏理由：玉中极品

新疆玉石是我国玉石群中的佼佼者，其中又以新疆和田玉最负盛名。《千字文》有“金生丽水，玉出昆冈”之说。昆冈玉就是指的和田玉，它与陕西蓝田玉、河南南阳玉、甘肃酒泉玉 、辽宁岫岩玉并称为中国五大名玉。

和田玉主要分布于新疆莎车—塔什库尔干、和田－于田一带，其主要品种有：羊脂白玉、白玉、青白玉、青玉、黄玉、糖玉、墨玉等，玉质为半透明，抛光后呈质状光泽，硬度在5.5到6.5之间。和田玉主要夹生在海拔3500米到5000米高的山岩中，它们经长期风化也会剥解为大小不等的碎块，崩落在山坡上，再经雨水冲刷流入河中。因此，在河床中采集的玉块称为子玉，在岩层中开采的称为山料。

蓝田玉

典藏理由：曾用于制作皇室玉玺

蓝田县隶属陕西西安，蓝田玉是中国开发利用最早的玉种之一，迄今已有4000多年的历史。历代皇室和显贵都视蓝田玉为珍宝，传说秦始皇曾命人采蓝田玉做玉玺，而唐代及以前的许多古籍中都有蓝田产美玉的记载。据记载，唐明皇就曾命人采蓝田玉为杨贵妃制作乐器，杨贵妃的玉带也是蓝田玉，所以后来人们用杨玉环的小名芙蓉来命名，称其为“冰花芙蓉玉”。后来，蓝田玉被大量制作成玉枕、茶具、酒具等，唐代著名诗人李商隐还曾为之留下了一句名诗：“沧海月明珠有泪，蓝田日暖玉生烟”。

帝国时代的俄罗斯有着其他欧洲国家难以企及的恢弘霸气，而对于手握最高权柄的历代沙皇而言，除了至高无上的权力与威严，他（她）身后的华丽生活也将永远令人暗生惊叹。

俄罗斯皇室（上）

沙俄时代的奢华印记

王朝故闻

一边是凛冽刺骨的西伯利亚寒流，一边是唯美曼妙的艺术芭蕾；一边是世界上最刚烈的伏特加，一边却是世界上最香滑可口的鱼子酱，如果再加上强悍、豪迈的性情以及深厚而细腻的文学造诣，俄罗斯文明极为鲜明的特点似乎已无须多言。其实俄罗斯开始走入世界文明史的时间是较晚的，8世纪时，主要生活在现今俄罗斯境内东欧平原上的东斯拉夫人才逐渐走出氏族社会阶段，公元862年，诺夫哥罗德地区出现了第一个王公政权——留里克王朝，20年后，留里克王朝征服了邻近的基辅公国以及其他一些部落，以基辅为中心的统一国家逐步形成，史称“基辅罗斯”。通过不断对外征战，基辅罗斯成为了中世纪最大的欧洲国家。

自11世纪起，基辅罗斯陷于割据混战，最终分裂为18个公国。到了13世纪初，由于成吉思汗及其后人的入侵，基辅罗斯成为臣服于蒙古人统治之下的钦察汗国。1480年，莫斯科公国大公伊凡三世率部击败蒙古军队，莫斯科公国脱离钦察汗国，其他公国也在其帮助下纷纷独立，蒙古人对基辅罗斯长达240年的统治就此终结。随着周边公国以及部落不断被并入，到1505年伊凡三世逝世时，莫斯科公国的面积已经扩大了6倍。

1546年，伊凡四世加冕为史上第一位沙皇（大皇帝的意思），但是他的儿子费多尔沙皇在1598年去世，留里克王朝就此绝嗣。1613年，大贵族米哈伊尔·费多罗维奇·罗曼诺夫被推举为新一任沙皇，罗曼诺夫王朝由此开始了长达304年的统治。1721年，沙皇彼得一世称帝为彼得大帝，沙俄成为真正意义上的俄罗斯帝国。1917年二月革命后，罗曼诺夫王朝第18代统治者尼古拉二世退位，俄罗斯帝国宣告覆灭。

从彼得大帝到叶卡捷琳娜二世女皇，两位俄罗斯帝国最伟大的君主将属于俄罗斯皇室的奢华与尊贵演绎到了极致。对他们而言，奢华是生活最基本的注脚。

出自凯歌酒庄的香槟早在1780年前后已经开始销往俄罗斯。1814年，凯歌夫人将一万瓶香槟运到了俄罗斯宫廷所在地——圣彼得堡，凯歌香槟也从此成为了历代沙皇的生活必需品。

闪耀着无穷魅力的巴卡拉水晶是俄罗斯宫殿中最华丽的一道风景，为了应对来自俄罗斯皇室的订单，巴卡拉水晶厂甚至有专门的生产线，全天24小时生产。

皇家御用

如果要评出当今世界上收藏极品钻石和宝石最多的国家，俄罗斯绝对是其中一个，因为罗曼诺夫王朝两个最伟大的统治者——彼得大帝和叶卡捷琳娜二世女皇都是狂热的珠宝收藏者。

彼得大帝收集珠宝的癖好几乎令人叹为观止，据说他曾专门颁布了一道法令，要求民众不能随便变卖珍贵珠宝和首饰，一定重量以上的珠宝只能由皇室收购。为了珍藏他收集到的所有珠宝，彼得大帝在冬宫修建了一座藏珍阁，世人称之为钻石库。后来苏联国家委员会曾在1922年对钻石库里尚存的珍宝作了鉴定，虽然有相当一部分已经遗失，但库中仍有25300多克拉的钻石、1700克拉大粒蓝宝石、2600克拉小粒蓝宝石、2600克拉红宝石以及不计其数的大颗珍珠。而这里面当然少不了叶卡捷琳娜二世的贡献。

▲ 叶卡捷琳娜二世又称叶卡捷琳娜大帝或凯瑟琳大帝，1762年，33岁的她废黜了丈夫彼得三世登上了沙皇宝座。彼得三世随即神秘死亡，有人说是被毒害，官方说法是消化不良。叶卡捷琳娜二世统治期间曾两次同土耳其作战，三次参加瓜分波兰，把克里木汗国并入俄国，打通黑海出海口，建立了人类历史上空前绝后的俄罗斯帝国。凭借着超凡的智慧和魄力，她成功地把自己打造成了俄罗斯的化身。

在俄罗斯帝国历史上只有两位沙皇有着“大帝”的名号，一个是帝国奠基人彼得一世，另一个就是叶卡捷琳娜二世，而后者同样表现出了对于钻石的几近疯狂的痴迷。1762年叶卡捷琳娜二世在加冕典礼上所戴的大皇冠上镶嵌了将近5000颗钻石，总重2858克拉，其中装饰冠顶的一颗世界上最大最漂亮的红色尖晶石，重398.72克拉，被列为俄罗斯七大珠宝之一。叶卡捷琳娜二世还设法用钻石装饰整个宫殿甚至自己身边的一切，她有一本17世纪的《圣经》，银质的封面上竟然镶嵌了3017颗华美的钻石。为了投其所好，当时的王公贵族以及大臣也绞尽脑汁从世界各地搜集极品钻石献给叶卡捷琳娜二世。据说有一次在她收到的数以千计的生日礼物中，超过一半都是钻石。

除了收集钻石，叶卡捷琳娜二世也痴迷于收集国土，收集情人，当然还有数以万计的艺术品。她在位的34年里，俄罗斯的艺术品代理商散布在欧洲的各个角落，她海量购买名画、瓷器和雕塑，以至于英国和法国先后立法禁止艺术珍品被贩售到俄国，人们甚至戏称她收购艺术品的能量不亚于俄罗斯大炮的威力。而她自己也怀着绝对的自信，放出了如此豪言：“假如我能够活到200岁，全欧洲都将匍匐在我的脚下！”

第二次世界大战时，苏联流失了相当一部分珍宝，其中有号称“世界第八奇迹”、“天下第一号珠宝箱”的琥珀大厅。琥珀大厅原本由普鲁士国王腓特烈一世在18世纪初下令建造，当时总共用了6吨琥珀石，内部饰有大量的钻石、各色宝石以及金银箔片，完工后腓特烈一世将其作为书房。它的面积约55平方米，所以其实应该被称为“琥珀屋”。5年后，为与俄国缔结盟好，

▲ 夏宫中被修整一新的琥珀厅

腓特烈一世的儿子威廉一世竟大方地将琥珀屋送给彼得大帝，彼得大帝将其运回了自己的钻石库。18 世纪，叶卡捷琳娜二世下令将琥珀屋纳入到重新装修夏宫的计划中，1770 年完工时她见到了一个富丽堂皇的琥珀厅，当 565 支蜡烛的烛光洒在华丽的宝石上，流光溢彩，辉煌至极。第二次世界大战时，琥珀大厅的宝石在被入侵苏联的德军拆散后装了 27 箱准备运回德国，但它竟就此神秘失踪。有说法称其可能在运输途中由于战况突变而被纳粹分子沉入奥地利境内某湖底，有说法则称其可能早已被战火所毁，至今下落不明。现在，在历经 25 年时间的修复之后，琥珀厅的夏宫原址已经重现了当年的奢华，工程整体耗资 1 亿美元，使用各色琥珀石多达 10 吨。

俄罗斯帝国的辉煌时代如今早已一去不回，然而沙皇们所挚爱的凯歌香槟却似乎未沾染一丝没落腐朽的尘埃，依旧是各国王室首选的御用珍品。

Veuve Clicquot
凯歌香槟

俄罗斯地处高纬度地区，气候寒冷，所以俄罗斯人的生活历来少不了酒的点缀。彼得大帝平时很喜欢喝酒，他晚年时身体状况急转直下据说就是源于狂饮无度。不过如果他知道几十年后的沙皇们已经可以尽情享用带着细密气泡的法国香槟，不知道他会不会为此深感遗憾。俄国宫廷在 18 世纪晚期已经开始饮用香槟，到了拿破仑时代，出自凯歌、酩悦等著名酒庄的香槟已经在俄国贵族当中大受追捧。所以可以想象，当初的沙皇亚历山大一世几乎是一边喝着法国香槟，一边三次打败了野心勃勃的拿破仑。拿破仑战败后，香槟区的酒窖也经历了一场浩劫，包括俄国在内的反法同盟将其当做战利品运回国内，但是这也让法国香槟以更快的速度名满世界。

其实凯歌香槟早在 1780 年前后已经出现在了莫斯科，但数量并不多，主要原因是当时香槟的主要市场还是西欧，而且凯歌酒庄正处于发展初期，规模并不算大。1805 年酒庄第二代主人弗朗西斯·凯歌早逝后，他的夫人开始接手事业。五年后，香槟区迎来了历史上难得的葡萄丰年，而且伴有大彗星出现的天文奇观，所以“彗星年”从此成了可遇不可求的好酒年份的代名词，凯歌夫人甚至特意设计了一个带有慧星标志的特殊酒标。1814

年，一万瓶贴有这种酒标的 1811 年份凯歌香槟运往了俄国圣彼得堡。从此，凯歌香槟华丽曼妙的身影就再也没有离开过奢华的俄国宫廷。

凯歌酒庄是全球最古老的香槟生产商之一，它的历史可以追溯到 1772 年，创始人是一位名叫菲利普·凯歌的银行家。目前全世界只有产自法国西北部香槟区的气泡葡萄酒才可以叫做香槟，而菲利普·凯歌的妻子正是当年香槟区中心城市兰斯市市长的女儿。在第二代传人弗朗西斯·凯歌手上，凯歌香槟的声誉日渐卓著，可是他在 1805 年突然去世，只留下年仅 28 岁的妻子和年幼的女儿。在失去至爱的悲痛中，年轻的凯歌夫人一人撑起了整个酒庄。1810 年，凯歌香槟有了新的名称——Veuve Clicquot Pousardin，里面几乎说明了凯歌夫人的一切——寡妇、她夫家的姓和娘家的姓。

香槟的制作过程需要将基酒装瓶之后再加入酵母进行二次发

酵，但是随着酵母逐渐死去，酒瓶中就会产生难以去除的沉淀，无法排出，这在当时始终是一个解决不了的难题。1816年，凯歌夫人通过一个带孔的木头瓶架，把酒瓶倒着插在里面，每天轻轻转动两次，最终沉淀物渐渐聚集到瓶口，然后打开瓶塞清除。这一相关技术一直沿用到今天，当酒渣聚积到瓶口以后通过低温处理等方式使之变成果冻状，打开瓶塞后由于压力变化会自行弹出。这一过程会耗费一点酒液，所以还要补回一些，这部分酒的成分和甜度比例通常是各个香槟酒庄的秘密配方，对于香槟最终的品质有直接影响。目前少数品质上乘的香槟酒庄依然以手工方式完成包括转瓶在内的全部除渣过程。当年，清澄无暇，没有恼人酒渣的凯歌香槟出现之后，很多人再也不愿去买别的品牌。

1866年，89岁高龄的凯歌夫人走完了她传奇的一生，后来人们甚至将她与法国的民族英雄圣女贞德并称为兰斯地区的两位奇女子。而在她离世时，凯歌香槟已经是香槟区最成功的酒厂之一，年销量超过300万瓶。现在，凯歌香槟是仅次

1998 年份凯歌贵妇香槟

于酩悦香槟的全球第二大香槟生产商，几乎平均每隔一秒钟，地球的某一角落就有一瓶凯歌香槟被打开享用。不过凯歌香槟的品质从来没有因此而降低分毫，当你啜饮着高脚杯中那琥珀色的精致液体，感受着它活泼密致的美丽气泡，你一定会想起凯歌夫人留下的那句话：“这里只能有一个品质——最好的。”

Veuve Clicquot

典·藏·馆

凯歌黄牌“Yellow boam”香槟

典藏理由：最特别的皮革酒标

凯歌酒庄总共把香槟分为黄牌香槟（Yellow Label）、白牌微甜香槟（Demi-Sec）、金牌年份香槟（Vintage Reserve）、银牌年份香槟（Rich Reserve）、粉红年份香槟（Rose Reserve）以及贵妇香槟（La Grande Dame）和粉红香槟贵妇（La Grande Dame Rose）七大类别。凯歌黄牌堪称最能代表该品牌特点的无年份香槟，它诞生于19世纪70年代，当年还是威尔士亲王的爱德华七世成为了首批尊享到凯歌黄牌香槟的顾客之一。

2007年，为庆祝凯歌黄牌香槟诞生130周年，凯歌酒庄推出了限量3600瓶的凯歌黄牌“Yellow boam”香槟，它们每瓶都用22.4K镀金箔封存，顶端缀以24K黄金瓶盖，重点是它们还拥有凯歌乃至整个香槟史上最特别酒标，以鳐鱼、驼鸟和鳄鱼皮革手工打制，附有专门的野生动植物国际贸易公约证书。根据客户的要求，这些珍稀的皮革酒标可以被打造成独一无二的精美皮件。

凯歌贵妇香槟

典藏理由：凯歌夫人的传奇再续

凯歌贵妇香槟被誉为最适合时尚女性饮用的香槟酒之一，它诞生于1972年，当时恰逢凯歌香槟200周年诞辰，为纪念凯歌夫人在香槟界的盛誉，凯歌香槟推出了第一批贵妇系列香槟。在凯歌酒庄，无年份香槟至少要窖陈30个月，年份香槟的陈年则至少需要5年以上，而自凯歌贵妇香槟系列诞生的那一天开始，无论是它的无年份香槟还是年份香槟，凯歌酒庄从葡萄的甄选开始一直到最后的窖藏，每一处细节都几近苛求。目前人们可以喝到的最新的凯歌贵妇年份香槟是1998年份的。

凯歌 1998 年份贵妇香槟有着凯歌香槟醒目的黄色酒标，著名设计师安德丽·普特曼还为其设计了豪华限量版礼盒，它的外表以精致的黑色国际象棋盘格为主体，淋漓尽致地传达出贵妇香槟所有的神秘之感，也表达了这款香槟令人惊羡与炫目的迷人个性。更为绝妙的创意是，礼盒开启后能转化成为一个典雅的冰桶，给人带来意想不到的惊喜。这款鲜见的珍贵设计在全球只限量推出 2000 套。

凯歌粉红香槟

典藏理由：甜美爱情的最佳诠释

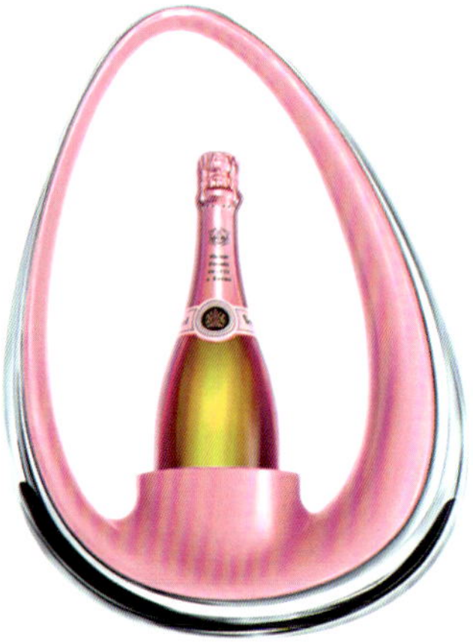

▲ 作为凯歌粉红香槟的绝配，美国鬼才设计师卡里姆·拉希德曾经为其设计出了装有 LED 灯光系统的酒架。除了散发着浪漫的粉色光晕，它还可将香槟保持在适饮温度（7—10℃）长达两个小时，酒架全球限量 500 件，价值 4500 美元。

如果世界上真有一款为浪漫而生的酒，那么这一定非粉红香槟莫属。1775 年，诞生自凯歌酒庄的世上第一款粉红香槟出口至瑞士时，掀起了风靡一时的粉红风潮。1818 年，凯歌夫人首先采用将红葡萄酒与白葡萄酒混合调制的全新酿酒方法，提升了凯歌粉红香槟的品质和口感，完成了粉红香槟酿制工艺上的一次革命。

100 多年来，粉红香槟总是以其独特的优雅和精致，营造出梦幻般的浪漫情调，无论是心跳加速的第一次约会，还是情人节烛光摇曳的华丽晚餐，又或者是无指环套上无名指的幸福一刻，凯歌粉红香槟的灵动身影永远是最佳的配角，用它优雅晶莹的粉红色泽和香甜的气息，催化出令人迷醉的美妙爱情，使情人间的浪漫从空气中一直蔓延到嘴角。

凯歌粉红香槟以无年份香槟居多，粉红年份香槟只会在葡萄丰年时被酿制，而且也不是所有的凯歌年份香槟都会对应一款粉红年份香槟。由于在酿制过程中遵循着独特的葡萄品种配比比例，凯歌粉红香槟有着令人难以置信的存放潜力，甚至可以达到 20 年。诸如凯歌 1985 和 1988 年份粉红香槟现在都已经是香槟收藏家们极为珍视的宝贝，不在特殊重要的场合是不舍得轻易开启的。而凯歌香槟的特别款，像是 1996 年面世的凯歌贵妇 1988 年份粉红香槟，如今已经难得一见。

▲ 全球限量 15 个的“垂直极限”酒柜是凯歌香槟与保时捷设计室携手打造的，它的 12 个酒瓶形状的柜格中收藏着 12 瓶不同年份的罕见的优质大瓶装凯歌香槟。整个酒柜采用精钢材质，温度则长年维持在 12℃，那正是凯歌位于法国兰斯市原厂的酒窖温度。

Veuve Clicquot

名·人·堂

几百年来，凭借着曼妙的口感和优雅的气质，香槟一直备受皇室贵族的宠爱。由于香槟只出自法国香槟区，别的地区和国家酿制的都只能叫做气泡葡萄酒。所以面对香槟，各国王室在颁发供货商委任状的时候就不存在照顾本国品牌的可能性。凯歌香槟拥有英国和荷兰的皇家委任状，当年从英国女王伊丽莎白二世的银婚纪念宴会到戴安娜王妃与查尔斯王子当初的婚宴，凯歌香槟都在供应之列。

西方人有一个悠久的传统，一艘新船在开始首航之前，总要由船主或者重要嘉宾将一瓶香槟酒掷在船头击碎，意在奉祭大海，祈求平安，同时更是为了欢庆。2004 年 1 月 8 日，英国丘纳德航运公司耗资 7 亿美元、历时 17 个月建造的超级豪华游轮“玛丽女王 2 号”在南安普顿港举行盛大的首航起航仪式，一身红装的

▲ 豪华的“玛丽女王 2 号”游轮可容纳千人的影剧院。游轮上除了设有 2000 间浴室、3000 部电话、15 家餐厅、5 个超大游泳池以及 8 个按摩池以外，SPA、宴会厅、夜总会、图书馆、赌场、健身房、网球场、高尔夫球场和儿童活动中心一应俱全，还有包含天文馆等功能的多功能厅、可容纳 500 人的礼堂以及 20 家名牌时尚用品商店，所到之处的 10 步之内必有一件艺术作品。

伊丽莎白二世女王受邀出席，她亲手开启一瓶凯歌黄牌香槟，然后举起酒杯宣布：“我命名这艘船为‘玛丽女王 2 号’，祝愿上帝保佑它和所有跟随它起航的人！”随后，一瓶巨大的 3 升香槟被投向了船头。

“玛丽女王 2 号”可容纳 2600 名乘客与 1250 名船员，船上的酒窖里储藏着大约 5 万箱葡萄酒，其中囊括了出自法国香槟区、勃艮第、波尔多这些著名酒区以及世界其他美酒胜地的数百种名酒，酒单厚达 28 页。不过这些酒的价格和餐馆里的可大不一样。船上有 14 个风情各异的酒吧，包括专门的凯歌香槟酒吧。“玛丽女王 2 号”与很多世界顶级品酒师都签有聘用合同，他们每年要随同该游轮出游一定次数，主要任务就是指导客人如何选酒和品酒。

“任何事物过多无益，但香槟例外。”来自马克·吐温的这句话可能会让很多人都深有同感，因为世上爱上凯歌香槟的人绝对不在少数，而对于诗人和作家来说，美妙的香槟也许正是灵感的来源。俄国著名诗人普希金、作家契诃夫都对凯歌香槟赞颂不已；著名作家吉莉·古柏也是凯歌的头号拥趸，而且她也不避讳地宣称，她必须在凯歌香槟的催化下，才能写出真正打动人心的好作品。在无数的好莱坞大片中，人们都可以清楚地看到凯歌香槟鲜明的黄色酒标在巧妙地抢着镜头。1942 年，电影《卡萨布兰卡》（《北非谍影》）造就了西方电影史上尤为经典的一句台词：“世界上有那么多的城市，城市中有那么多的酒馆，而她却偏偏走进了我的。”在剧中除了出现了凯歌 1926 年份香槟，当男主角亨利·鲍嘉挽留女主角英格丽·褒曼时，英格丽的回答是：“如果能有凯歌香槟，我就留下……”

带着令任何人都能一见钟情的神奇魔法，瑰丽的巴卡拉水晶走进了俄罗斯帝国的殿堂。而今，即使是再挑剔的人，也依然无法抵挡它闪耀了两个半世纪的精致光芒。

Baccarat
巴卡拉水晶

除了香槟，法国还有一样东西深受俄罗斯沙皇的青睐，那就是出自法国东部小镇巴卡拉的水晶艺术品。巴卡拉水晶厂是法国国王路易十五授意兴建的，最初主要生产玻璃器皿，1816 年以后开始生产水晶制品。凭借着华丽绝伦的风格，巴卡拉为自己赢得了“王侯们的水晶”的美誉，俄国沙皇亚历山大二世和妻子玛利亚皇后为了装点寝宫，在 1867 年从巴卡拉水晶厂定制了一座 215 公分高的巨型水晶烛台，上面有 25 个烛架。

到了末代沙皇尼古拉二世那里，他对于巴卡拉水晶的喜好更是有增无减。1896 年出访巴黎期间，一贯奢华无度的尼古拉二世一到巴卡拉店中便被陈列的众多精致高雅的水晶制品所吸引。于是，喜欢喝伏特加的他立即订购了多件伏特加专用水晶酒杯，还有与之相配的餐具和桌椅，另外还有 12 座高脚烛台。这种烛台曾获得过巴黎万国博览会的金奖，每座高 3.85 米，包含 79 支烛架，后来被称为“沙皇烛台”。其实这些东西只是冰山一角，

由于俄罗斯宫廷的需求实在太大，巴卡拉水晶厂后来甚至设立了一个专门的生产线，全天候生产，以完成俄罗斯皇室的订单。直到现在，在巴卡拉水晶厂里仍有一个厂房叫“俄罗斯厂房”，以此来纪念辉煌的沙皇时代。

18世纪后半期的俄罗斯几乎成了巴卡拉水晶的最重要的海外市场，这在无意间甚至影响和带动了其他亚洲皇室，日本大正天皇定制了水晶碗、印度各个土邦王公争相配备整套的水晶家具。其实能够拥有这些辉煌的历史，能够享有“王侯们的水晶”的美誉，巴卡拉水晶绝对当之无愧。从诞生之日起，它没有让一件残次品流出厂外，它的每个技术人员，无论是玻璃吹制师、水晶琢磨师还是雕刻师，都必须接受超过 5 年的专业训练。两个半世纪以来，无论世界如何发展，美的标准如何转变，巴卡拉的时尚经典风格始终被一众品位独具而又懂得享受生活的人所追捧。

Baccarat

品·牌·志

巴卡拉水晶的美丽传奇始于 1764 年，就在那一年，为了恢复法国在英法七年战争后的地区经济，法国国王路易十五钦准梅茨大主教在法国东部一个名叫巴卡拉的小镇兴建一家玻璃制造厂。1816 年，这家玻璃厂被一位水晶工业家买下并命名为巴卡拉，巴卡拉的第一件水晶制品也在那一年问世。之后短短几年间，巴卡拉凭借其产品的瑰丽与华贵，成为法国顶尖的水晶制造商并迅速闻名世界。1823 年，巴卡拉接下了第一张王室订货单——来自于法国国王路易十八的酒具订单。此后，巴卡拉的顾客由拿破仑三世一直延续到历届法国总统，直至今天，法国爱丽舍宫的餐桌上仍在使用出自巴卡拉的水晶酒杯，世界各地的顶级酒店、剧院、大教堂里也总少不了巴卡拉水晶艺术品的身影。

1840 年，巴卡拉开发出了一门绝艺，通过在高温烧制时添加金属熔盐，使水晶呈现出不同的色泽。而其中最特别的应数“胭脂红”色，因为必须混用纯金，所以价格十分昂贵。在巴卡拉水晶的所有作品中，胭脂红色作品的价格要高出其他颜色很多倍。另外，巴卡拉又是第一家研发出不透明水晶的工厂。大略而言，玻璃对光的折射率如果不低于 1.545 就可被列入水晶的等级，其成分中铅越多就越为清澈，折射度也就

▲ 巴卡拉水晶宫的底楼设有珠宝、酒杯餐具、装饰用品等的专卖区以及只接待 VIP 客人的私秘会客室，楼上则设置了陈列巴卡拉传世之作的艺廊，其中还暗藏了一间黑水晶沙龙，尊贵的客人们可以在此静谧地享用佳肴。

越高。但是巴卡拉研制出的不透明水晶就意味着在不增加含铅量的基础上，仍然能够维持水晶的高折射率，工艺之高妙令人叹服。

1992 年，巴卡拉水晶易主泰亭哲香槟集团，新东家在第二年即创立了珠宝饰品部门，开始推出戒指、耳环、项链等首饰，巴卡拉水晶的历史也随着翻开了崭新的一页。2003 年，泰亭哲集团买下了位于巴黎十六区合众广场 11 号的一幢 3000 平米的豪宅，并将其打造成了集概念店、博物馆、高级餐厅、多功能会所于一体的时尚殿堂，世人形象地称之为“巴卡拉水晶宫”。

Baccarat
典·藏·馆

“千夜”系列

典藏理由：巴卡拉的

巴卡拉水晶目前的主要产品包括家居以及装饰摆件、首饰以及时尚配饰两大类并以前者为主，整体系列多达十余种，产品涉及灯具、餐桌用品以及各种家居装饰摆件。其中，“千夜”系列的设计灵感主要来自于阿拉伯民间文学作品《天方夜谭》，这个故事的起源地也正是巴卡拉设计师马迪亚斯成长的地方，马迪亚斯主持设计了包括台灯、壁灯、天花吊灯、烛台、花瓶、酒具以及摆件在内的整个“千夜”系列。

巴卡拉有一个传承了多年的传统，它的水晶吊灯上一般都会有一块标志性的名贵胭脂红水晶点缀其中，“千夜”系列也不例外，通常人们都会将其视为对于水晶本身所承载的艺术生命的最高礼赞，而巴卡拉水晶也用它见证着每一个特别的时刻。高脚香槟杯一直是巴卡拉水晶的经典保留产品，“千夜”系列的香槟高脚杯有红色、黄色、绿色、紫色、蓝色、透明色可供选择，极具观赏性，同时也重新唤起了豪华精致而又恢弘大气的欧洲宫廷之美，风格独具。

▲ 巴卡拉“千夜”系列香槟高脚杯

香水瓶与酒瓶

典藏理由：经典的“跨界合作”

对于女人而言，巴卡拉最彻底的征服莫过于那只以水晶制成的迪奥“真我”香水瓶，享誉全球的细长颈设计被巴卡拉重新诠释，金色液体在水晶瓶的折射下透出神秘而灵动的光线，展现的正是追求自由、不甘平凡的真我精神。其实从19世纪末开始，巴卡拉水晶就有专线负责生产香水瓶，到了20世纪初，每天的产量甚至可以高达4000瓶。现在，包括娇兰在内的一些香水界中的顶级名牌的香水瓶都出自于巴卡拉。

但是对于男人，巴卡拉的征服则来于干邑。从轩尼诗到拿破仑再到人头马路易十三，世界各大顶级干邑几乎都选择了巴卡拉来打造名贵的水晶瓶身。轩尼诗李察干邑曾被世界知名干邑品评家马克·戴·莫尔高誉为“世上最完美干邑”，售价超过一万元人民币，巴卡拉为其专门打造的手工瓶身需工匠花上40多小时手工雕琢而成。实际上轩尼诗干邑与俄罗斯宫廷也是渊源颇深，公元1818年，轩尼诗家族受俄国亚历山大一世的母亲玛丽亚·费多罗芙娜所托，在亚历山大一世42岁寿辰之际为其调配一款稀世干邑。多年以后，轩尼诗根据当时的记录又调配出了这款皇室佳酿——轩尼诗百乐廷皇禧干邑。

而对于人头马酒庄的镇牌之宝路易十三干邑来说，它的数千欧元的身价除了因为调制它的1200种酒液百分之百都出自干邑区最核心的大香槟区，而且其陈年时间必须长达40至100年，此外，巴卡拉为其量身定做的鸢尾花水晶瓶身也是原因之一，瓶颈以24K纯金雕饰。除了常规的透明瓶身，神秘高雅的黑水晶材质也被路易十三干邑首次采用。这种黑水晶材质要求技师掌握极其高超的手工技艺，令水晶呈现颜色的金属氧化物必须被极为精心地分布，以确保瓶体拥有最为完美的不透明的黑色。路易十三干邑的黑色瓶身通常需要20位技艺精湛的工艺师经过两周时间制作完成，它是路易十三顶级限量版干邑的最好伴侣，全球限量786瓶的路易十三 RARE CASK 售价为一万欧元。

▲ 辣妹维多利亚为贝克汉姆定制的克里夫基斯汀香水的香水瓶就是用巴卡拉水晶制作的

Baccarat
名·人·堂

18世纪初印度莫卧儿王朝没落之后，印度境内出现了很多大大小小的“小王国”——土邦，它们甚至在印度沦为英属殖民地以后依然保持了很大的自主性。后来印巴分治时，土邦的归属成为当时双方争夺的焦点之一，至今仍然纷争频繁的克什米尔问题就是由那个时候的自治引起的。在当初的众多土邦当中，像巴罗达、瓜里尔这些土邦都是经济实力和影响力比较强的，而在19世纪后半期，巴卡拉水晶厂就开始专门为印度巴罗达土邦的王公贵族们提供大量的水晶制品，其中的一款水晶酒杯曾在1878年法国巴黎万国博览会上展出，摩纳哥王室后来也选择了它。而印度瓜里尔土邦也是巴卡拉水晶的忠实买主，它甚至还为巴卡拉水晶留下了一个最传奇的故事。据说当初该土邦的一位王公曾经从巴卡拉水晶厂定制了一个重达一吨的水晶灯来装饰他的宫殿，不过意外的是灯被吊起之后，宫殿的屋顶便被坠塌了，灯

也摔成了碎片。该王公随即命令人重修顶棚，修好之后让象群中最重的一头大象在上面行走，确认屋顶安然无恙后，他又向巴卡拉订购了一件一模一样的水晶灯。

瓜里尔土邦王公的屋顶被灯具坠塌，不过这样的事情应该不会发生文莱苏丹博尔基亚的宫殿里。文莱王室是全球最富有的王室之一，2010 年以 200 亿资产排在《福布斯》全球王室财富榜的次席。文莱的国家元首被称做苏丹，如今的第 30 世苏丹博尔基亚所住的宫殿又称“金王宫”，面积是英国白金汉宫的 4 倍，房间多达 1788 个，而它最引人注目的部分是其清真寺式的外部屋顶，那是用 45 公斤的黄金修建而成的。王宫内部也是极尽华丽，从自来水龙头到电灯按钮，全部采用纯金或镀金处理，巨大的水晶花瓶中开放的是以黄金以及各色宝石制成的“鲜花”，而屋顶上悬挂的每一盏巴卡拉水晶灯的价值都在 10 万美元以上。

▲ 全球限量786 瓶的路易十三 RARE CASK 瓶身以及专属酒具都是出自巴卡拉水晶

作为俄罗斯的政治中心，克里姆林宫的上空高悬着代表俄罗斯联邦的白、蓝、红三色国旗，基调简单，但却依旧难掩其一贯的大国气度，或者说，难掩其一如既往的奢华气派。

俄罗斯皇室（下）

王朝落幕 奢华依旧

如果算起来，近一百年应该是俄罗斯史上变化最深刻、最频繁的一百年。1917年3月（俄历二月），俄罗斯人的帝国时代在一场轰轰烈烈的二月革命中轰然倒塌，沙皇尼古拉二世下台。8个月后，十月革命取得成功，俄国成为“苏维埃社会主义俄国”（即苏俄）并且宣布单方面退出第一次世界大战。此举导致了英、法、日、美等协约国的不满，并于战后对俄国革命进行军事干涉。最终，苏俄红军击败了忠于沙皇和资产阶级势力的白军以及众多国外联合势力的干涉，巩固了政权。1922年底，由俄罗斯、乌克兰、白俄罗斯和外高加索联邦共同组成的苏维埃社会主义共和国联盟（简称苏联）正式成立，列宁当选为首届苏维埃政府主席。

苏联在历史上仅仅存在了69年的时间，其间历经7代领导人，到了最后的戈尔巴乔夫时期，在国内外多重因素影响下，苏联诸成员国纷纷独立。1991年12月25日19时38分，苏联红旗从克里姆林宫上空徐徐降下，取而代之的是白、蓝、红三色俄罗斯联邦国旗，“苏联”二字正式成为历史。

俄罗斯联邦的首任总统是叶利钦，1999年的最后一天，年届七旬的叶利钦宣布因身体原因辞职，总理普京出任代总统。2000年，普京赢得当年的总统大选，正式出任俄罗斯总统，而他在2008年卸任后马上被继任总统梅德韦杰夫提名，再度出任俄罗斯总理。2008年12月30日，梅德韦杰夫正式签署通过俄宪法修正案，正式将俄罗斯总统的任期由4年延长至6年。

▲ 俄罗斯克里姆林宫珍藏彩蛋

虽然皇权帝制的时代已然过去了近百年，然而，从造价超过3亿美元的专机，到价值数千万美元的游艇，俄罗斯总统的种种“特殊福利”依然可以将克里姆林宫的门面装点得活色生香。

1921年，苏维埃代表团在访英时购买了70辆劳斯莱斯，作为公务用车被分派给当时的高级政要使用，它们之中的大部分一直使用到20世纪50年代，甚至一部分还坚持到了70年代。

普京的右腕上经常戴着他钟爱的宝珀表，不过兴之所至，也常会将其割爱相赠，无论是好客的牧羊人，还是敢和他打趣的普通工人。

皇家御用

如果说帝制时代的俄罗斯沙皇们留给外界的印象还是至高无上的皇权以及华丽至极的生活方式，那么在进入到苏联时期以后，其高层领导人留给人们的印象更倾向于“特权”，准确地说，这种“特权”应该叫做“特殊福利”。早在20世纪30年代的斯大林时期，苏联就渐渐形成了一套完整的等级制度，从政治局候补委员、政治局委员一直到中央首长，每一级都有相应的生活待遇，包括专门的医院、疗养院、别墅、专车以及其他的专项服务。后来叶利钦曾在自传中透露，当他任职政治局候补委员的时候，除了享有国家配给的超大别墅，另外还有3个厨师、3个服务员、1个清洁女工和1个花匠照料他和家人的起居。其实能享受这些特权的人也不完全只有政要，法国作家罗曼·罗兰在1935年访问莫斯科时，发现连作家高尔基也可以享受特殊的待遇，在他的大别墅里，为他服务的有40多人。

苏联解体后，俄罗斯联邦政要的奢华福利依然照旧。叶利钦时代的总统专机是由“俄罗斯”国家航空公司研制的伊尔96-300，大约耗资3亿美元，其中4千万美元用于内部装修，备有卧室、淋浴室、休息室、会议厅以及疗养室。叶利钦离任后，普京总统也曾在一段时间内乘坐过这架豪华专机，但他在2001年定制了一架新的伊尔96-300专机。该机长55米，造价依然不低于3亿美元，总统专用的马桶甚至价值7.5万美元。该机拥有世界上最先进的驾驶、导航、通信等设备，可以确保随时同世界任何地点取得联系，而且信号经过了特别的加密安全处理。飞机上还有一间10平方米的总统办公室，里面据传安装了“核按钮”，可以操控俄罗斯的核打击能力。普京非常喜欢在专机上办公，他几乎是世界上乘坐飞机时间最长、飞行距离最远的国家首脑。为此，机舱内专门铺设了一条小型跑道，提供普京在长途飞行过程中活动身体。该机每年的保养费开销在1 200万美元左右，配有3名机组人员以及10名服务人员，通常情况下，只有普京最亲密的助手才会和他一起乘坐总统专机出行。不过也有例外的时候，普京总统的拉布拉多爱犬——科尼经常和主人一起乘专机外出，特别是在普京

▲ 俄罗斯总统的超级游艇，价值 4200 多万美元。

一家出国度假的时候。

其实包括直升机在内，供普京使用的各式飞机不下 6 架，除此之外还有 4 艘豪华游艇。除了资历最老的俄罗斯总统专用游轮“俄罗斯”号，2003 年圣彼得堡北方造船厂专门为普京参加圣彼得堡建城 300 周年庆典，量身打造了长 47.4 米的“海燕”号，而莫斯科造船厂也在圣彼得堡建城 300 周年前夕，为普京总统准备了一艘造价 400 万美元、长 31 米的“帕拉斯”号超豪华游艇。另外，普京还有一艘长 57 米的巨型游艇“奥林匹亚号”，传言它是由俄罗斯富豪阿布拉莫维奇所赠。

2010 年底，俄罗斯有媒体报道称，总统梅德韦杰夫从伊斯坦布尔的一家超级游艇制造商手中购入了一艘价值 4 200 多万美元的豪华游艇，并将其更名为“天狼星”号。这艘超级游艇总长 54 米，内部构造精巧奢华，包括 间超大会客厅、 个主卧套间、5 间客房以及供 12 名船员使用的宿舍。此外还有人工瀑布、两个冲浪浴池、一间电影放映厅以及有全套水中娱乐设施的泳池。随后，克里姆林宫承认确实购入了一艘新游艇，但是拒绝公开其身价，也拒绝确认这艘新游艇是否为“天狼星”号。但是承认这艘游艇是二手的，目前正在俄罗斯度假胜地索契试航，整体设施也还在调试和完善中，梅德韦杰夫总统可能会在2014年索契冬奥会期间用这艘游艇招待外国贵宾。

其实与这些优越的福利待遇相比，俄罗斯政要的薪金并不算高。2009年4月，普京的个人网站显示他2008年的收入约为15万美元，他的夫人柳德米拉没有任何收入。2010年，普京收入约为18万美元，而总统梅德韦杰夫的收入只有12万美元。

到了20世纪30年代，苏联从劳斯莱斯公司购入的政要专车已经多达90辆，最高领导者列宁的专车是三辆“银色魔鬼”，其中一辆还被特别改装成了“雪上越野版”。

劳斯莱斯

汽车开始为俄罗斯官方服务的历史始于 1907 年，当时宫廷大臣弗雷德里克斯上奏沙皇尼古拉二世，建议组建一个皇家车队。但尼古拉二世最初对汽车比较排斥，因为这种“喝”汽油的钢铁怪兽惊吓到了他的战马，尼古拉二世还进一步交代说自己到克里米亚度假时不需要这种新的交通工具。后来沙皇的态度有所缓和，亚历山德拉皇后甚至还“冒险”乘坐。到第一次世界大战爆发前，尼古拉二世已经拥有了包括劳斯莱斯、雷诺等名牌在内的欧洲最大的宫廷老爷车车队。十月革命之后，苏维埃政权接管了宫廷车队，当时的领导人列宁最喜欢的汽车品牌就是英国的劳斯莱斯，这种喜好源于 1910 年他在巴黎遭遇的一次车祸，当时撞到他的正是一辆劳斯莱斯。在打赢了那场车祸官司后，列宁还在给革命作家卢纳察尔斯基的信中称赞劳斯莱斯是好车。

1921 年，苏维埃代表团在访英时购买了 70 辆劳斯莱斯，作为公务用车被分派给当时的各大政要使用。所以一时间，莫斯

▲ 1907 年劳斯莱斯银灵敞篷版。1907 年，劳斯莱斯出产了极富绅士风度的“银色魔鬼”高级轿车，它制作工艺考究、技术性能优越，连续行驶 2250 公里，创造了当时的世界纪录。在第一次世界大战时，该款车被指派为军用车，在炙热的沙漠中，展现出了惊人的性能及可靠性。

科河沿岸路上的劳斯莱斯络绎不绝，以至于一位捷克斯洛伐克作家写道：“我从来没见过这么多劳斯莱斯的车队行驶在夜幕下的莫斯科。真是搞不清楚，劳斯莱斯是通过怎样的途径获得了苏联贸易代表团的青睐来到苏联的，又是怎样适应那些泥泞不堪的道路的……”得益于发动机及底盘各个部分的润滑系统运转良好，这些祖师级轿车的寿命长得超乎想象，一直用到 20 世纪 50 年代，甚至一部分还坚持到了 70 年代，而其中的 3 辆“银色魔鬼”（当时售价 1850 英镑）原是专供列宁使用的，不过列宁只要求对其中一辆进行了改装，前轮被装上滑板，后轮被橡胶履带取代，从而获得了良好的雪上行驶能力。当年这辆“雪上越野车”经常载着列宁在莫斯科郊外或者莫斯科和高尔基市之间纵横驰骋。但是列宁和它的缘分仅维持了不到 3 年，1924 年，54 岁的列宁因第三度中风逝世，很多人认为这与他早年遭遇暗杀时遗留在体内的子弹有关。

1935 年，莫斯科斯大林汽车厂（简称吉斯，即十月革命前的莫斯科阿莫汽车厂）开始为斯大林及政治局委员研制公务用车，后来斯大林签署命令，宣布不再进口劳斯莱斯车，而俄罗斯总统经常乘坐吉斯防弹车的传统也被保留至今。有意思的是，由于当时的人民委员米高扬十分喜欢坐快车，斯大林甚至亲自拟定禁令对其座驾进行了限速，一份保留下来的文件显示着：“禁止米高扬同志乘坐时速100~150（后改为80~100）公里的汽车；让米高扬同志保证不要求司机把车速提到每小时50~60公里以上。此命令由警卫局局长弗拉希克同志监督执行。”下面有斯大林等人的签名。

品·牌·志

一个是酷爱汽车运动的伦敦贵族查尔斯·劳斯，一个是家境贫寒的机械学天才亨利·莱斯，当他们两人遇到一起，一个关于世界顶级名车的传奇也就此拉开了大幕。1906年，劳斯莱斯汽车公司在曼彻斯特正式成立，次年推出了6缸48马力的劳斯莱斯“银色魔鬼”轿车，这辆车在伦敦和格拉斯哥之间几乎不间断地往返行驶了27次。最终，凭借极低的噪音和极佳的性能，该车轰动了当时整个业界，被人喻为“世界上最好的汽车”。诞生100多年以来，劳斯莱斯一直秉承着“建造世界上最好的汽车”的理念，一直到1997年，它的总产量大约只有10万辆，要知道福特车在1916年的产量就已经是50多万辆，就是到现在，劳斯莱斯每年的产量也依然只有2000到3000辆。当然，苛刻的产量源自于极其考究、巨细无遗的手工制造过程。

劳斯莱斯的发动机采用全手工制造，其安装过程需要6天；车头散热器的格栅完全是由熟练工人用手和眼来完成的，不用任何丈量的工具；制作一个方向盘要15个小时；而一台散热器需要一个工人一整天时间，然后再进行5个小时的加工打磨。就连车体最后的喷涂和抛光处理也要花费7天时间，历经5大步骤：首先是磷酸盐电镀层防腐蚀保护，然后是底漆、色漆以及两道透明清漆，每一步都要对车身进行手工打磨，最后再进行5小时的手工抛光。从1911年起，每辆劳斯莱斯车的车头都有一个“欢庆女神”的标志，这尊女神像的制作过程也极为复杂，它采用传统的蜡模工艺，完全用手工倒模压制成型，然后再

▲ 幻影双门轿跑车

经过至少 8 遍的手工打磨以及 64 分钟的机器研磨，做好的女神像还要经过数次严格检验之后才能被安置在车头上，而当车辆时速超过 80 公里的时候它便会藏回引擎舱中以免受到风沙的损伤。在人工费用极其昂贵的欧洲，这一切简直是不能想象的。

上等真皮是劳斯莱斯汽车内饰的一个必要条件，每一辆车至少需要 8 到 11 张牛皮，这些皮革可制作 120 多双皮鞋，它们均来自于在无铁丝网牧场饲养的公牛，确保其瑕疵少之又少，其加工过程采用传统的桶染工艺，以确保着色均匀、皮质柔软，不会开裂或发出刺耳的声响。为了确保色泽的统一，每辆车的内饰必须是在同批次染制的。劳斯莱斯车内饰所用的木质面板包括桃花心木、欧洲橡木、法国榆木、水曲柳木、红木、马拉巴栗、黑鸡翅木等等，每辆车的木饰都来自于同一棵树的连续木片，以保证纹理、颜色的统一。每辆劳斯莱斯汽车含有 40 个左右的单独木质零件，每个零件通常要通过压制多达 29 层木料、两层锡箔和 4 层铝片制造而成，以确保其强度和安全性。安装之前，每个零件都是手工成型、砂纸打磨、涂漆和抛光。而且，每辆劳斯莱斯的木质纹理都会有记录存档，日后若有损伤可尽量按照原状恢复。劳斯莱斯的客户一般可以根据自己的喜好来选择内饰，所以除了特别委托，劳斯莱斯几乎没有生产过两辆一模一样的车，一般订购劳斯莱斯的客户都需要耐心地等候半年以上，其中黑色的劳斯莱斯一般只提供给各国的王室以及政要元首。

典·藏·馆

劳斯莱斯新“幻影”系列

典藏理由：优雅庄重 线条完美

自诞生以来，制造世界上最好的汽车就成为了劳斯莱斯不变的愿望，从第一款的“银色魔鬼”到接下来的“幻影”、“银色幽灵”、“银色黎明”、“银色云彩”……劳斯莱斯一直都是世界顶级豪车的代名词。2003 年，劳斯莱斯正式归入宝马集团，其产地由原来的克鲁迁到了距离劳斯莱斯创始人查尔斯·劳斯的故乡只有 10 公里之遥的英国赛车运动名城——古德伍德。在认真研究了劳斯莱斯近

▲ 劳斯莱斯“古斯特”系列特别定制版

百年来的车型后，全新的“幻影”系列正式面世。新的劳斯莱斯“幻影”系列包括幻影四门轿车、幻影加长版轿车、幻影软顶敞篷车和幻影双门轿跑车。幻影四门轿车拥有堪称世界上最庄重完美的线条，2：1 的车身与车轮高度比例是劳斯莱斯的基本特征，而幻影加长版轿车在设计上可以让后排乘客享受加长的 0.25 米的腿部空间。至于幻影软顶敞篷车，它的风格有些受 20 世纪 30 年代 J 级赛艇的启发，比较强调休闲的感觉，顶篷可以很自由地收起或展开。幻影双门轿跑车是“幻影”系列中最以驾驶者为中心的车型，它的车架很低，具有紧凑的比例，整体显得很灵动。重点是，它的内部顶棚上排满 1600 个可调式的光纤灯，可以营造出烂漫的满天星光。至于内饰，根据客户的喜好劳斯莱斯“幻影”系列可以采用 17 种皮革加工而成，虽然官方网站上给出了 9 种标准颜色，然而劳斯莱斯表示，他们可以根据客户需要调配出更多种颜色。

劳斯莱斯“古斯特”系列

典藏理由：定制属于自己的劳斯莱斯

简约、纯止，对于汽车来说，这两点其实是最难以遵循的设计原则，却也正是劳斯莱斯“古思特”的设计核心。它经典的后铰链马车式车门可开至 83°，上下车时可以让乘坐者表现出极大的优雅。即使是在加速的时候，宝马公司为劳斯莱斯“古斯特”新研制的 6.6 升 V12 涡轮增压发动机仍然可以保持安静幽然，驾驶者和乘坐者只会在“魔毯般平稳”中，看着眼前飞掠而过的景色。

另外，宽大柔软的全粒面真皮坐椅、深色的布伦海姆羊毛地毯、天然精美的木质面板，还有可选的全景天窗……当每一处细节都精致到无懈可击的劳斯莱斯“古斯特”真正出现在你面前的时候，它 350 多万人民币的身价似乎也就不难理解。另外，劳斯莱斯“古斯特”的加长款车型较普通版长了 17 厘米。而且，每辆劳斯莱斯“古思特”汽车都是按照订单手工制造而成的，所以顾客可以按照自己的意愿进行润色，从 12 种备选的车身颜色开始，到车内真皮配饰、内饰面板以及车轮，甚至是“欢庆女神”上的特殊装饰。通过这个颇为有趣的过程，每一辆劳斯莱斯“古斯特”都可以大声宣布自己是独一无二的绝版。

▲ 劳斯莱斯“古斯特”系列特别定制的车内饰

名·人·堂

关于劳斯莱斯，有人说它就像是伦敦威斯敏斯特教堂的大本钟、白金汉宫卫队的熊皮礼帽一样，是挂在英国门面上的经典招牌，半个多世纪以来，劳斯莱斯似乎成了英国王室历史的一部分，是重大活动必然出现的重要角色。其实早在第二次世界大战时，菲利普亲王曾经试驾过一款劳斯莱斯“幻影”轿车并对其评价很高，而菲利普亲王的青睐使得他的妻子，即如今的英国女王伊丽莎白二世也开始倾向于选乘劳斯莱斯。

第二次世界大战后，劳斯莱斯专为英国王室生产了“幻影

Ⅳ”，最高时速可达160公里。从1950年到1956年，劳斯莱斯“幻影IV”只为各国的元首制造并且只制造了18辆。1952年，对于大英帝国和劳斯莱斯公司都是值得纪念的一年，女王伊丽莎白二世于该年登基，而在无数的英国民众面前，劳斯莱斯作为女王的专用车缓缓驶过，这也正式的宣告劳斯莱斯成为了英国王室的御用专车，1955年劳斯莱斯被授权使用英国王室专用徽章。

英国王室如今拥有多辆劳斯莱斯座驾，无论是当年载着戴安娜王妃出席各种慈善活动，还是送威廉和哈里王子去伊顿公学上学，劳斯莱斯几乎完全融入了英国王室的日常生活。2011年4月29日威廉王子大婚，将新娘凯特·米德尔顿接往威斯敏斯特大教堂的也是一辆1977年款黑色劳斯莱斯“幻影VI”。据说凯特选择了这辆车作为婚车是因为它四面的车窗很大，能在当天前往教堂途中让公众得到更好的视野。

▲ 劳斯莱斯可以根据车主的特殊需要，按照个人需求定制，增加各种功能区。

一直以来，劳斯莱斯对于买主的身份、地位、背景都有着一定的要求，它们除了要求买主可以承受200多万人民币以上的基本价位，还必须让劳斯莱斯公司相信自己的作品会得到良好的保养。

据一项调查报告显示，劳斯莱斯在民间的典型顾客是：年龄约55岁，资产在300万美元以上，拥有两处住宅，一半的人有珍藏艺术品的爱好，1/3的人有游艇，1/10的人有私人飞机，每人平均有6辆汽车，94%的顾客是男性。全世界都公认，劳斯莱斯不只是一辆汽车，而是一件值得收藏的顶级艺术品。劳斯莱斯也是汽车工业界最早按顾客特殊需要制作的品牌，曾为希腊船王奥纳西斯安装了宽敞的冰箱，为作曲家杰拉德·贝尔纳斯安装了一架钢琴，为英国披头士乐队的灵魂成员约翰·列侬安装了一张床，列侬还将他的一辆粉红色的劳斯莱斯“幻影V”涂上了鲜黄底色及斑斓的图案，该车在1985年拍卖会上以200多万美元的价格被加拿大富商购得。文莱苏丹博尔基亚曾花费近千万美元，在英国一口气买下12部劳斯莱斯新款幻影系列轿车。

男人选表，应该持有的态度就是选一个与他并肩作战的“战友”，他们具有雷同的气质，相似的风格。现在看来，普京早就选择好了自己的“战友”——宝珀。

BLANCPAIN
宝珀

在俄罗斯民众的眼里，普京的身份除了是过去的总统、总理，如今的总统，他更是极富个人魅力的男人，坚定中带着温和，强势中带着果敢。作为柔道场上的黑带高手，他会微笑着“输”给一个10岁的日本小女孩；为了探查新能源“可燃冰”，他曾亲自在伊尔库茨克乘坐微型潜艇，下潜至贝加尔湖大约1400米处的水下；为了答谢好客的牧羊人，他将自己手上价值1.05万美元的宝珀名表当做见面礼，送给了牧羊人的儿子。一个月以后，普京到访莫斯科的一家兵工厂，一名老工人竟然和他开起了玩笑，他对普京说，“弗拉基米尔，您也许可以送我点什么，当做送给我正在海军服役的儿子的礼物。”没有丝毫思想准备的

普京当时被问得有些茫然，他问这名工人：“那你想要什么礼物呢？”工人半开玩笑地说：“也许您的手表可以。”稍后，普京真的取下自己的手表递给了这名工人。这次，他送出的表依然是出自宝珀，价值8000美元。

生活中的普京不嗜酒、不吸烟、不贪财，更不闹绯闻，买几款自己钟意的顶级好表大概是平时最大的开销了。不过根据他在出席各种国事场合以及度假打猎期间被曝光的情况来看，宝珀无疑是他最钟爱的品牌之一，没有人知道他到底有多少只宝珀表，2010年底他与夫人接受人口普查时戴了一款全球限量2005只的宝珀限量版腕表。宝珀低调简约的风格十分符合一个铁腕男人的形象，而且，爱好运动的普京十分喜欢打猎，而宝珀的大表盘设计除了便于读取时间，同时对于普通腕表来说，射击时的后坐力可以直接导致它们进维修中心，而宝珀则会安然无事。而且，对腕表的背景文化有一定了解的人都知道，宝珀的外观不管有多低调，在它的另一面——表底，永远有另一种生活态度等着你，无论是 UFO 图腾，还是失落的宝藏地图，这一切对于宝珀来说都有可能。另外，普京一直都把表戴在右手上，而不是其他人所习惯的左手。

BLANCPAIN

品·牌·志

曾长期在瑞士生活的法国作家雨果对钟表王国有这样的印象：“瑞士人牧牛挤奶，生活在自由之中，历史长河激流奔涌，瑞士却终将永恒。”说起永恒和韧性，最接近这层意义的瑞士制表品牌就是宝珀。1735 年，瑞士人贾汗·雅克·宝珀就是在这里创立了自己的制表工作室，世界上第一个登记注册的制表品牌——宝珀也就此诞生。所以，宝珀堪称瑞士制表业的绝对元老，它的历史比江诗丹顿早了整整 20 年。

18 世纪末，宝珀的第二代继承人大卫·路易·宝珀开始将钟表销往邻国。而在法国大革命期间，制作精良的宝珀表成功地在动荡的环境中将自己的业务拓展至整个欧洲。1815 年，宝珀由一个小小的钟表工作室转型为专业的制表厂。尤为值得一提的是，宝珀自诞生以来就一心追求钟表最本真的原始形态，从未生产过非圆形的表，出于对传统机械制表工艺的极大尊重，宝珀也从未生产过石英表。更重要的是，在宝珀，你不会发现一点流水生产线的影子，它的每一只腕表的搭桥、表盘、齿轮等关键部件均以纯手工制作，每张订单只会交由一位制表师独立负责，他们可以自由选择工作时间，从镶嵌、打磨、润饰到清洁，制表师都会在古旧的工作台上一丝不苟地亲自完成，他们每一个人都是极为优秀的制表艺术家，把超凡卓越的创作技

▼ 宝珀首款 1—2 时区腕表在 2011 年巴塞尔表展上亮相。这款名为 Demi Fuseau Horaire 的腕表隶属于 Villeret 系列。搭载 5254DF 自动上链机芯，由 321 枚零件组成，具备 72 小时动力储存。

宝珀重新诠释 Villeret 月相表极致
摩登复古全新呈现

巧融入其中，赋予作品以最精巧的灵魂与生命。

宝珀表最大的特点是古朴含蓄，简约灵动，每只表的制造日期与制表师的姓名都有记录可查。70%的宝珀表都有100小时或以上的动力储备，40%的宝珀表还具有100米防水功能。通过对每个细节一丝不苟的苛求，宝珀凭借自己质朴而又高尚的智慧，成就了一种追求完美时间艺术的高贵信仰，超然于潮流之上，缔造永恒的艺术珍品。

BLANCPAIN
典·藏·馆

宝珀三问腕表

典藏理由：值得收藏的瑰宝

宝珀表目前的年产量不足1万只，主要包括Le Brassus、Leman、L-evolution、Villeret、Specialties还有运动等多个系列的多款男女腕表，它们将超薄表、月相显示表、万年历表、陀飞轮表、三问表及闹响表等多种概念融入其中，成就了无数的艺术杰作。

以宝珀三问腕表为例，它的诞生是逾一万小时精心研究的成果，可依照时、刻、分鸣响报时，其精巧的机动系统内有30多颗红宝石及约300个零件以手工镶嵌而成，其中部分零件甚至比一根头发还要纤细。三问表是钟表与声学的完美结合，每一声时、刻、分的鸣响，全靠两个发出不同振动及音调的微型锤子敲击。而每只三问表均需要制表师花上3个月时间镶嵌及调校，完成后，制表师会为它们加上编号，签名为记。因此，宝珀每年只有少量三问表面世，要送达顾客手上，往往需时3年以上。

▼ 1735是宝珀的创始年份，1991年12月，为纪念1735年制造的第一只表，宝珀推出了耗时6年制作的宝珀1735复杂腕表。集中了当今世界机械表全部六项复杂机械功能，即：时刻分三问功能、超薄自动上链机芯、双指针飞返计时、陀飞轮、万年历、月相盈亏功能，总共由745个零件组成，身价为83.9万美元。

宝珀女式腕表

典藏理由：送给女士的最佳礼物

▲ 宝珀“三花系列”之莲花

钟表业自诞生起似乎就一直存在着严重的“性别歧视”，尤其重视男式表。这个习惯在怀表时代自不待言，等到20世纪初腕表开始普及了，“重男轻女”的现象依旧存在，人们对女士手表的理解长期被珠宝表和石英表的概念所左右。而宝珀从20世纪30年代起就一直积极推动女表的研发，到现在，在它的Leman、Villeret、Specialtics等多个系列产品中，女式表已经占据了很大的比重。从功能上讲，包括陀飞轮、月相、万年历、三问报时在内的一些高级制表技术也都在精巧的女式表上得到了充分运用。

宝珀也专门开发了女式腕表系列，经典的莲花、兰花、茶花“三花系列”一经推出便让人眼前一亮。每年的情人节，宝珀也总会适时推出限量版的精致女式表款，以供钟爱宝珀的女士作为收藏。与男式表相比，女式表可以更加大胆地运用钻石以及珍珠母贝等艺术表盘进行装饰，极具艺术性和观赏性。

宝珀兰花系列女式表将繁复的日期显示巧妙地融进珍珠母贝表盘中，将华丽的钻石镶进光滑简洁的表圈中，用月亮代表女人的容颜，再配以绸缎或蛇皮表带。犹如一朵腕上的空谷幽兰，散发着精致的气息。

在漫长的270多年的历史中，宝珀曾经给无数的王公贵族制作过专门的钟表，其中包括拿破仑。拿破仑一生南征北战，在指挥战斗的过程中，精密的钟表与他形影不离。但当时钟表的形式主要还是怀表，怀表也被称为“猎表”，有上下两个表盖，上表盖为了保护表镜，下表盖为了保护机芯。据说一次法奥战争中，脾气急躁的他急于看表，便用利剑将怀表的上盖削去，以便观测时间。而后，拿破仑找到了宝珀，要求为他度身定制一款实用的怀表，它只在外盖上开了一个小洞，可以一览表面和指针。于是，半开表盖的“半猎表”诞生了。直到今日，宝珀表依然保留着受到拿破仑启发制成的半猎表的制表理念，进而启发了腕表版的半猎表设计理念。

其实看重宝珀高超的制表技艺的并不仅仅只是像拿破仑这样的王公显贵。1952年，法国国防部委任波普·马鲁比尔船长和海军上尉克劳德·里弗阿德组建了一支特种部队。为了配合在恶劣的水下环境执行任务，这两位军官找到了宝珀并提供了一套非常严格的专业潜水数据，希望宝珀制造出能够完全胜任水下作业要求的手表。1953年，世界上第一只现代潜水表在宝珀诞生，防水能力可以达到50寻（约91.45米）并因此得名“50寻”。这款表后来因一部反映海洋世界的纪录片《缄默的世界》而得到1956年戛纳电影节的嘉奖，而它的可靠和坚固很快就在多个国家的特种部队中获得认可，从此也奠定了潜水表领域的新标准。

2010年3月11日，在安帝古伦拍卖行于纽约举行的拍卖会上，一只带有独特动力储存显示的宝珀Villeret系列腕表以7800美元的身价被拍出，这比该系列普通款式的价格要高出将近一倍。究其原因，这只表是宝珀在20世纪初期专为美国著名的导演、制片人及编剧，曾五夺奥斯卡大奖的弗朗西斯·福特·科波拉打造的，全球限量仅一只。

▼ 2010年，宝珀推出了它在历史上的首枚非正统圆形表款“Saint- 情人节2010”，它采用类似于西洋梨形表壳，表面以500颗钻石和粉红色宝石装点双色珍珠母贝表盘，这款表只限量发行14只。

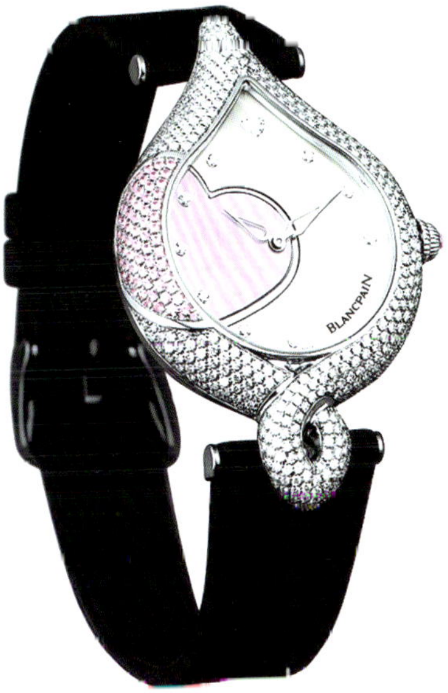

自开国以来，日本皇室创造了一个“万世一系”的传奇，古老的菊花王朝成了它唯一的主角。而今，当时光流转千年，它依旧保持着惯有的神秘和低调，但这背后，却也隐藏着无尽的奢华。

日本皇室

淡雅之中　奢华之上

王朝故闻

樱花、清酒、和服、剑道，还有遍布各处的宗教神社……长久以来，外界对于日本的认识几乎从未离开过这些特定的文化符号。但对于大和民族来讲，有一种事物其实更具象征意义，那就是菊花。从公元前6世纪日本开国算起，日本一直由菊花王朝治理，其皇室家徽就是一朵16瓣黄菊花。

根据日本古史的记载，日本开国是在公元前660年，第一代君主即神武天皇，不过神武及其后的数代君主多是源于神话和民间传说（考无实据）。公元4世纪时，日本逐渐走向统一，主流的大和民族和大和文化也渐渐形成。6世纪末，日本第33代天皇推古女皇登基，相传她是最早使用“天皇”名号的日本君主，也是东亚第一位女君主。8世纪末，日本将都城从奈良移至平安京（今京都），开始了“平安时代”。当时的皇室乃至公卿贵族和文人墨客都对菊花格外钟爱，大力推崇菊花之美，日本也从此被称为“菊花王朝”。如果从推古天皇算起，“万世一系”的菊花王朝已经存在了1400多年，堪称世界上最久远的王朝，当今的明仁天皇是第125代天皇。

12世纪晚期，日本皇权开始旁落并进入幕府统治时期，在先后经历了镰仓、室町以及江户三大幕府近700年的时间以后，日本在19世纪末进入“明治维新”，大政奉还于天皇手中并力兴改革，国力日盛，都城也迁至江户（今东京）。

▲ 坐落于日本京都的日本皇宫是 1457 年由江户幕府所建，1888 年改为日本天皇的居所。

1945 年第二次世界大战结束后，日本改专制天皇制为君主立宪制，天皇被当做日本的象征得到了保留。虽然没有任何的政治实权，但天皇以及整个日本皇室仍然备受国民敬重，对他们而言，天皇依然是宗教生活的中心，是超越宗教的信仰对象。

“万世一系”的日本菊花王朝堪称是世界上最古老的王朝，虽然如今已不再拥有任何实权，但皇室成员的生活依旧处处充满着固有的色彩，神秘、低调、奢华。

御木本是当今顶级珠宝界中最具有东方色彩的品牌之一。1924 年，御木本被指定为日本皇室御用珠宝首饰供应商。多年来，戴上御木本的珍珠首饰举行婚礼也成为了日本皇室的一项传统。

香槟是顶级日本海鲜料理的绝配，明仁天皇最钟爱的就是唐培里侬香槟王，那是重大节日或者贵客到访时的指定用酒。

在日本文学史上，《万叶集》的地位好比中国的《诗经》，在这部诗歌集中，天皇被赞颂为神，具有支配自然界与人类社会的一切能力。数千年来，日本皇室成员一直被视为天照大神的后裔，他们不会被冠以民间姓氏，也不受日本户籍法律管理，换句话说，皇室是一种有名无姓的特殊存在。

自清和天皇（第56代天皇，名惟仁）以后，日本皇室男性成员名字大多采用两字，其中一字为“仁”，至明治天皇（第122代天皇，名睦仁），《皇子女降诞诸式》明文规定，皇室成员的名字中，男性要带“仁”字，女性带“子”字。他们的名字之前要加上所赐的宫号（幼名），例如现今皇太子名叫浩宫德仁，其女取名为敬宫爱子。成年后，皇族成员将获得正式封号（皇太子除外），如秋筱宫、纪宫。

日本皇室成员身份特殊，他们基本上过着与世隔绝、深居简出的生活，通常只在国家重大节日和特殊事件时才公开露面，十分低调和神秘。日本皇宫和其他御用别墅属于国有财产，整个皇室的开销直接从国库划拨。日本对皇族的财政支出主要分三项，宫廷费、内廷费、皇族费，分别承担皇室进行公共活动所需经费、天皇一家的生活费以及其他单独立户的皇室成员的生活费，总数大致在70亿日元（约合5.7亿人民币），再加上为皇室服务的宫内厅、保安厅等各项支出，日本财政每年要拿出近280亿日元。

2003年，据日本一位常年负责皇室报道的记者披露，日本皇室生活的奢华和排场其实是常人难以想象的。仅天皇一人身边就有4名24小时待命的医生、5名专门侍奉他更衣的服务员以及11名专门帮他准备神道教（日本国教）仪式的工作人员，而为天皇一家工作的人员总数不下千人，其中包括一个24人组成的乐团、30名园丁、25名厨师以及近百名维修工人等。为了应对皇室生活的繁文缛节，皇宫中配备了160名用人，他们的分工也很严格，负责擦窗子的人绝不能兼擦地板。

此外，日本皇室拥有皇家专门医院，设有8个科部、42名医护人员，每年耗资近200万英镑，但每天就诊的人屈指可数，2001年皇太子妃雅子怀孕期间，医院还花费大约170多万人民币重新装修了产房。天皇一家还拥有一片大面积农场，专为皇室提供新鲜的牛奶、肉类和蔬菜。这个农场每年需要300万英镑维护，从前还有一定收入，一度以培育名种赛马闻名，但自从1969年停止养马以来几乎再没有任何收入。

御木本的珍珠首饰是日本公主出嫁时的一件最珍贵的嫁妆，英国、摩纳哥等国的王室在打造别具意义的首饰时也经常会早早锁定御木本。他们知道，既然珠宝的世界少不了珍珠，那么，女人的首饰盒里就不可能少了一件御木本。

M 御木本

凡是去过日本的人十之八九都会做一件事——带回一件精美的珍珠饰品，不管是用来犒赏自己，还是赠送亲友。日本是世界上著名的优质珍珠产地，世界上第一颗人工培育的珍珠（1893年）也是出自日本人之手，他的名字叫做御木本幸吉。一个多世纪以来，御木本珍珠一直备受日本皇室的青睐，1902年日本小松宫亲王访问英国时，御木本幸吉的珍珠被选为赠送给英国王室的国礼。

▲ 纪宫清子生于 1969 年，主要从事鸟类研究工作。按照规定，纪宫公主在嫁给平民后将自动脱离皇籍成为平民，原来的一切皇族待遇被取消，但同时她也获得了诸如选举、纳税等普通国民拥有的权利和义务。

1905 年，御木本幸吉有幸拜谒了明治天皇，他当时从自己养殖的珍珠中精选出 5 颗送给了天皇，并且说出了后来闻名全球的一句誓言：“我有一个心愿，要让用日本珍珠穿成的项链围在全世界美丽女子的颈间。”1920 年，御木本收到了日本皇室御赐的手杖。1930 年，作为日本十大发明家之一，御木本幸吉接受了昭和天皇赐宴。

1924 年，御木本被日本内务部指定为皇室御用珠宝首饰供应商，多年来，戴上御木本的首饰举行婚礼也逐渐成了日本皇室的一项传统。2005 年 11 月 15 日，明仁天皇和美智子皇后唯一的女儿纪宫清子公主与其平民未婚夫黑田庆树正式完婚。当天上午，纪宫公主身着一套白色西式礼服，脖子上戴着一串简单的御木本珍珠项链，面带着腼腆而羞涩的微笑，缓缓走出了皇宫大门，坐进了迎亲的轿车——天皇御用的“尼桑王子”。虽然从皇宫到帝国饭店婚礼现场的距离只有大约 1.5 公里，但一路上仍有几千名市民夹道祝福。传统上，日本天皇不会出席公主的婚礼，不过纪宫公主是明仁天皇唯一的女儿，也是 3 个孩子中最小的，所以天皇夫妇在她出嫁时破例出席。按照规定，日本公主在嫁给平民后将脱离皇籍，原来的一切皇族待遇被取消，不过纪宫公主夫妇也绝对不必拮据度日，天皇给她的嫁妆就多达 1500 万日元，日本政府也一次性提供了 100 多万美元的置家费。

M
品·牌·志

日本的三重、雄本、爱媛县一带的濑户内海是世界上著名的优质海水珍珠产地，而御木本珍珠的创始人御木本幸吉的故乡就在三重县的志摩半岛。1880 年，御木本幸吉开始了人工培育珍珠的艰苦探索。1888 年，他在三重县的鸟羽市海湾开设了第一个珍珠养殖场，那里如今已是全日本最著名的珍珠观光胜地——御木本珍珠岛，英国女王伊丽莎白二世、丹麦女王玛格丽特二世都曾慕名到此一游。1893 年，御木本幸吉第一次在自己的珍珠

1927年，御木本幸吉造访欧美，他特地送给发明家爱迪生他养殖的珍珠，爱迪生说：“我的实验室里只有钻石和珍珠是做不出来的，而你竟能培育出珍珠，这无疑是世间奇迹之一。”

贝中发现了珍珠，只可惜其貌不佳。三年后，御木本获得了人工养殖半圆形珍珠的专利。1905年，有着完美的圆形并且光泽极佳的珍珠终于培植成功，御木本也开始被珍珠业内尊为“珍珠之王”。

御木本养珠通常选用的是来自美国密西西比河或者田纳西河的淡水蚌，在加工成圆形小珠核以后被植入珍珠贝的适当位置，这一过程有极高的精度要求，否则会严重影响成珠的质量。养殖过程中，御木本会有专人负责清洗附在珍珠贝上的水生物以及杂质，并且还要采取措施防范台风以及红潮，严密检测水温及含氧量。珍珠的人工采收要在每年温度最低的冬季进行，大部分珍珠的直径为 5~7 毫米，8 毫米或以上则相当稀有贵重，而一颗极品珍珠的养殖可能要历经四年或者更长的时间。1907 年，御木本幸吉在东京银座开设了第一家珍珠首饰店，正式进入珠宝首饰行业。到 1911 年，御木本在海外的第一家分店也在伦敦开张，目前，御木本在世界各地的分店已超过百家。御木本所使用的珍珠必须经过严格的鉴定和分类程序，最后只有大概 10% 能达到相关标准，被制作成精美的首饰。

1954 年，96 岁的御木本幸吉安然离世，有传言称他的长寿秘诀就是每天食用一点珍珠粉。如今，御木本公司已经传到了家族第四代传人御木本丰彦的手上，而御木本的珍珠首饰除了被认定为日本公主出嫁时的一件最珍贵的嫁妆，英国、摩纳哥等国的王室在打造别具意义的首饰时也经常会早早锁定御木本，他们知道，既然珠宝的世界少不了珍珠，那么，女人的首饰盒里就不可能少了一件御木本。

M

典·藏·馆

御木本 Dancing Lines 系列

典藏理由：表达最精致的爱情

御木本首饰一直以设计考究、做工精细和用料珍贵著称，它目前所使用的珍珠主要是采自养于日本近海 Akoya 母贝中的 Akoya 珍珠以及直径超过 10 毫米的白 / 金蝶养殖珍珠（南洋珍珠），它们普遍养殖于介乎澳大利亚和印尼之间沿海水域，颜色除最常见的银白色还有极稀有的金色。另外，御木本还会用到普遍养殖于日本冲绳县的中石垣岛和南太平洋大溪地的对开水域黑蝶养殖珍珠（黑南洋珍珠），这些珍珠从柔淡的银灰色到纯黑，黑色中甚至还会泛出彩绿色光泽，极为珍贵。

2007 年，御木本开始推出 Dancing Lines 系列的戒指、耳环以及项链，设计灵感以简单精巧而又摇曳多变的线条为主，或笔直、或环绕，甚至打成不同类型的蝴蝶结、心形结，从而表现出快乐、忧愁、刺激、平稳等各种生活感悟。该系列在推出后大获好评，现已包含四套不同的设计，它们除了选用 Akoya 珍珠、白蝶珍珠以及黑蝶珍珠，另外还搭配有钻石以及粉红宝石，基础材质涉及 18K 白金、玫瑰金以及两者混搭。2011 年最新款的白蝶珍珠配钻石的粉红金搭白金材质戒指售价在 54 600 人民币、项链 61 500 人民币、耳环 44 100 人民币，白金材质的价位还要略高一些。

御木本“米兰”系列

典藏理由：唐培里侬顶级之作

御木本“米兰”（Milano）系列是御木本与著名意大利设计师纪奥文娜·宝杰合作打造的。对于御木本来说，这是一个将该品牌经典优雅的格调与浪漫的异国风情进行完美组合的积极尝试，也为御木本注入了更多国际化的元素。

“米兰”系列目前主要包含了“海星（Starfish）”、“竹（Bamboo）”、“情结（Love Knot）”、“诱惑（Allure）”等多个主题，基础材质为18K白金和玫瑰金。作为每款作品的主角，“米兰”系列所选用的珍珠基本上全部是大颗的白蝶珍珠以及黑蝶珍珠，“诱惑”系列中还采用了极为稀有的金蝶珍珠。相同款式的戒指、耳环以及项链可以按照顾客的具体要求，选用不同的材质、珍珠类型以及配钻，个别款式还可以实现拆卸组合。

▲ 英国王妃戴安娜，她的优雅端庄的气质与珍珠绝对是相得益彰。

M 名·人·堂

自20世纪50年代以来，全球时尚界的目光似乎从没离开过三个人：美国前第一夫人杰奎琳·肯尼迪、摩纳哥王妃格蕾丝·凯利以及英国王妃戴安娜。如今，这三位经典美人均已辞世，不过看看她们留下来的一张张照片就不难发现，她们全部都对珍珠情有独钟。戴安娜曾经说过这样一句话：“如果女人一辈子只能拥有一件珠宝首饰，那一定是珍珠。”她优雅端庄的气质与珍珠相得益彰，在她收藏的首饰中，珍珠项链、珍珠耳环占了绝大部分，其中当然少不了御木本的杰作。

珍珠也是摩纳哥王妃格蕾丝·凯利一生的钟爱。在嫁给雷尼尔三世之前，格蕾丝是有着“天鹅绒女神”之称的当红好莱坞明星，但是媒体极少能捕捉到她佩戴钻石的镜头，包括她在1955年捧起了第27届奥斯卡最佳女主角小金人，她的耳朵上依然还是一副简单的珍珠耳环，脖子上没有任何缀饰。成为摩纳哥王妃后，去珍珠之国日本一直是她的愿望。所以当她在1981年得知

丈夫要出访日本时简直欣喜若狂，坚持陪同前往。到了日本，格蕾丝王妃专门造访了御木本珍珠岛，亲自挑选最喜欢的珍珠。看到王妃对珍珠的痴迷，御木本后来是单独以格蕾丝钟爱的蔷薇为主题，采用玫瑰金、珍珠和珐琅材质，推出了“格蕾丝王妃”系列珍珠珠宝，并将其部分销售额捐赠给了格蕾丝·凯利王妃基金会。

一件假珍珠项链能值多少钱？2010年8月，伦敦伯罕斯拍卖行给出了一个答案。他们拿出了曾经的美国第一夫人杰奎琳·肯尼迪经常佩戴的一件三股仿珍珠项链，成交价是3万英镑。其实说到杰奎琳·肯尼迪，在20世纪60年代，她颈间或长或短的珍珠项链几乎就是引领当时整个美国时尚界的风向标，名媛淑女无不效仿。而且，虽然没有王室的背景，但杰奎琳收藏的珠宝却堪比王室。她的两任丈夫一个是最年轻有为的美国总统、曾经的美国12大家族之一——肯尼迪家族成员约翰·肯尼迪，一个是富可敌国的希腊船王奥纳西斯，他们都曾送给杰奎琳数件珍贵的珍珠首饰，包括御木本的胸针和项链。不过随着杰奎琳的辞世，这些收藏有很多已然下落不明。

日本皇室拥有自己的专用酒窖，其中珍藏着数以千计的极品美酒，而像唐培里侬香槟王这样的顶级香槟通常会在重大节日以及贵客到访时派上用场。

唐培里侬香槟王

日本的海鲜料理是举世闻名的，无论你身在东京、大阪这样的海滨大都市，还是北海道的小渔村，岛国特有的饮食文化总会让你不虚此行。但是，一顿精美的海鲜大餐总少不了它的绝配——香槟的陪伴，所以在日本当地的酒店和度假村里，你甚至有机会品尝到一些世界顶级香槟品牌的罕见年份的佳酿。不过，要说全日本藏有顶级名酒最多的地方，恐怕任何一家豪华酒店都比不过日本皇宫中的皇室专属酒窖。早年就有媒体曾经披露，日本皇室的酒窖造价不低于 30 万美元，里面存有包括唐培里依香槟王在内的数以千计的世界顶级名酒，其中有少部分是外国政要赠送的，但是绝大部分都是日本皇室从各大酒庄直接购入的。

唐培里侬香槟王是酩悦香槟旗下最著名的顶级香槟品牌，明仁天皇对其极为钟爱，每逢节日或者贵客到访时都会将它作为指定用酒。唐培里侬香槟王一向只生产特定年份香槟并且数量远远低于其他香槟，年产量最多 15 万瓶。它们在面市前都要经过 6 到 8 年的窖存，以培育出层次丰富的绝佳口感。唐培里侬香槟王除了十分适合搭配生鲜鲔鱼薄片、龙虾卡布奇诺浓汤等开胃的海鲜料理以外，即使是味道细腻的法式香煎苹果鹅肝、味道较浓的肉类佳肴以及精致的餐后甜点也能够与它细密的气泡相得益彰。

现在的日本天皇宴请来访的外国政要也多采用西餐搭配香槟，2001 年时任南非总统的姆贝基访问日本期间，明仁天皇专门拿出了 1992 年份的唐培里侬香槟王。此外，姆贝基当天还品尝到了法国波尔多五大顶级酒庄之一的木桐酒庄的 1982 年份的红酒。

品·牌·志

唐培里侬香槟王的名字源于300多年前的一位名叫唐·培里侬的本笃会修道士，他所生活的奥维耶修道院正位于法国香槟胜地埃佩尔奈，从1668年起，他就成为了修道会酒窖的主管。实际上香槟在当时主要还是没有气泡的静态酒，而且法国香槟区也并不是史上第一个酿出气泡酒的地方，英国在17世纪后半段已经出现了相关记录，气泡酒在当时还被普遍认为是不可控制的"失败"之作，很容易造成酒瓶的迸裂。所以唐·培里侬原本也和其他酿酒师一样，煞费苦心寻找减少气泡的方法。于是他发明了用红葡萄酿造白葡萄酒以及将不同的原酒进行调配的方法，也是他首先开始用软木塞封存酒瓶并使用铁线加以固定，正是这些方法奠定

MOËT et CHANDON à Epernay
Champagne
Dom Pérignon
Vintage 1999
Champagne
Dom Pérignon
Vintage 2000
Champagne
Dom Pérignon
Rosé
Vintage 1998
Dom Pierre PÉRIGNON · Hautvillers
Champagne
Dom Pérignon
Œnothèque 1995

了延续至今的“香槟程式”。所以从严格意义上说，他虽然并没有“发明”香槟，或者说至少不是他个人发明的，但是在提升香槟酿造技术方面，他绝对居功至伟，有人甚至将香槟的历史分为“唐·培里依之前”和“唐·培里依之后”。

1789年法国大革命爆发后，唐·培里依当年所在的修道院和葡萄园被充公，酩悦香槟趁机于拍卖会中斥巨资将其购入并辟为博物馆，还修建了唐·培里依铜像，那里如今已经成为了香槟爱好者的朝圣地。不过由于“唐培里依”的商标后来被另一家酒庄抢注了，直到1927年该酒庄庄主的女儿嫁给酩悦香槟的少东家保罗侯爵，这个注册商标作为一份嫁妆，这才终于到了酩悦名下。1936年，酩悦香槟首次以“唐培里依香槟王”的名字，推出了窖藏15年的1921年份顶级香槟，此后这个名字就一直作为酩悦的一个最具分量的镇牌之宝，重新开启了它的传奇与荣耀。

法国香槟绝大部分是以不同年份的基酒混合调配而成，只有在葡萄特别丰收时酒商才考虑出产年份香槟。通常，10年中平均只有3至4个丰年，而唐培里依香槟王就只在这些最佳的年份里出产并且全部标示年份，但其年产量一般都不予公开，最高数字估计在15万瓶左右，不过有些年份却又少得出奇，甚至不足百瓶，它们也只会出现在特定的场合或者是拍卖会上。

典·藏·馆

唐培里依至尊香槟

典藏理由：唐培里依顶级之作

香槟的制造过程要经过两次发酵法来完成，即先酿成静态没有气泡的基酒，然后装到瓶中添加酵母进行二次发酵，以产生精致的气泡。陈酿期间，只要酵母还未被排出酒瓶外，香槟还是会继续进行曼妙悠长的进化，这个过程可持续超过30年，甚至35年。唐培里依年份香槟一般要在窖陈6年以上才可面市，不过当中小部分会被保留，继续于酒窖进行第二阶段的陈年，使其到达另一个境界，成为顶级佳酿——唐培里依至尊香槟。

至尊香槟是唐培里依年份香槟中的顶级之作，要经过12至16年陈年时间以增强其错综复杂的风格。但能达到如此境界的香槟十分罕有，到目前为止，只有不到20个年份的唐培里依香槟有幸被酿造成至尊香槟，每款均是限量出产，基本

不进行市面销售而只是提供给特别的客户或者拍卖会。

在 2008 年 5 月香港举行的一场拍卖中，一组 3 瓶装（分别为 1966、1973 和 1976 年份）的唐培里侬至尊香槟以 726 200 港元的价格成交，远远超过之前的估价。2010 年 5 月 21 日，还是在香港，首度面世的唐培里依至尊粉红香槟以 133.1 万港元成交，它们囊括了 1966、1978、1982、1985、1988 及 1996 六个稀有年份共 30 瓶，是由粉红香槟继续在酒窖陈酿 10 年或以上而成的，而其 130 多万的成交价不但比预估的高出三成，而且也创造了香槟交易市场的一个天价纪录，据说买主为亚洲收藏家。

唐培里侬粉红香槟

典藏理由：唐培里侬顶级之作

粉红香槟通常是许多香槟生产商的炫技之作，需要将黑葡萄（黑比诺、莫尼耶比诺）的果皮以一定比例放入第一道葡萄汁。但粉红香槟的色泽也不见得全是粉色的，渐变的琥珀色、华贵的金黄色……主要依凭酿酒师的意愿和经验。唐培里侬香槟王第一款粉红香槟酿自于 1959 年，直到现在，粉红香槟的产量仅占唐培里侬历史总产量的 5%，它只选用指定葡萄园中向阳一面收获的葡萄来酿造，陈酿时间通常在 8 到 10 年甚至更长。

与一般香槟相比，粉红香槟在口感上也更加的活泼奔放，长久以来，它的稀有珍贵以及历久弥新的非凡活力使它成为了世界上最昂贵的葡萄酒之一。在 2008 年美国纽约的一次拍卖会上，两瓶 1959 年份的唐培里依粉红香槟以 84 700 美元的天价成交。事实上这个年份的唐培里依粉红香槟只出产了360瓶，它们也从来没有在市面上销售过，而这样的天价也证明了唐培里依粉红香槟所拥有的超凡收藏潜质。

名·人·堂

机缘巧合，唐·培里依修道士竟然与钟爱香槟美酒的法国“太阳王”路易十四有着同样的生卒年：1638—1715年，而在路易十四时期的王宫宴会上，出自唐·培里依之手的香槟自然是必备之物。1694年，法国王室以创纪录的950旧法币购买了不到400升的唐培里依香槟，相当于当时红酒价格的5倍，这也使其成为了当时全法国最贵的酒。到了18世纪，唐培里依香槟早已是当时上流社会舞会派对上的必需品，是代表着18世纪法国欢乐年代的精神标注。

自1936年酩悦酒庄推出唐培里依香槟王以来，无数名流都成为了它最忠实的拥戴者，从著名小说家海明威到好莱坞大导演希区柯克，从“人间天使”奥黛丽·赫本到波普艺术大师安迪·沃霍尔。在20世纪70年代，安迪·沃霍尔经常做的一件事就是和朋友泡在纽约的“Studio 54”酒吧，手边是一杯他最中意的唐培里依香槟王。2010年，在安迪·沃霍尔离世23年之后，唐培里依香槟王以黑色瓶身搭配红、黄、蓝三色标签，发布全球限量版安迪·沃霍尔纪念瓶装以向其致敬。

唐培里依香槟王在葡萄收成欠佳的年份决不勉强生产，1961年据说它只出产了12瓶，只有在类似查尔斯和戴安娜的婚礼上，才可能出现其中的1瓶——戴安娜出生于1961年。2004年12月，在英国的一场拍卖会上，那个曾经出现在婚礼上的唐培里依香槟王酒瓶被一位收藏家以1050英镑高价购得。美国前总统肯尼迪也是唐培里依香槟王的忠实拥趸，1961年他访问法国时，唐培里依1949年份香槟成了美国大使馆宴请法国戴高乐总统的指定用酒。1962年5月，肯尼迪和他的20名家人以及好友一起乘船出海庆祝他的45岁生日，那也是他人生的倒数第二个生日，当天他们开启的是1955年份的唐培里侬香槟王。

除了广受名流政要的青睐，唐培里侬香槟王也是好莱坞大片中不可或缺的明星道具。在1964年007电影系列中，邦德曾经说过："温度超过华氏38度的1953年份唐培里侬，就像听披头士音乐不戴耳机一样，暴殄天物。"一代性感女神玛丽莲·梦露也毫不吝惜对唐培里侬的溢美之词。1962年6月，时装摄影师波特·斯特恩受著名时尚杂志《Vogue》委托，希望为梦露拍一组只"穿"香奈儿5号的写真，梦露的助理告诉他，条件是要准备3瓶1953年份唐培里侬香槟王。当一切都准备就绪，斯特恩在洛杉矶的酒店套房中等待，他回忆说："我像等待情人一样，又像婚礼前的新郎，在地板上来回踱步，不断地检查正在冰镇的香槟的温度。"梦露终于在5个多小时后驾到，她喝了一杯香槟，不久便开始拍摄，道具只有一块透明纱巾、一条彩珠项链、两朵人造玫瑰以及一只香槟酒杯。可是，《Vogue》一审认为这组写真太性感了，希望再拍一组黑白时装写真，于是，斯特恩带着一箱唐培里侬香槟王从纽约火速飞往洛杉矶，又向梦露争取了两天拍摄时间。然而，《Vogue》尚未来得及发表这些照片，8月初就传来了梦露香销玉殒的消息。后来，斯特恩选出2571张照片出版了影集《玛丽莲·梦露：最后的肖像》，既有梦露手持酒杯、笑容灿烂的清纯一面，也有她握着酒瓶、醉眼迷离的瞬间。

▼ 香奈儿的时尚教父卡尔·拉格菲尔德评价说："我不太喝酒，但我喜欢喝香槟，而且我唯一知道的香槟就是唐培里侬香槟王。"他对唐培里侬香槟王可谓情有独钟，不但亲自操刀为其1998年份香槟拍摄一系列形象广告，还以《欲望街车》为灵感，亲手设计了限量版的"欲望"瓶身，酒盒附有他的亲笔签名，全球限量1998瓶。

3000多年的古埃及文明记录了人类历史最古老、最辉煌的一段，如今，君主制的大幕已经落下，但在世人心中，埃及王室的奢华和魅力依然无法以某种方式被画上句点。

埃及王室

文明古国的奢华尊享

王朝故闻

“埃及是尼罗河最神奇的馈赠。”这句话出自2000多年以前的古希腊作家希罗多德，而他口中的埃及应该是位列四大文明古国之一的古埃及。古埃及法老时代的31代王朝孕育了3000多年灿烂的古埃及文明，之后，这里的历史却写满了沧桑和离乱。公元前1世纪，屋大维率罗马大军大举入侵，埃及被罗马吞并；公元639年，阿拉伯人入侵埃及，穆斯林文化逐渐取代希腊文化；11世纪时，与欧洲国家在宗教和文化信仰上的差异又招致了东征而来的十字军。1517年，奥斯曼帝国入侵埃及，开始了长达400年的统治；18世纪末，拿破仑用战舰、大炮，叩开了埃及的大门；19世纪末，埃及又沦为了英国殖民地。

纳入阿拉伯统治体系后，埃及的最高统治者被称为“苏丹”，而在长期遭受外族以及殖民统治的过程中，埃及的最高国家权力其实是由被委任的“帕夏”（即总督）行使。1801年，埃及人民起义成功迫使拿破仑的法国军队撤离，而在起义过程中居功至伟的穆罕默德·阿里最终登上了王座。此后的一个半世纪中，阿里王朝一直统治着埃及，1922年，统治者福阿德由“苏丹”改称“国王”。1952年7月23日，由纳赛尔领导的自由军官组织发动革命并最终夺取了政权，当时的国王法鲁克宣布退位。1953年6月18日，埃及的君主制被正式废除，成立以总统为核心领袖的共和国家。1971年9月1日，埃及改名为“阿拉伯埃及共和国”。

埃及法老图坦卡蒙的金冠
黄金匕首和黄金棺材

▲ 图坦卡蒙的黄金面具，高约 54 厘米，重 10 公斤以上，是埃及博物馆的镇馆之宝。

从古埃及的历代法老，到近代埃及阿里王朝的末代统治者法鲁克国王，他们将世间最极致的奢华延续了漫漫数千年，他们让奢华本身，拥有了最古老、最完美的成色。

埃及国王福阿德的一只江诗丹顿怀表拥有着超过 2400 万人民币的奢华身价，堪称是当今世界上最贵的古董怀表之一，而福阿德国王之子法鲁克也同样对江诗丹顿的作品钟爱有加。

当年，法鲁克国王从海瑞温斯顿手中买走了传奇的“扬克钻石”，如今，在“钻石之王”光环的映衬下，海瑞温斯顿的作品依然备受名流权贵们青睐。

皇家御用

持续 3000 多年、历经 31 代王朝和上百位法老，古埃及文明是人类历史上最古老、最辉煌的一段。如今，要想再次走近那段历史，最好的去处就是位于尼罗河东岸开罗解放广场上的埃及博物馆。这座博物馆珍藏着由古埃及法老时代到公元 6 世纪罗马统治时代的共 10 万多件历史文物，埃及人习惯地称之为“法老博物馆”。这些文物主要来自尼罗河西岸沙漠中的数座法老陵墓，而最令人感慨不已的是第十八王朝法老图坦卡蒙的陵墓。该陵墓直到 1922 年才被发现，陪葬的珍品近 2000 件，当初花了 3 年的时间把它们全部运出墓室，埃及政府又花了整整 10 年的时间把它们运到开罗。其中最知名的文物包括已经成为古埃及文明象征的纯金面罩，它依照图坦卡蒙法老的容貌打造，重量达 10 公斤以上，并嵌有珍贵的红宝石，上面还有象征权势的鹰和眼镜蛇，墓中还有刻满各种人物和天神图案的 450 磅重的四层黄金棺椁和雕刻着他与妻子小憩图景的黄金宝座。另外还有那些缀满墓室墙壁的纯金浮雕以及数件凝脂般的石膏花瓶和制作精良的手镯、饰品。它们如今堪称埃及博物馆的镇馆之宝，述说着属于古埃及法老时代的奢华与排场。

当历史发展到近代，埃及王室的奢华色彩依旧令人慨叹。以末代君主法鲁克为例，1936 年 5 月，法鲁克因父亲福阿德去世而继承王位，年仅 16 岁便坐拥数亿美元的财产、200 辆汽车和 7.5 万英亩肥沃土地。法鲁克曾有过两段婚姻，第一任妻子是埃及的一位贵族小姐法里达。在这段维持了 10 年的婚姻生活里，法鲁克从一些顶级珠宝品牌那里为法里达购置的珠宝首饰不计其数。不过两人最后还是在 1948 年离婚，至于原因，有的说法认为是法里达生了三个女儿，但更有人说是因为法鲁克太过游手好闲。

1951 年，法鲁克迎娶了他在珠宝店结识的一位不到 20 岁的女孩纳里曼，结婚时，法鲁克为她准备了镶有 2 万多颗钻石的新娘礼服、上万美元的女装以及 3 个月的欧洲豪华旅行。不过随着埃及的君主制在 1952 年被推翻，这位新王后的王室生活也随之草草结束。当时法鲁克宣布退位，并且全家离开埃及流亡欧洲。据说法鲁克曾于离去前在其乘坐的船上用 38 个香槟箱藏匿了无数金银财宝，但最后被卫兵搜出。1954 年，法鲁克的第二段婚姻也以离婚收场。不过严格来说，法鲁克并不是埃及的最后一任国王，其退位时曾将王位传给了刚刚 6 个月大的儿子福阿德二世，而埃及的君主制直到次年才被废除。福阿德二世虽然没有当过一天的统治者，但是他的生活依然是锦衣玉食，当年他结婚时，女方得到的一件礼物是位于法国巴黎福煦大道上的一幢价值 200 万英镑的豪宅。

▼▲ 埃及国王法鲁克卧室的奢华家具

作为世界上最古老的制表艺术家之一，江诗丹顿的至高地位似乎与埃及在世界文化史中的地位很相匹配，一样的无与伦比，一样的让人倾慕。

VACHERON CONSTANTIN

江诗丹顿

1927 年 4 月的一天，江诗丹顿在日内瓦的工作室迎来了一位来自埃及的顾客——开罗联合法庭主席弗朗西斯·皮特，他想为当时的埃及国王福阿德定制一只怀表，并且希望它可以珍贵到能够传给福阿德的儿子法鲁克。实际上皮特来得正是时候，因为当时江诗丹顿正在倾力研制一款世界上最复杂的多功能怀表，而按照皮特的意愿，这款表将以纯金打造，表壳背面刻饰埃及王室的盾形徽章。

1929 年 10 月，江诗丹顿将一只集万年历、月相、三问等 10 项复杂功能于一身的怀表交到了皮特手上，应他的要求，标示日期的文字由英文改成了法文。一个月后，这只怀表被装在饰有埃及王室标志的檀香盒中呈交给了福阿德国王。1936 年福阿德国王去世，这只表果真传到了继任的法鲁克手上。不过随着 1952

年埃及爆发政变，法鲁克流亡国外，这只表的下落也就成了谜。2005年，这只怀表出现在了日内瓦，在江诗丹顿250周年纪念拍卖会上，它最终以超过330万瑞士法郎的价格被一位私人收藏家收入囊中。

▲ 开罗联合法庭主席弗朗西斯·皮特为当时的埃及国王福阿德定制的一只江诗丹顿怀表，表壳的背面刻饰埃及王室的盾形徽章。

实际上，法鲁克拥有的江诗丹顿怀表远不止这一只，在即位的第二年，他就前去参观了江诗丹顿的制表工坊，当时的他只有17岁，他对作为他向导的查理斯·康斯坦丁说："我以前拆过很多表，看来它们很不幸。"不过，这些表中并不包括1935年他出访日内瓦时，一位当地的埃及移民送给他的那只18K金质怀表。该表是江诗丹顿最复杂的作品之一，机芯有超过820个部件，包括三问、闹钟、万年历等12项功能，制作时间长达4年。这只表一直是法鲁克的珍藏品，直到1954年，它在开罗的宫廷收藏市场上被卖出，此后40年再未出现。1994年，这只表在一次江诗丹顿名品拍卖会中以115.5万瑞士法郎的身价易主。

VACHERON CONSTANTIN

品·牌·志

如果谈及江诗丹顿的发展史，最为人所津津乐道的应该是曾经的“三巨头”——瓦什隆、弗朗索瓦以及奥古斯特。瓦什隆是江诗丹顿的创始者，1755 年，24 岁的他在日内瓦的一处阁楼里成立了自己的工作室，这就是江诗丹顿的前身，瓦什隆就是在这里制造出了江诗丹顿的第一只银质怀表。

1810 年，瓦什隆的孙子雅克接掌了家族事业，虽然作品精良，但却备受销售手段的制约。1819 年，一个天才的推销员和开拓者——弗朗索瓦·康斯坦丁成了瓦什隆的合作伙伴，他们将姓氏连在一起，形成了如今的品牌——江诗丹顿。而弗朗索瓦充满理想和激情的格言至今还影响着江诗丹顿：“悉力以赴，精益求精。”1839 年，机械师乔治·奥古斯特加入了江诗丹顿，这个充满想象力的机械天才发明了可以批量生产标准化制表零件的机器，从而改变了当时手工零件本身不可替换性的弊端，使整个瑞士钟表业迈入了一个新的纪元。不过对于高级制表业来讲，再精密的机械工具也终究代替不了精细的手工，所以江诗丹顿的零件打磨、雕花和镶嵌等大部分程序仍以手工完成。目前，江诗丹顿在日内瓦的年产量仅约为 6000 只，全球的年产量不到 2 万只，制作工艺的精良可见一斑。对于拥有江诗丹顿的人来说，如果想让别人认同他的尊贵和品位，他只需要抬抬手腕就可以了。

VACHERON CONSTANTIN

典·藏·馆

江诗丹顿“艺术大师”系列

典藏理由：值得为下一代保存的艺术珍品

江诗丹顿目前的表款大致分为“传承”、“纵横四海”、“历史名作”、“艺术大师”、“马耳他”等七大系列。“艺术大师”系列可以说是江诗丹顿拿来与其他世界顶级制表商一较高下的极品之作，

江诗丹顿与日本京都漆艺达人象彦大师合作推出的精美漆艺腕表

基本只按照订单生产，而且严格限量。

江诗丹顿"艺术大师"系列曾经多次在世界各地的历史文化中寻觅灵感，从以郑和、麦哲伦等探险家及其探险活动为题材的4款限量版珐琅腕表，到根据日内瓦某博物馆收藏的12款原始部落面具推出的微缩金质版本的面具腕表，再到与日本京都漆艺达人象彦大师合作推出的精美漆艺腕表，它们将历史、艺术以及各类最精湛的制表技术完美地融合在一起，其价格都在百万人民币以上。而且由于工艺的复杂，某些表款目前只生产了几只而已。

"传承"系列世界时间腕表

典藏理由："传承"系列新款力作

自20世纪30年代以来，具有多时区时间显示功能的世界时间机芯开始成为高级制表业的一个炫技的"战场"，但是这种机芯最初全都是应用于非腕表形

江诗丹顿250 周年
Tour de l'ile 陀飞轮腕表

式的钟表上。江诗丹顿早在1932年就推出了第一款提供24个国际时区的钟表，到了1938年，江诗丹顿又推出了可显示67个地区（包括巴黎的夏季时和冬季时）的台钟。1957年，江诗丹顿推出第一款世界时间腕表，它是一名埃及贵族订购的，也是首款拥有此项复杂功能的腕表。

在2011年日内瓦高级钟表沙龙上，江诗丹顿“传承”系列推出了最新款的世界时间腕表。它采用由江诗丹顿自行设计制造的最新Cal.2460WT机芯，可以显示全世界37个时区的时间。佩戴者只需将其参考地所在的时区调校至位于6时位置的黑三角形标志上，便可借着时针和24小时表盘读取该地的标准时间，而其他36个时区的时间也会顺序显示出来。目前，世界上有部分国家采用的时间与世界标准时间（UTC）相差半个小时或15分钟，这款世界时间腕表的表盘上以黑色显示的城市代表整时区，而以红色显示的城市代表半时区或者四分之一时区。

▼ 江诗丹顿新款世界时间腕表兼具“传承”系列作品的所有标志性特征：纤细的表圈、表背上的滚花图案、旋入式蓝宝石水晶表底盖及剑形指针，直径42.5毫米的18K粉红金表壳，防水深度30米。采用咖啡色鳄鱼皮表带，18K粉红金折叠表扣。

250周年Tour de l'ile陀飞轮腕表

典藏理由：世界最复杂表款

2005年，适值品牌创立250周年，江诗丹顿特别研发的“Tour de l'ile”陀飞轮腕表也正式问世。“Quai de l'ile”是瑞士日内瓦市一个街区，也是瓦什隆最初创立工作室的地方，1906年，江诗丹顿又在这里开设了第一家专卖店并且传承至今。“Tour de l'ile”的名字正源于这个历史重地。

目前研发一款全新机芯的费用可能达到数百万欧元，这甚至高于一款腕表的整体研发费用，而“Tour de l'ile”腕表所搭载的Cal.2750机芯却耗费了江诗丹顿上万小时的研发时间，机芯零件多达834个。最终，这款采用罕见的双面表盘设计、玫瑰金材质的顶级腕表具备了大义时差、月相盈亏、三问报时、万年历等16项精密复杂功能，是目前世界上功能最多、机芯结构最复杂的腕表之一。

这款表只限量生产7只（其中一只是非卖品，由江诗丹顿永久保留），而且它们在表盘上的手雕花纹也都不一样，所以每一只都独一无二。在江诗丹顿250周年主题拍卖会上，唯一特制的一只黑色表盘的“Tour de l'ile”腕表以190万瑞士法郎（约1200万人民币）的身价被拍出，创造了新款腕表最高售价的世界纪录。

▲ 江诗丹顿 Saint-Gervais 腕表和江诗丹顿珐琅彩绘怀表。

为配合江诗丹顿250周年这个重要日子，江诗丹顿特意研制了动力储备为超长的250小时的 Saint-Gervais 腕表，作为日内瓦心脏地带的 Saint-Gervais 正是江诗丹顿的总部原址所在地。这款表限量55只，其中唯一的一只黑色表盘款式在拍卖会上以近260万人民币的身价拍出。

VACHERON CONSTANTIN

名·人·堂

江诗丹顿的早期作品一直是各大拍卖会上的明星，原因主要在于它们记录了世界制表业在当时的最高水准，有些成就甚至一直延续到现在还是很难被超越。而且，这些一流的工艺品并不可能大量生产，能买得起的人自然也是非富即贵，这又为这些稀世珍品增添了一些贵重的砝码。

1928年，江诗丹顿耗时14年制作了一只66毫米表盘的怀表，该表包含了657个部件，具有万年历、月相显示等9项复杂功能，它也是江诗丹顿总共4只带有闹钟功能的怀表的其中之一。1948年，摩纳哥王室格里马尔迪家族成员，已故国王雷尼尔三世的表弟布瓦鲁夫雷伯爵购得了该表。此后，该表一直为该家族所有，直到2003年才以110余万瑞士法郎的高价在一次拍卖会中转手，而其买主据说就是后来拍下埃及福阿德国王怀表的人。

除了拍卖会，各国王室成员以及名流政要的手腕上也少不了江诗丹顿的装点。1981年，戴安娜与查尔斯王子大婚当天，戴安娜手上那款精巧的钻表就是出自江诗丹顿的杰作，上面镶有总重达30克拉的108颗柱形钻石，那是阿联酋某酋长送的贺礼。

日内瓦作为世界钟表之都，其根源可以追溯到16世纪。当时，日内瓦的宗教改革者加尔文下了一道严厉的命令：在日内瓦城禁止佩戴珠宝首饰。出人意料的是这个禁令却促使了珠宝商开始致力于钟表制造业，后来，日内瓦钟表更成了瑞士的国礼。这其中当然少不得江诗丹顿的作品。

1955年，苏、美、英、法四国政府首脑会议在日内瓦举行，当时江诗丹顿应市民要求，特意制作了4只腕表赠给出席会议的苏联部长会议主席布尔加宁、美国总统艾森豪威尔、英国首相艾登以及法国总理富尔。表的背面都刻有他们各自的名字并配有如下文字：“祝愿此表能为您和您的人民以及世界和平带来欢乐的时光。”这句名言至今还常被人们谈起。

在海瑞温斯顿的身后有一个仿佛被施了魔法的头衔——“钻石之王”，世间没有几人可以对此无动于衷，无论他是王公贵戚，还是名门显贵。

HARRY WINSTON
海瑞温斯顿

1951年，埃及国王法鲁克从世界顶级珠宝品牌海瑞温斯顿手中购得了一颗珍贵的钻石——“扬克Ⅰ号”。这颗钻石的原钻是1934年发掘于南非的全球第七大原钻——“扬克”（重达726克拉），海瑞温斯顿于次年在伦敦购得这颗钻石。但是，如何将钻石安全运抵纽约却引发了一场激烈的辩论，最后，温斯顿先生花了0.64美元，用挂号信把钻石邮寄到了美国。“扬克”钻石是第一颗在美国切割打磨的重量级钻石，原钻最终被打磨成13颗成钻，其中最重的一颗是重142.90克拉的“扬克Ⅰ号”，祖母绿型切割，切面达到66个，后来为了增加明亮度又在1937年进行了再次切割，最终重量125.35克拉，具有58个切面。由于温斯顿先生对“扬克Ⅰ号”珍爱有加，多年来一直不愿售出，只是将其镶嵌在一条缀有多颗长方形切割钻石的铂金项链上，在各大慈善展览中展出。直到法鲁克国王将它买下，作为送给自己新婚妻子纳里曼的礼物，并打算进行重新镶嵌。

不过纳里曼似乎与这颗美钻有缘无分，埃及的君主制在他们婚后第二年就被推翻，法鲁克流亡国外，他与纳里曼也在两年后分手，而“扬克Ⅰ号”基本上在被法鲁克买到后就从未出现在人们的视野中。1959年，有报道称尼泊尔王后拉娜曾经戴过这颗钻石，那是她以10万美元从法鲁克手中购得的。1977年，该钻石在香港某拍卖会上以226万美元的身价被一位匿名买主拍得，这也是它最后一次的公开交易记录。除“扬克Ⅰ号”外，其他小颗的“扬克”钻石的命运也是扑朔迷离。重41.29克拉的“扬克Ⅱ号”曾于1994年经苏富比拍卖会之手，在日内瓦以超过197万美元的身价被拍出（由于经历过再度切割，拍卖时的重量为40.26克拉），而一枚镶着重30.71克拉的“扬克Ⅳ号”的白金戒指则于1987年12月在纽约以170万美元的价格被拍卖。

▼ 1949年，海瑞温斯顿买下的世界上最著名的一颗蓝色钻石——重45.52克拉的“希望”。

HARRY WINSTON

品·牌·志

温斯顿家族开始同珠宝打交道的历史始于1890年，当时的纽约曼哈顿地区出现了一间小型珠宝店，主人的名字就叫做雅各布·温斯顿—— 一个刚刚从欧洲移民过来的珠宝工艺师。雅各布的珠宝生意一直不瘟不火，倒是他的儿子海瑞·温斯顿自小耳濡目染，养

成了对于珠宝的敏锐鉴赏力。据说在1908年，只有12岁的小温斯顿曾经只用了25美分，从一家廉价出售假珠宝的当铺中买到一颗重2克拉的祖母绿宝石，并在两天后以880美元的高价卖出。1920年，海瑞·温斯顿拿出所有积蓄在纽约第五大道开了一家经营钻石买卖的小公司，并开始用相对低廉的价格收购旧珠宝饰品，然后利用上面的宝石重新镶成符合潮流的新首饰出售。1932年，已是一名成功珠宝商的海瑞·温斯顿成立了以自己的名字为招牌的新公司，海瑞温斯顿珠宝的历史也翻开了崭新的一页。

海瑞·温斯顿为自己的企业掌舵40余年，其间他不断在世界各地物色极品美钻。从当年的“扬克”钻石到1949年海瑞·温斯顿买下的世界上最大的一颗蓝色钻石——重45.52克拉的“希望”，再到原石重达968.9克拉的“塞拉利昂之星”，海瑞温斯顿历史上经手的世界最重要的钻石不下60颗，于是它也有了另外的代名词——“钻石之王”。实际上，能担负这样的盛名，更重要的原因是海瑞温斯顿在钻石的选择、切割及其镶嵌工艺上也建立了极高的标准。

1978年，海瑞·温斯顿先生去世，其子雷诺·温斯顿成为接班人。他将珠宝与腕表设计完美地结合在了一起，于1989年成立了腕表部门，温斯顿家族的珠宝事业也进入了一个新纪元，成为了一位用心“诉说”时间的珠宝艺术家。

HARRY WINSTON

典·藏·馆

海瑞温斯顿“舞蝶”系列

典藏理由：海瑞温斯顿最典型的唯美主义风格

“舞蝶”系列的灵感是来自于优雅翩然的蝴蝶，所选取的绝大多数钻石为橄榄形、梨形钻石，将其组合镶嵌成蝴蝶的形状，然后精心镶嵌于白金丝线上并尽量使金属部分隐而不见，从而营造出闪动垂坠的美感。它们搭配圆形钻石以及各色宝石，共同缔造出包括瀑布形项链、大型垂坠式钻石耳环、古典缀饰耳环以及

▲ 海瑞温斯顿的珠宝胸针

戒指、坠链等 22 款珠宝。“舞蝶”系列的每款珠宝设计都十分精致，仿佛歌咏着大自然最纯粹的美感，璀璨闪烁的光芒也生动地刻画出蝴蝶舞动中的轻盈与优雅。

根据古老的传说，蓝宝石的能量来自于阳光和海水，它象征着幸福婚姻并能为女人带来幸福与平静，而且由于其颜色会展现出特有的温和感，无论任何肤色或者是眼睛颜色，均能衬托出佩戴者的特质。海瑞温斯顿的“舞蝶”系列中就有一款镶有祖母绿形切割海水蓝宝石的戒指，宝石重达 16.05 克拉，镶嵌于铂金底座之上，12 颗共重 1 克拉的橄榄形和水滴形切工钻石，组合成 3 只翩翩飞舞的蝴蝶，萦绕在海水蓝宝石周围，极其唯美。

“舞蝶”系列的另外一款戒指上所镶的主石是一颗成色极高的绿色沙弗莱石。沙弗莱石是丰富多彩的石榴石家族中最独特的一员，色彩层次多元，从初春的淡绿色到强烈的蓝绿色再到森林般的深绿色，象征着鼓舞和清新的感觉。它的价值在于所折射出的光芒甚至能够穿透服装。

▲ 海瑞温斯顿“舞蝶”系列沙弗莱石钻戒，主石重达 8.18 克拉！

另外，与其他宝石相反，沙弗莱石的处理过程是未经加热处理的，呈现出天然的纯洁和纯净度，内部结构稳定且硬度极高，因而在处理和佩戴过程中不易受到伤害。一般来说，重量超过 2 克拉的沙弗莱石已经十分罕见，而这款戒指上的沙弗莱石却重达 8.18 克拉。

“塞拉利昂之星”钻石

典藏理由：独一无二

“塞拉利昂之星”在 1972 年的情人节当天被发现于塞拉利昂，最后被海瑞温斯顿购得。第二年，温斯顿先生将其进行了切割，盛况在全球进行了电视转播。

为纪念这一钻石史上的重大事件，非洲某国还发行了一套纪念邮票，这也让海瑞温斯顿成了唯一登上过邮票的珠宝商。“塞拉利昂之星”最终被切割成了 17 颗钻石，总重量为 238.43 克拉，最大的一颗重 53.96 克拉，梨形切割，称为“塞拉利昂

之星 1 号”，2 号钻重 32.52 克拉，为祖母绿形切割，1988 年 10 月以 352 万美元在纽约售出。

▲ “欧帕斯”系列腕表的发行量极为稀少，每一代都不会超过 100 只，十年来的总数还不足 500 只，每只的价位基本都在 50 万美元以上，其中特制的镶钻表款的价格不会低于 100 万美元。当年，著名影星梅尔·吉布森曾经以足够买下一艘小型潜水艇的钱，购得了一只海瑞温斯顿“欧帕斯”白金腕表。

海瑞温斯顿顶级复杂腕表

典藏理由：限量生产的极品之作

温斯顿家族的第三代传人雷诺曾经说过：“表面和表带如同宝石的镶嵌台，拥有宽广无限的创意空间，是另一个让钻石绽放出璀璨光彩的舞台。”自从 1989 年海瑞温斯顿开始涉足腕表领域以来，20 年间，它的作品已经发展到高级定制珠宝腕表系列、装饰艺术风格的长方形“Avenue”系列、经典的圆形“Premier”系列、运动款的“Ocean”系列以及将陀飞轮、三问等顶级制表

▲ 海瑞温斯顿“欧帕斯X”，限量发行 100 只。

技术统统包容进来的顶级复杂腕表系列。但在初期阶段，腕表鉴赏家们好像并不打算认真看待一个以珠宝起家的美国品牌，认为对于海瑞温斯顿而言，腕表充其量不过就是一个迎合潮流的“副业”，它的心思永远还是会放在与钟表并不相干的珠光宝气上。

不过，这样的结果其实并未出现，限量发行的海瑞温斯顿顶级复杂腕表系列如今已经备受世界制表业的关注。该系列不仅开发出了带有威斯敏斯特教堂钟声的三问陀飞轮腕表（限量发行 8 只）以及双重自动上链陀飞轮腕表（限量发行 51 只），从 2001 年起，海瑞温斯顿每年都邀请一或两位来自瑞士、德国等世界制表业最顶尖、最受尊崇的独立制表师进行合作，开始推出著名的“欧帕斯”系列高复杂腕表。

2001 年的“欧帕斯Ⅰ”出自制表大师 F.P.乔内之手，他以 3

款分别带有不同功能的950铂金机芯（每款限量6只，表盘的材质、颜色也不尽相同），缔造了第一代的“欧帕斯”腕表。在之后的11年中，“欧帕斯Ⅱ”到“欧帕斯Ⅸ”相继问世。在功能上，它们都融入了当代制表大师们最擅长的工艺，比如，发行数量最少的“欧帕斯Ⅵ”（限量6只）采用了高坦·福斯大师的倾斜30°的双体陀飞轮，限量20只的“欧帕斯Ⅳ”则体现了C.克拉特在三问技艺上的精深造诣。2010年，由J.F.莫林设计制作的“欧帕斯”系列的第10款力作——“欧帕斯X”问世，它颠覆了传统的表盘和指针，取而代之的是构建于旋转框架上的时、分、秒和第二时区显示器，仿佛宇宙中太阳系行星运转。与“欧帕斯Ⅴ”一样，这款表限量发行100只。

▲ 海瑞温斯顿 Tango 铂金腕表。采用水滴造型，铂金表壳与表链均镶嵌各种宝石：1颗水滴形切割钻石，72颗橄榄形切割钻石，432颗明亮形切割钻石，101颗长阶梯形切割钻石，606颗宝石，总重不少于66.45克拉。表盘无刻度指示，指针动力来源于石英电子机芯。

HARRY WINSTON

名·人·堂

在近百年的经营中，海瑞温斯顿公司拥有并买卖过60多颗历史上最重要的宝石，这也是为什么包括英女王伊丽莎白二世、戴安娜王妃、伊朗国王巴列维在内的各国王室成员都将海瑞温斯顿的珠宝视为毕生珍藏的原因。1946年，海瑞·温斯顿先生首次与温莎公爵会面，公爵就曾对他说：“我知道你，你的珠宝非常出色！”

1959年12月，伊朗国王巴列维二世迎娶了他的第三任妻子法拉赫，婚礼上的几件重要珠宝都是出自海瑞温斯顿之手，其中最耀眼的当数“目之光”冠冕，其上镶嵌着的重约60克拉的主石是有史以来最大的玫瑰粉色椭圆形钻石，发掘自印度南部的矿区，它的四周旁衬着粉黄、粉红、粉蓝的彩钻以及透明的钻石。这顶冠冕毋庸置疑成为了海瑞温斯顿的旷世之作。

“莱索托”钻石是出自海瑞温斯顿的一颗名钻，原钻重601克拉，1967年被发掘于非洲南部的莱索托。不久，该钻石在来

▲ “泰勒·波顿之钻”

索托首府马赛卢的拍卖会上被一位南非钻石商买走并旋即售卖到欧洲。后来，海瑞·温斯顿先生在日内瓦买下了它，并在1969年以精湛的切工将原钻切割成18颗华美的钻石，其中最大的3颗被分别镶成戒指，于1970年相继卖出。它们分别是71.73克拉的祖母绿形切割的“莱索托Ⅰ号”（2004年被海瑞温斯顿重新购回）、60.67克拉的祖母绿形切割的“莱索托Ⅱ号”以及40.43克拉的橄榄形切割的“莱索托Ⅲ号”。“莱索托Ⅲ号”的买主是希腊船王奥纳西斯，作为送给妻子、美国前第一夫人杰奎琳·肯尼迪的订婚戒指。杰奎琳辞世后，这枚戒指以40多万美元的价格售出。

海瑞温斯顿另外一件有名的作品就是“泰勒·波顿之钻”，这颗钻石的原石重241克拉，1966年被发掘于南非矿区，后来海瑞·温斯顿先生将其亲手打磨成重69.42克拉的梨形钻石，净度、色泽等都达到了钻石等级的最高水准，堪称完美。1967年，海瑞温斯顿将这颗钻石出售给美国富商艾姆斯夫人，两年后，该钻石经苏富比拍卖会被卡地亚公司收入囊中。与此同时，正在为自己的妻子——好莱坞传奇影星伊丽莎白·泰勒寻觅生日礼物的理查德·波顿对这颗梨形钻石产生了兴趣，他在拍卖会的次日就以110万美元将该钻石买下并命名为“泰勒·波顿之钻”。1972年，当伊丽莎白·泰勒庆祝她40岁生日的时候，她如愿戴上了镶有这颗极品美钻的项链。1973年9月，卡地亚提出愿高价将钻石买回，遭到了泰勒的拒绝。不过，泰勒和波顿终究未能携手白头，虽经历过一次复婚，但他们之间近12年的婚姻还是在1976年结束。1979年6月，泰勒以250万美元的价格卖掉了这颗钻石。

玛丽莲·梦露也是海瑞温斯顿的忠实拥趸，在歌舞片《绅士爱美人》中玛丽莲·梦露高唱着：“和我说话，海瑞温斯顿，说出一切……”这已经成为了很多人记忆中的经典片段。其实一直以来，海瑞温斯顿的作品都深受好莱坞影星的青睐，早在1943年，它就成了首家赞助奥斯卡颁奖典礼的珠宝商，当年的影后詹妮弗·琼斯所佩戴的华贵钻饰就是出自海瑞温斯顿之手。

海瑞温斯顿复古风格祖母绿钻石项链，18 颗枕形切割共重 161.09 克拉的祖母绿环绕镶嵌于铂金底座上，迸发着活跃的异域基调，与不同形状的钻石交相辉映，营造出钻石的缤纷幻境。

他们是欧洲最古老的王室，淡泊、平和却又气质大成。他们将自身的高贵与华丽融进血液，总在一颦一笑间，流露出这世上最本真的奢华韵味。

丹麦王室

童话王国中的奢华贵族

在日德兰半岛的中部有一座名叫耶林的小城，城中教堂的门口摆放着一大一小两块石头。小石是丹麦的第一位君主高姆老国王为妻子翠拉所立的墓碑，在碑文中，“丹麦”首次作为国名出现，而大石上则用古北欧文镌刻着高姆老国王的儿子哈拉尔国王纪念其父母和颂扬自己功绩的墓志铭。丹麦人称这两块石头为“耶林石”，并把石碑看成是丹麦王国诞生的证明，这也是丹麦最早的用文字记载下来的王族历史。

高姆老国王的出生时间已无从查考，卒年大约在公元940年。而从高姆老国王一直到今天的丹麦女王玛格丽特二世，丹麦王室的更迭竟是以一种不可思议的和平方式走过来的，没有篡位夺权，没有暴力政变，没有流血牺牲，新王朝兴起的唯一原因就是前代国王绝嗣，不得不从王室家族的近亲后裔中去物色王位继承人。

1448年，丹麦王位在历经32位国王和一位女王、嫡传了大约5个世纪之后，传给了旁系奥伦堡的克里斯蒂安公爵，从此开启了奥伦堡王朝。奥伦堡王朝历时4个多世纪，经历了16位国王，1863年，丹麦王位又传给了格吕克斯堡的克里斯蒂安亲王。格吕克斯堡王朝至今已有140多年的历史，当今的丹麦女王玛格丽特二世是该王朝的第五代君主。所以，不管丹麦王室如何“改朝换代”，在千余年的54位君主中，他们或她们之间都有着这样或那样的血缘关系，丹麦的王位从来没有落到过一个完全陌生的家族手里。

作为君主立宪制国家形式上的元首，丹麦王室如今恪守不问政治、严守宪法的准则，低调、冷静、亲和而且节俭，极得人心。他们知道，真正的高贵源自神的恩赐，源自身体中流淌的血液，而不在于高高在上和挥霍无度。

一直以来，丹麦王室的亲和与低调在欧洲各国王室中是出了名的，但这全然不会抵消其原本的奢华气度，因为那是已经融入了他们生活细节的因子，早已浑然天成。

在《名利场》杂志“2010年度全球最佳着装名人”榜单的前十名，丹麦人找到了他们的王储妃玛丽的名字，并且是在美、英、法三国第一夫人之前，下面标注着她最喜欢的品牌之一——香奈儿。

皇家哥本哈根瓷器诞生了两个多世纪，丹麦王室就用了它两个多世纪。直到现在，丹麦王宫中的餐具以及奢靡装饰依然是由皇家哥本哈根瓷器厂一手包办。

皇家御用

丹麦人热爱童话，但在这个童话王国里，真正的王子和公主们究竟过着怎样的生活？

▲ 菲德烈王储迎娶平民女子玛丽·唐纳森。玛丽身上的象牙白绸缎婚纱出自丹麦著名设计师尤福·弗兰克的设计，而她头上的手工蕾丝头纱已有百年历史。

没有到过丹麦的人绝对很难想象，世界上居然有一个国家的君主能与民众贴近到如此地步。女王玛格丽特二世所住的阿美琳堡位于哥本哈根市区东部海滨，围绕着一个八角形的小广场，没有高耸的宫墙，甚至缺少一个封闭的院落，若不是那些广场上身着军服的王室卫兵，你不会知道，这样一个不太设防的所在就是丹麦王宫。如果是足够细心的当地人，他甚至会在超级市场里看到身穿牛仔裤和便装的玛格丽特二世在耐心地选着蔬菜。是的，丹麦王室就是如此亲和，甚至有点过于低调。但在 2004 年，一场耗资 3500 万美元的盛大婚礼却让美丽的哥本哈根成了举世瞩目的焦点，而婚礼的主角正是丹麦人未来的国王——菲德烈王储。

菲德烈生于 1968 年，是女王玛格丽特二世的长子，也是第一王位继承人。2000 年悉尼奥运会期间，他在悉尼的一间酒吧与当地平民女子玛丽·唐纳森相识并很快坠入爱河。2004 年 5 月 14 日，两人在哥本哈根大教堂完婚。婚礼当天，玛丽身上的象牙白绸缎婚纱是出自丹麦著名设计师尤福·弗兰克的设计，而她的头纱具有 100 年历史，由爱尔兰蕾丝精心制成，1905 年英国维多利亚女王的孙女玛格丽特公主嫁入瑞典王室时就曾使用过——她是丹麦玛格丽特二世女王的外祖母。为了体现玛丽与澳大利亚的渊源，她的手捧花特意加了从澳大利亚运来的桉树花。

为了这场婚礼，丹麦王室单单为了装点哥本哈根城就花费了 250 万美元，阅兵仪式以及电视直播的开销也超过了 500 万美元。当天，来自英国、西班牙、瑞典、日本、摩洛哥等多国王室的 800 多名贵宾受邀到场，时任澳大利亚总督迈克尔·杰弗里、当时法国第一夫人伯尔纳德·希拉克等政要名流也出现在贵

宾席上。除了给予最高规格的礼遇，为了保障贵宾的安全以及盛大的婚车游行活动顺利进行，哥本哈根出动了大量警力，实行全城交通管制并封锁领空，整体安保的花费近千万美元。除此之外，丹麦还对教堂、王储夫妇在阿美琳堡的寝宫以及将举行盛大晚宴的菲登斯堡宫（王储夫妇日后也将长住）都进行了翻修，玛丽邀请8位著名丹麦艺术家将菲登斯堡的20间客房以不同主题进行了重新设计，1660平方米的王室花园也修整一新，增加了一个长40米的游泳池和适合露天烧烤聚会的澳式庭院。这一项又耗费了近千万美元，据说其中仅墙面装饰和灯光系统的装修费就超过450万美元。

据一项民意调查显示，超过75%的丹麦人欢迎玛丽成为将来的王后，能得到这份爱戴，姣好的容貌、优雅大方的举止以及甜美的微笑想必为她加分不少。不过正是为了打造这种优雅，玛丽王储妃的豪奢作风在有着“全欧洲最节俭王室”之称的丹麦王室中无疑颇为另类。丹麦王室名下没有产业，他们的支出源自国家预算，并且数字远不及其他欧洲国家，传言当初的一场婚礼甚至给王室

▲ 丹麦王室龙凤胎隆重受洗仪式，玛丽穿着的是香奈儿的套装。

带来了400万美元的债务。王储夫妇的年度开支预算约340万美元，除了雇用30名助手和用人，他们在食物上极为讲究，像鱼子酱、鹅肝酱这样的珍贵食材经常出现在他们的餐桌上，据说这曾让在宫廷内倡导食用冷冻食品的女王陛下十分不满。

除此之外，玛丽每年花在服装、鞋、珠宝、家具上的费用不会低于90万美元，平均差不多每天2500美元。2010年为了迎接双胞胎的到来，他们又重新装修了阿美琳堡寝宫。所以340万这个数字对他们来说显然还是太保守，有媒体曾戏称，一旦玛丽王储妃亮出她的信用卡，全丹麦都可以感受到它散发的光芒。有得必有失，玛丽在享受奢华生活的同时也作出了不少牺牲，她苦练丹麦语，放弃了澳大利亚国籍甚至皈依了丹麦路德教，另外她还与王室签署了婚前协议，承诺日后如果离婚将自动放弃子女的抚养权，并且不会带走王室的珠宝和艺术品。

玛丽平时最钟爱的品牌就是香奈儿、爱马仕、普拉达以及巴宝莉，对一个未来的王后而言，她的穿着是如此得体。

——《名利场》

香奈儿

从前提起菲德烈王储，丹麦人往往会戏谑地说：“哦，我们的那个花花王子。”全丹麦人都知道他换女友比换跑车都勤。但是玛丽却在第一时间，用高挑的身材、标致的瓜子脸以及出众的气质抓住了他的心。如今，十年过去了，菲德烈俨然一副好丈夫、好父亲的做派，而且毫不掩饰对于玛丽的赞赏与爱意：她真的很优秀，她的品位极其完美！而《名利场》评出的“2010年度全球最佳着装名人”的榜单也证明了这一点，名列第四的玛丽将美、法、英三国的第一夫人都甩在了身后，成为当今各国王室以及政要配偶中最会穿的一位。对于她的着装，《名利场》作出了这样的介绍：玛丽平时最钟爱的品牌就是香奈儿、爱马仕、普拉达以及巴宝莉，对一个未来的王后而言，她的穿着是如此得体。

玛丽几乎中意所有香奈儿的服装和配饰，当初她新婚五个月之后就曾身着香奈儿的套装登上了《Vogue》杂志，她后来还曾经对她的朋友说：“香奈儿的精品简直是为我量身定做的，这一切简直都太合心意了。”在她的衣帽间内填满了大量香奈儿服饰、手袋、高跟鞋和眼镜，据估算，她买香奈儿高跟鞋的钱足够在哥本哈根的中心地段买下一间大别墅，她买香奈儿手袋的钱也足可以买一间大公寓。因为拥有不计其数的高跟鞋，玛丽甚至被人称为“西方的伊美黛”。伊美黛是菲律宾前总统马科斯的夫人，1986马科斯政府倒台后，人们在伊美黛的居室里发现她洗脸用的盆竟然是镀金的。更令人震惊的还是衣橱，除了数百件欧洲名贵服装，里面还有2000多副手套、1700多个手袋、5000多条短裤，至于皮鞋，数目多达3000双。

2010年玛丽在怀上双胞胎期间曾回澳大利亚省亲，当地媒体在苦等之下终于拍下了她与姐姐结伴外出购物的照片。当时她身穿一件深蓝外套配简单牛仔裤，虽然身形尚未发生太大变化，但她还是放弃了最钟爱的高跟鞋，脚下踩着一双漂亮的香奈儿芭蕾平底鞋。

CHANEL

品·牌·志

在毕加索眼中，她是世界上最敏感的女人，幼年丧母之后她就成了被遗弃的孤女；在丘吉尔眼中，她是最能干、最出色的女性，他曾经在给妻子的信中写道：她的强烈个性连兴奋剂也相形见绌；而在自己眼中，她是一块难啃的骨头，她曾在自传中写道：“我命中注定孤单，无法与个性比我强的男人相处。”这个人就是可可·香奈儿。

可可·香奈儿原本叫做嘉柏丽尔·香奈儿，她的少女时代是在修道院中度过的。20 岁时，她结识法国军官安瑟尼·巴桑并开始进入巴黎的上层社会，作为昵称，可可·香奈儿这个名字也渐渐流传开来。不久，她遇见后来被她称为"这一生唯一挚爱"的英伦贵族鲍伊·卡柏，正是在他的支持下，1910 年的巴黎康朋街 21 号出现了一间名为"香奈儿风尚"的女帽店。1914 年，香奈儿又开了两家时装店，其中一家就在不远处的康朋街 31 号。香奈儿的设计简洁明快，色彩单纯，致力于让女人从头到脚摆脱矫饰，永远告别拖沓繁复。所以穿香奈儿的女人都有这样一个典型形象：坦率、新颖、洒脱、摩登、个性独立。到了 20 世纪 20 年代，可可·香奈儿已经成了在时装界极具地位的女王。只是，当康朋街因香奈儿而逐渐闻名，可可和卡柏的感情故事最终却以卡柏在 1919 年死于一场车祸而告终。

可可·香奈儿曾经坦荡地说过，她的"可可"就是"Cocotte（情妇）"的缩写。在卡柏之后，从英国最有吸引力的单身汉西敏公爵到美籍俄罗斯音乐家斯特拉文斯基，很多世上最优秀的男人都曾进入可可·香奈儿的爱情世界并给了她太多太多的设计灵感，也造就了香奈儿的一个个经典——山茶花、斜纹软呢服、水手服、喇叭裤……如今，关于可可·香奈儿的情感秘史依然为人所津津乐道，甚至搬上了银幕。1971 年，88 岁的可可·香奈儿走完了她传奇的一生。她终身未嫁，她必须为自己以及他人的个性留有空间，她曾经说过："你可以穿不起香奈儿，你也可以没有多少衣服可选，但永远别忘记一件最重要的衣服——自我。"1999 年，美国《时代》周刊评出了百年来最具影响力的 20 位艺术家，可可·香奈儿排在建筑大师李·科布西之后，名列次席。

▲ 可可·香奈儿

可可·香奈儿之后，德国设计天才卡尔·拉格菲尔德渐渐成为了香奈儿的灵魂人物，他总是不可思议地把两种对立的艺术感觉统一在设计中，既奔放又端庄，既有法国人的浪漫雅致又有德国式的严谨精致，但任何人都会从他的设计中领会到香奈儿最初的魅力。

CHANEL
典·藏·馆

香奈儿 2.55 菱格纹手袋

典藏理由：香奈儿最耀眼的明星

可可·香奈儿有句名言：时尚稍纵即逝，但风格永存。用这句话来形容香奈儿 2.55 菱格纹手袋再合适不过。诞生半个多世纪以来，它就像被人施了魔咒一般，令名媛贵妇永远对之趋之若鹜，未曾拥有的必定要拥有一个，已经拥有的想拥有更多。

菱格纹是源于 15 世纪的绗缝工艺，现在依然被用来缝制床品，可可·香奈儿在康朋街宅邸中的褐色麂皮靠垫就是以此法缝制的。1955 年 2 月，香奈儿以此为灵感推出了第一款菱格纹手袋，2.55 的数字正是代表该日期。最特别的是，为了使手袋不用手提，可可·香奈儿当时大胆地将士兵背包所采用的肩带概念应用在女士手袋上，她将金属链或者皮革与金属链编织以后作为肩带，可以单肩背也可斜挎，从而彻底地解放了女性的双手，也颠覆了传统手袋概念。

香奈儿的皮包生产地设在巴黎北部约 70 公里处的一座小镇，从 1991 年起，这里就是香奈儿手袋的唯一生产基地，每天都有 100 到 250 个香奈儿手袋在这里诞生。而为了制作一个香奈儿 2.55 菱格纹手袋，从剪裁、贴合、缝纫、再剪裁、拼接、装上拉链、镶嵌扣眼一直到包装，整个过程经过 180 道工序，需要 6~10 个工人工作 20 小时，其中 80%的生产过程都花在皮革的手工缝制上。制作完成后，成品要在 60℃、湿度 95%的房间内经过 72 小时测试，通过的皮包将会颁发相关证书以及记录卡。

无论样式、功能还是细节，香奈儿 2.55 菱格纹手袋都具有着里程碑式的意义。正是因为它实在是太过经典，以至于香奈儿品牌 50 多年来一直对它不离不弃。尤其是自卡尔·拉格菲尔德接手以来，香奈儿 2.55 菱格纹包的灵魂被不断添

加的新元素演绎得历久弥新，材质涉及大蜥蜴皮、雾面短吻鳄鱼皮、魔鬼鱼皮、针织料、漆皮小牛皮、丝缎、水蛇皮、复古小牛皮等多种选择，甚至还会以香奈儿经典的珍珠点缀整个包的边缘，又或者是打满铆钉、挂满流苏。它们都无一例外地保有香奈儿一贯的优雅，足以令所有女人为之疯狂，并且永远都买不完，买不够。

香奈儿 5 号香水

典藏理由：香奈儿的时尚灵魂

如果论及什么产品是香奈儿的终极之作，很多人的答案或许并不是服装、手袋，而是一款名叫香奈儿 5 号的香水。

香奈儿香水的瓶身永远都有着最简单的线条，毫不繁复，从最初的香奈儿 5 号到后来的“chance”、“coco”、“allure”，都是如此。90 年来，从没有人会建议它换换风格，因为，这才是真正的香奈儿。

在可可·香奈儿眼中，香水对于女人的意义绝不亚于时装，她曾说过“不用香水的女人是没有未来的”。所以，就算是 20 世纪 20 年代只有香水世家推出的香水才会受到追捧，但她依然决定试一试。1921 年，香水名师恩尼斯特·鲍尤斯将调制好的 5 款香水拿到了可可·香奈儿的面前，她闻过之后几乎毫不犹豫地选择了第五款，加上当时适值 5 月，于是香奈儿 5 号就此得名。

其实当时见过香奈尔 5 号的一些时尚专家对此并不看好，尤其是在看到了它线条利落得活像药瓶的水晶方形瓶身之后。很多人甚至认为可可·香奈儿一生的美名可能就此毁于一旦。但结果呢？恰恰相反。香奈儿 5 号在问世之后立即风靡世界，并在香水界掀起了一场翻天覆地的变革。因为它的香调区别于当时清一色的花香香调，是全球第一款乙醛鲜花香调的香水，将乙醛与超过 83 种鲜花以及植物混合而成，包括人工采摘自法国南部格拉斯的茉莉、五月玫瑰等珍贵成分，从而酝酿出特有的合成香调。

香奈儿 5 号是香奈儿的第一个香水作品，也是全球第一款以号码命名的香水。香奈儿 5 号发售后，香奈儿康朋街旗舰店门前排起了等待购买的长龙，1956 年，它成为了纽约大都会博物馆的收藏品。

CHANEL

名·人·堂

曾经的美国第一夫人杰奎琳·肯尼迪是 20 世纪 60 年代公认的时尚引领者，她非常喜欢线条简洁的套装，搭配粗框墨镜、珍珠饰物、手套及经典的药盒小帽等配饰，这一切就随之成为了塑造淑女形象的必需品。不过如果她还健在，她与法国第一夫人布吕尼一定会很聊得来，因为她们都钟爱着同一样东西——法国时装。当时美国总统的年薪是 10 万美元，而肯尼迪夫妇在入主白宫的头一年里就远远超支，据说仅杰奎琳的置装费就高达 3 万美元。但作为美国第一夫人，如果不捧美国国货

N° 5
N°5
CHANEL
PARIS
PARFUM

的场，当然有些不妥，因此她不能随心所欲地穿着法国时装，而是经常叫美国的服装师模仿法国的风格为她定做服装。后来杰奎琳随肯尼迪出访法国，她终于可以肆无忌惮地穿起香奈儿、纪梵希……结果当然是备受赞誉，就连一向严肃的戴高乐都忍不住慨叹“我从未见过这样迷人的女性”，并特意戴上眼镜观察她的行为举止。而肯尼迪在凡尔赛宫国宴的致辞里甚至诙谐地配合着把自己介绍为“我是美国第一夫人的丈夫，为陪同她而来”。

▲ 肯尼迪遇刺时，杰奎琳身上穿着的一款带有深紫色翻领的粉色香奈儿套装。

1963 年 11 月 22 日上午，肯尼迪夫妇乘坐“空军一号”专机到访得克萨斯州达拉斯市，舱门打开后，肯尼迪牵着杰奎琳的手缓缓走下舷梯，当时，杰奎琳身上穿着的正是一款带有深紫色翻领的粉色香奈儿套装，头上戴着同款系的药盒女帽，脸上展露着她一贯的温婉迷人的笑容。当天 12 点 30 分，肯尼迪夫妇在与康纳利州长一同乘坐一辆黑色林肯敞篷轿车驶抵达拉斯市中心时遭遇暗杀，子弹精准地射中了肯尼迪的头部和颈部，他连哼都没哼就在杰奎琳身旁猝然倒下，殷红的鲜血溅满了她的香奈儿套裙。一个半小时之后，副总统约翰逊在达拉斯机场的“空军一号”专机上宣誓接任美国总统。当时杰奎琳就站在约翰逊身旁，而且并没有换下身上那件沾染着肯尼迪鲜血的香奈儿血衣，她说：“我要让他们看看自己犯下了怎样的罪孽。”肯尼迪死后近半个世纪以来，关于他遭遇暗杀的真相一直是个谜团，也没人查出杰奎琳所谓的“他们”到底是谁，或许连她自己都不清楚。不过可以肯定的是，肯尼迪的被刺应该是她永远的噩梦。肯尼迪遇刺四年后，已嫁给希腊船王的杰奎琳出现在美国版的《Vogue》杂志上，依旧淡淡地笑着，但她真的快乐吗？没人知道。

无独有偶，曾经与肯尼迪总统传出绯闻的著名影星玛丽莲·梦露也同样对香奈儿青睐有加。1954 年，玛丽莲·梦露和新婚丈夫迪马吉奥（美国著名棒球运动员）来到日本度蜜月。在有 200 多人参加的招待会上，一名记者问她：“请问您夜里穿睡衣吗？”面对这个轻佻而尴尬的问题，梦露莞尔一笑，徐徐回

答：“我睡觉时只穿一件香奈儿5号。”梦露的这一表白成为香奈尔5号香水最有力的广告，一谈到香奈尔5号香水，人们往往就会联想到影星玛丽莲·梦露的性感形象，香奈儿5号的销量随之一路飙升。

作为丹麦的国宝级名瓷，皇家哥本哈根瓷器自从诞生以来就一直是丹麦王室的御用瓷器以及名贵国礼，几乎全欧洲的王室成员和政界名流也都对之爱不释手。

ROYAL COPENHAGEN

皇家哥本哈根瓷器

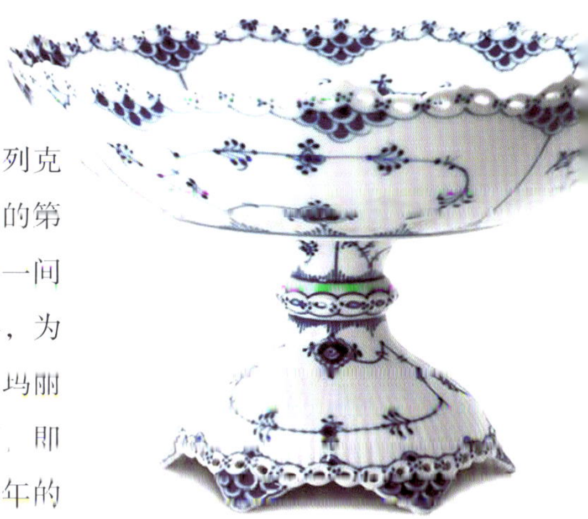

1775年在世界史上是个值得被铭记的时间，那一年，列克星敦的枪声拉开了美国独立战争的序幕，莫扎特完成了他的第二、第三、第四号小提琴协奏曲；而瓦什隆则在日内瓦的一间阁楼上生产出了江诗丹顿的第一只怀表。同样是在1775年，为专门制作皇室御用瓷器以及名贵国礼，当时摄政的朱利安·玛丽（国王克理斯蒂安七世的继母）资助成立了皇家丹麦瓷器厂，即皇家哥本哈根瓷器厂的前身。该瓷器厂在成立以后100多年的时间里一直由丹麦王室经营，直至1868年转为私营。现在丹麦王室所用的餐具以及瓷质装饰品依然由皇家哥本哈根瓷器厂一手包办，其Logo上的皇冠正象征着与王室的深厚渊源。

根据丹麦传统，王室成员大婚时需要有代表全体民众的“人民之礼”，2007年菲德烈迎娶玛丽时也不例外。当时负责婚礼筹备的组委会收到了来自全国各地的800多项建议，最后被选中的是一首浪漫情歌——《当你抱着我》和一套特制的名贵陶瓷餐具。那首情歌是在披头士的录音室制作完成的，后来迅速成为了全丹麦最热门的流行单曲，而瓷器正是皇家哥本哈根瓷器厂最著名的“丹麦之花”系列，上面特意加上了两人的姓名缩写。

玛丽王妃一直极其钟爱这套名瓷，通常只用来款待国宾。每次拿出来使用的时候，玛丽都会悉心叮嘱工作人员不要疏忽，用大型圆平盘盛装牛排，用椭圆形腰盘盛装鱼类料理，餐前拼盘或冷碟要用浅盘。对玛丽而言，视觉上的精致华美与味觉上的极致享受同样重要，一个都不能少。

▲ 2006年，皇家哥本哈根瓷器厂首次以《丹麦植物图鉴》中的蕈菇类植物为绘制题材，推出了“丹麦之花”蕈菇系列（Flora Danica Fungi）。该系列以25公分盘为主，单品价位在2000到36000美元之间。

作为中国的一项传统工艺，瓷器在18世纪以前一直是中国的独家秘制，德国梅森瓷器厂在18世纪初发展出了自己的制瓷工艺并且一直严格保密。18世纪中后期，市面上已经出现了一些涉及基本制瓷理论的书籍，而丹麦的一些化学家也开始以石英、高岭土等材料烧制瓷器，并且取得了初步的成功。1775年，在当时摄政的王太后朱莉安·玛丽的资助下，皇家丹麦瓷器厂正式成立，厂址就在哥本哈根市中心。19世纪80年代，该厂与另外一家瓷器厂合并，厂址也搬到了位于哥本哈根市外菲登斯堡的新厂区。1987年，该厂与有着130多年历史的第二丹麦瓷器厂合并，才成就了如今的皇家哥本哈根瓷器。

▲自1908年以来，皇家哥本哈根瓷器厂选取不同主题生产限量年度盘的传统已经延续了一个多世纪。“圣诞之心”限量纪念盘自2006年开始推出，2010年是该系列的第五只，也是最后一只。

两个多世纪以来，皇家哥本哈根瓷器一直是丹麦人引以为傲的国宝级产品，从设计开始，它的翻模、烧制、镂空、上釉、手绘、捏塑、组合等数十道复杂的工序一直延续着200多年以前的古老精深的工艺，它的彩绘师在制造第一件可以出厂的产品之前必须经过4年以上的历练。如今，经过奢华繁复的洛可可时期、复古氛围缭绕的路易十六时期、追求历史感的维多利亚时期、别具一格的新艺术时期，一直到几何线条大行其道的装饰艺术时期，出自皇家哥本哈根的餐瓷、瓷塑依然是那样精致华美。它的“丹麦之花”系列、“蓝花”系列、“唐草”系列自诞生以来就成了世界最名贵的顶级瓷器的代表，不但丹麦王室将其作为御用名瓷和至尊国礼，几乎全欧洲的王室成员都对其爱不释手。

“丹麦之花”系列

典藏理由：国宝级名瓷

“丹麦之花”堪称丹麦的国宝级手绘瓷器珍品，皇家哥本哈根瓷器厂于1790年开始着手创作，作为丹麦王室赠给俄国凯瑟琳女皇（叶卡捷琳娜二世）的礼物。它的题材取自《丹麦植物图鉴》，该书于1761到1883年间创作完成，历时122年，内部绘制了三千多种丹麦境内的野生植物，包括花卉、蕨类、苔藓以及蕈菇类。1790年，前一千种植物绘制完成，哥本哈根皇家图书馆将其送到了皇

“丹麦之花”系列目前在生产的餐瓷项目有 82 种，上面的图案完全由画师选取，因此每件作品图案都独一无二。

家哥本哈根瓷器厂，“丹麦之花”的创作工作就此开始。

“丹麦之花”系列属于“釉上彩”工艺，就是先将素坯烧成釉瓷后再在釉上着色并进行再次窑烧。它使用的颜料为金属混合物，不同金属成分在经过高温的化学变化后会产生不同色彩，而画师需要先将植物全貌打好底稿后再上色，每上一层色都要经过一次高温窑烧。为增加色彩稳定性，有时需要上 2 遍甚至 3

遍颜色。所以每件“丹麦之花”作品基本需要窑烧5次以上，画师下笔超过12000次，有时甚至只能用针头去加上花蕊。另外，立体花饰的捏塑与雕刻、24K手描锯齿金边以及更为困难的镂空工艺，都让“丹麦之花”的制作过程变得极其繁复细腻，瓷器底部还要绘上植物的拉丁文学名、画师签名以及描金师签名。

1803年，总共包含1802件作品的第一套“丹麦之花”终于大功告成，制作过程长达13年，只是当时凯瑟琳女皇已然过世。因此丹麦皇室一直保留着这套瓷器并在次年国王克里斯蒂安七世的寿宴上首次启用（据说目前幸存的不足1500件）。此后“丹麦之花”一直停产，直至1863年，丹麦国王克里斯蒂安九世的长女亚历山德拉公主远嫁英国（她的丈夫即后来的爱德华七世），皇家哥本哈根瓷器厂才生产了第二套“丹麦之花”作为贺礼。不过那套“丹麦之花”只有725件，尺寸也比较小，它一直保存在英国温莎堡，是英国王室珍贵的收藏品。这两套瓷器是世上收藏最完整的两套“丹麦之花”，不是极为重大的皇家国宴绝对不会启用。

“丹麦之花”是现存18世纪餐瓷中仍持续生产的最有价值、最名贵的餐瓷，目前在生产的餐瓷项目有82种，包括茶杯、咖啡杯、茶壶以及各种尺寸和造型的餐盘、果盘、汤盅、冰桶、冰淇淋盅等，单品价位基本从1000美元起步，一个金边25公分盘

皇家哥本哈根瓷器厂培养一位合格的画师需要四到六年的时间，然后从中选出优秀者开始学习“丹麦之花”的绘画技术。最终，能够成为“丹麦之花”画师的人至少需要八至十年的绘画功底。皇家哥本哈根瓷器厂现有的30位“丹麦之花”画师几乎都拥有至少20年的瓷绘经验。

▲ 唐草镂空全花边系列

价格在 1700 美元左右，冰桶价位在 5500 至 8000 美元之间，若是收藏家想订购专用的冰淇淋盅，可能要等一年到一年半的时间，标价近 3 万美元。而目前拥有十几二十年的画功、能胜任“丹麦之花”的釉上彩画师差不多只有 30 名，所以“丹麦之花”在未来的稀有性可见一斑。

蓝釉“唐草”系列

典藏理由：皇家哥本哈根瓷器镇牌佳作

“唐草”原属中国传统花式，主要是由花卉以及蔓生植物的生长状态衍生而来，花式丰富且极为雅致。它也是 18 世纪欧洲社会最流行的瓷器款式，而丹麦皇家哥本哈根瓷器厂于 1775 年设厂之初所生产的第一套作品就采用了“唐草”题材，随即被丹麦王室选为王室御用的餐瓷花色。直到今天，蓝釉“唐草”系列仍在生产并且是皇家哥本哈根瓷器厂最畅销的产品之一。

“唐草”系列属于“釉下彩”工艺，即画师要在尚未上釉的

素坯上绘制设计好的唐草图案，然后再进行上釉和窑烧。“釉下彩”在上色时笔画坏便很难挽救，加上“唐草”系列瓷坯上满是细密的贝壳浮雕纹，难度可想而知。[illegible]“平边唐草”，唐草的图案也并不固定，从 1775 到 1888 年间有多次变化，某些图案在 1807 年以后就不再生产。1888 年，在艺术总监阿诺德·克罗格的主持下，皇家哥本哈根瓷器厂发展出优雅的蓝釉“半花边唐草”以及带有镂空设计的蓝釉“全花边唐草”。2007 年，皇家哥本哈根瓷器厂还推出了黑釉“半花边唐草”系列。2000 年，为了纪念皇家哥本哈根瓷器厂建厂 225 周年，丹麦设计学院专门设计了“唐草”系列的放大版——“大唐草”，不过这种放大指的并不是瓷器的尺寸，而是截取唐草图案的局部意象进行放大重组，视觉上更加清秀雅致。“大唐草”系列现在是菲德烈王储与玛丽王妃一家的日用餐瓷。

ROYAL COPENHAGEN

名·人·堂

1956 年 4 月，一场举世瞩目的盛大婚礼宣告年轻的奥斯卡影后格蕾丝·凯利正式成为了摩纳哥的王妃。从此，她告别了那个可以让她任意挑战不同角色的好莱坞大荧幕，尽职尽责地去做好一个典雅、亲切而又高贵的王妃。而她的生活中除了与丈夫和孩子相处时的快乐，自然充斥着那些烦琐的王室规则以及没完没了的枯燥乏味的政治活动。但幸好她成功延续了自己的许多爱好，特别是对瓷器的疯狂热爱，摩纳哥王宫至今仍收藏着大量她从世界各地购进的名瓷，而对于皇家哥本哈根瓷器，她从来没有吝啬过自己的赞美，她曾经盛赞“丹麦之花”是当今世界上最纤细美丽的瓷器。

每逢重要客人来访，格蕾丝王妃都会大方地拿出自己珍藏的皇家哥本哈根餐瓷来使用，它们平时都被保存在特定温度的存储柜中，每次使用之前格蕾丝王妃委托专人进行手工清洗。在做这些工作时，工作人员尤其小心翼翼，因为他们深知这套瓷器是王妃最心爱的物件，绝对不能打碎。宴会开始前，格蕾丝往往都会抽时间亲自检查餐瓷的摆放角度、餐桌的朝向、鲜花的形状、烛台是否摆稳，她甚至也会对灯光的亮度、色彩作出评价，总之每个环节都要务必细腻完美。也许格蕾丝始终认为，只有完美的环境才配得上她的无可挑剔的皇家哥本哈根瓷器吧。

近300年来，德国几乎扮演了欧洲近代史上的一个最有力量的角色，这种力量来自它深邃的古典文化底蕴，也来自它沿承自普鲁士腓特烈大帝时代的大国欲望。而今，这些历史早已渐渐尘封，但他们身后的华丽基调却依然鲜亮如初。

德国王室

永不退色的古典贵族

王朝故闻

德国是一个很容易令人产生仰视情怀的国度，无论是雄浑激昂的贝多芬交响乐，还是欧洲哲学史上最富于思辨精神的德国古典哲学体系，它的古典与深邃似乎让整个欧洲都跟着深刻起来。如果从严格意义上讲，德国的历史应该开始于10世纪初，当时法兰克王国的加洛林王朝一分为三，有着自身语言特点的东法兰克王国逐渐独立出来，公元919年，其萨克森公国的亨利公爵（亨利一世）被推举为国王，最初的德意志王国由此正式形成。公元962年，亨利一世的儿子奥托一世强迫教皇约翰十二世在罗马为他加冕，称为“罗马皇帝”。而在此后800多年时间里，德意志王国一直以“神圣罗马帝国”的名义出现在当时的世界版图上，也称“德意志第一帝国”，直至1806年被拿破仑所灭。

神圣罗马帝国一直处于封建割据的状态，后期崛起的奥地利和普鲁士成为最强大的两个邦国。神圣罗马帝国时代结束后，诸邦国在1815年通过维也纳会议组成了德意志邦联。19世纪60年代至70年代，普鲁士在铁血宰相俾斯麦的领导下通过与丹麦、奥地利以及法国的三场战争，取得了对于德意志地区的绝对领导权(奥地利在让出部分领土以后自立为一国)，它的统治者霍亨索伦家族也成为了欧洲历史上最著名的王室之一。1871年1月18日，普鲁士国王威廉一世在法国凡尔赛宫加冕为德意志皇帝，德国进入“德意志第二帝国”时期。这是德国第一次真正意义上的统一，但是持续的时间仅仅不到50年。1918年第一次世界大战结束，作为策源地之一的德国结束了帝制，最后一位国王威廉二世流亡国外，德国进入到魏玛共和国时期。1933年，希特勒法西斯独裁统治的确立宣告了魏玛共和国的终结，在他统治之下的法西斯德国号称“德意志第三帝国”。第二次世界大战后，德国由于被苏联以及美、英、法实行分区占领而走向分裂，直到1990年终于再次统一，即如今的德意志联邦共和国。

德国人有着世界上最深不可测的深邃思想，他们是欧洲近代古典哲学的奠基者；德国人也有世界上最张扬的野心，从普鲁士时期的腓特烈大帝到德意志第三帝国最高元首希特勒，300年来，德国一直被这种既深沉又张扬的底蕴包围着，包括他们诠释顶级奢华生活的方式。

1710年，当第一批梅森瓷器烧制成功时，萨克森公国国王奥古斯特二世发布“最高公告”，宣布梅森可以生产出媲美中国瓷器的精品美瓷。后来，奥古斯特二世用他收藏的6万件瓷器，摆满了萨克森王宫里的20个房间。

汽车的历史始于德国，始于梅赛德斯－奔驰。它是德国末代君主威廉二

世的首选代步工具，而希特勒对它的青睐也使它成为了德意志第三帝国的权力象征。

带着白色六角星标志的万宝龙书写笔曾经被希特勒放在胸前的口袋中，第二次世界大战后，带领德国逐渐走出阴霾的总理康拉德·阿登纳签署文件时最常用到的笔也是出自德国的精品国货万宝龙。

皇家御用

提到18世纪的欧洲，人们通常都会想到那石破天惊的法国大革命以及后来启蒙思想的蓬勃发展，法国的君主制度也正是从当时开始走向没落。不过在普鲁士，一个空前强大的西欧帝国却正在兴起。1740年，28岁的腓特烈二世，即腓特烈大帝即位，而他的成就除了令普鲁士军事大规模发展，领土迅速扩张，普鲁士还一跃成为欧洲五巨头之一（其余四国为奥地利、法国、英国和俄国）。为了追求像路易十四一样的华丽生活，1745年，他在波茨坦建造了一座有“小凡尔赛宫”之称的“无忧宫”作为夏季行宫。

无忧宫的全部建筑工程前后延续时间达50年之久，整个园林占地290公顷，宫内有1000多件以希腊神话人物为题材的石刻雕像，建筑风格为华丽的洛可可，内部采用了大量的镜子和数百幅名贵壁画作为装饰。腓特烈大帝在位46年，却在无忧宫里住了将近40年，他在这里接待了无数的贵宾，包括1775年到访的俄罗斯大公，即后来成为俄罗斯沙皇的保罗一世。当年腓特烈大帝为他在贝壳厅举行了欢迎宴会并拿出了全套的纯金餐具。该厅室的墙壁和柱子起初是用来自世界各地的精美贝壳和珊瑚装饰的，而在19世纪则被宝石和化石代替。无忧宫现在还陈列着腓特烈大帝当年坐的椅子和他上过弦的小钟表，表的指针停在他逝世的时刻：1786年8月17日下午2点20分。无忧宫也还保留着法国大哲学家伏尔泰曾到过的房间，腓特烈大帝和他私交甚好并相互通信。实际上无忧宫最初只有腓特烈大帝和男宾客们才可以居住，他的皇后伊丽莎白也不允许踏入，他们长期分居，只有在重要的场合才共同出席，因此无忧宫又一度被称为“无妇宫”。不过腓特烈大帝也并不会因此感到孤独，他可以每天流连于宫内的画廊，欣赏他收集到的丁托列托和鲁本斯的知名画作，极具音乐天赋的他还会每天花上几个小时在华丽的演奏厅里排练长笛，那里几乎每晚都在举行音乐会。

其实追求像法国国王路易十四般奢华生活的人远不止腓特烈大帝一人，他的祖父腓特烈一世也是如此，他最惹眼的奢侈之举是用当地和北欧盛产的琥珀石，在柏林的夏洛特堡宫装饰了一间富丽堂皇的“琥珀屋”。当初波罗的海地区的人都相信琥珀具有神奇的康复治疗功能，他们把琥珀称为“北方的黄金”和“阳光石”，价格相当于黄金的12倍，通常用来制作首饰，只有王公贵族才舍得用其镶嵌烛台以及摆饰。1701年，刚刚即位的腓特烈一世集合普鲁士最有名的建筑师开始设计建设他的琥珀屋，四壁、立柱、顶棚上大量使用琥珀以及各种宝石、钻石、玛瑙作为装饰。工程直到1709年才完工，花费了总重量达6吨的琥珀石，琥珀屋

在烛光映射之下华丽至极，腓特烈一世将其当做书房。不过这个被称为“天下第一号珠宝箱”的琥珀屋后来被继任的腓特烈·威廉一世当做礼物送给了俄罗斯沙皇彼得大帝，后来叶卡捷琳娜二世女皇将其扩建成了圣彼得堡夏宫中的琥珀厅。而第二次世界大战时侵苏的德国纳粹士兵又将嵌满珠宝的琥珀厅拆卸装箱准备运回柏林。但它此销声匿迹，不知所终。最大的可能就是这个由德国人创造的“世界第八大奇迹”已经毁于德国人挑起的战火中，不过后来两国共同出资，又在圣彼得堡夏宫中重建了琥珀厅。历史转了一圈，最终还是回到了原点。

在18世纪欧洲启蒙时代，瓷器象征着皇室贵族的财富与地位，而近三百年来，梅森瓷器一直贵为欧洲第一名瓷，对于这种被誉为“白色金子”的珍品，德国王室成员们始终在进行着一场没有终点的收藏竞赛。

MEISSEN
MANUFAKTUR
SEIT 1710

梅森瓷器

自18世纪以来，德国的历史基本都被湮没在普鲁士的光环之下，但是除了普鲁士，德意志境内的其他公国也都保持着极大的自主性，它们的王公贵族为自己兴建的大大小小的城堡和宫殿散布在德意志的各个城市、湖畔、河边，所以现今的德国几乎是全欧洲拥有最多古堡的国家，数目近1.4万。而当17世纪中国瓷器大量传入欧洲的时候，这些宫殿的主人就开始了一场收藏瓷器的竞赛。

不过若论对瓷器的喜爱程度，相信谁也比不过萨克森公国的统治者奥古斯特二世，收藏瓷器是他一生中最重要的开支之一，据说为了得到普鲁士腓特烈·威廉一世的127件中国青花瓷器，他竟然在1717年以600名全副武装的萨克森禁卫骑兵去交换，它们因此被称做“禁卫花瓶”。这些瓷器的价值相当于2.7万塔里尔（德国旧币），这在当时是一个天文数字，至今仍陈列在德国

萨克森州首府德累斯顿的茨温格尔宫博物馆内。不过外来的瓷器终究满足不了他的喜好以及大量需求，后来他找来了炼金术士贝特格并将他软禁在德累斯顿附近的埃布尔兹堡研制瓷器。贝特格在1708年1月15日成功烧出了白瓷，这一天也被认为是欧洲瓷器的诞生日。梅森瓷器的标志是两柄交叉的蓝剑，据说是取自萨克森王室族徽上的标记，但是也有传说是源自当时为避免制瓷秘方流传于民间，瓷器厂戒备森严，工人必须佩剑上班。

▲ 德国夏洛特堡宫瓷器收藏室，里边收藏了大量的中国珍贵瓷器。

梅森瓷器被称为“白色金子”，向来以设计高雅和纯手工制作而闻名遐迩，诞生后就一直是萨克森王室的特供品。到了1720年，奥古斯特二世连同梅森瓷器在内的瓷器藏品已近6万件，它们摆满了萨克森王宫里的20个房间。而带有蓝剑标志的梅森瓷器也一直深受德意志其他公国的王宫贵族的青睐，包括被人们称之为“巴伐利亚玫瑰”的茜茜公主。茜茜公主当年曾收藏了数千件梅森瓷器，梅森瓷器也是她嫁入奥地利时的嫁妆。而她的表亲，巴伐利亚国王路德维希二世一直对她情有独钟并且终生

未婚。后来，路德维希二世在距离巴伐利亚与奥地利边界不远处修建了一座童话般的城堡，茜茜公主在城堡尚未竣工时专门派人送来了一件礼物——梅森的陶瓷天鹅，原因据说是路德维希二世一直以天鹅骑士自诩。于是路德维希二世就将此城堡命名为新天鹅堡（其附近已有城堡以天鹅命名），但是他最终并未见到城堡完工便突然神秘地溺水而亡。

MEISSEN
MANUFAKTUR
SEIT 1710

品·牌·志

位于德国德累斯顿西北部的梅森古镇是欧洲最早仿制中国瓷器的地方，小镇很小，很安静，广场的钟塔上镶嵌着37个瓷器小钟，每天分6个时段奏出6种不同的调子，喷水池由碎瓷片拼贴而成，街道随处悬挂着梅森瓷器标识。总之，梅森瓷器的气息无处不在。

梅森瓷器在诞生后的创作形式主要取自欧洲银质餐具。1814年后，开始出产具有画像或皇家风格的装饰瓷器，而其目前的产品除了涉及餐瓷、装饰雕塑、花瓶、烛台、座钟等多个系列，甚至涉及到了珠宝领域。梅森瓷器一直被欧洲人誉为“白色金子”，普普通通的一只茶杯也需要80欧元。一般说来，即使一件最简单的梅森瓷器也需要80多道工序，从采土、提纯、塑胚、烘烧、上釉、描金、抛光……整整126天的时间，一天不多，一天不少。

梅森瓷器的制作过程一直坚持手工打造、手工绘制，并且只用自己矿上的专有材料，只使用自己研制的上万种配方颜料，只选用自己培养出来的雕塑师和绘画师。诞生300年来，梅森瓷器每种产品的石膏模具都被保存着，共有17.5万个，现在随时都可以再生产出同二三百年前一模一样的产品。也就是说一旦打碎了自己收藏多年且已绝版的瓷器，顾客也可请梅森瓷器厂为其复制，价格当然不菲。另外，梅森瓷器厂也接受定制，可以将顾客指定的图案绘制在花瓶或盘子上。

从一定意义上说，梅森瓷器已经不仅仅是商品，同时更是德国宝贵的艺术精

粹。第二次世界大战期间，许多德国人即使在最绝望的情况下都不会舍掉自己的梅森瓷器，而是把它埋在地窖或花园里，希望时局稳定下来后再让瓷器重见光明。38 件在第二次世界大战中被炸毁的梅森瓷器在经过修复以后曾于英国宝龙拍卖行被拍卖，其中一件 18 世纪的梅森瓷偶作品依旧拍出了 12.6 万英镑的高价。

MEISSEN
MANUFAKTUR
SEIT 1710
典·藏·馆

梅森年度限量版艺术系列

典藏理由：限量发行

近年以来，梅森每年会选择十几款极具艺术性和投资价值的瓷器，推出“梅森限量版艺术系列”。该系列的每一款瓷器的制造量基本都在百件以内，从动物造型的面具、瓷偶到颇具亚洲风格的八角瓷罐；从高贵精致的杯盘碟盏到美轮美奂的座钟、细红瓷的瓷瓶，它们表现了梅森瓷器最精髓、最令人叹服的制作工艺，也将人们对于瓷器的理解拔升到了新的境界。

2010 年是梅森瓷器诞生的 300 周年，在当年的艺术系列中，梅森推出了几款限量版的高级咖啡器具，其中的一款以花卉为主题，灵感源于著名自然学家、画家玛丽亚·茜比拉·梅里安的作品。作为历史上鲜有的女性动植物学家，梅里安是最早从事直接观察昆虫生态工作的专家之一，她本人还有着极高的绘画天赋，她的铜版画著作也是最早将动植物结合起来绘制范本的著作。在俄国彼得大帝第二次前往荷兰时曾经一口气将她的 196 张水彩画收入囊中，德国后来还发行了印有她头像的邮票和纸币。而这套精美华丽的梅森咖啡瓷器

包含了从咖啡壶、糖罐到杯盘在内的22件上等白瓷，每一件都手绘着包括郁金香在内的颜色形态各异、娇艳欲滴的花朵，边缘部分滚有金边。这套花卉瓷器限量发行25套。

一千零一夜

典藏理由：大师杰作

诞生已经有半个世纪的“一千零一夜”系列是梅森瓷器中最引人注目的水彩画技法作品之一，其创作灵感源自于古老的印度及波斯传说，创作者是梅森瓷器五大艺术家之一的海因兹·威尔纳。他在梅森瓷器厂工作了50多年，是新绘画艺术的杰出代表，梅森瓷器比较著名的“枝丫上的兰花”、“仲夏夜之梦”等作品都出自他手。而这套“一千零一夜”瓷器最大的特色就是人物的眼神、姿态极其生

动丰富，主题千变万化，从轻歌曼舞的侍女，到为得到美人芳心而决斗的剑客，再到拥抱着心爱的妃子，乘着魔毯飞翔于夜空中的国王……配上琳琅满目的首饰、华丽的东方服饰以及金色的帷幔，勾勒出了一个神秘而又充满冒险精神的奇幻世界。

梅森瓷器的这套“一千零一夜”是很多瓷器收藏家的梦想之物，作品主要以茶壶、茶杯和茶托、沙拉或甜点盘、奶油壶、糖罐为主，另外也有花瓶、壁饰等其他摆饰。由于其中的某些款式限量生产，所以即便是财力雄厚也未必能将其收入囊中。

MEISSEN MANUFAKTUR

名·人·堂

生于1706年的瓷器艺术大师昆德勒（1706—1775）在梅森瓷器发展过程中所起到的作用可以说是空前绝后的，当年他完成的第一个重要任务是为日本皇室制作大型巴洛克风格的动物塑像，结果获得了空前的成功，后来，很多欧洲贵族也都成了他的忠实拥趸。1736年，昆德勒与梅森的另一位艺术大师艾柏莱恩一起，为萨克森公国的布吕尔公爵创作出了18世纪欧洲最豪华、最壮观的一组餐瓷——“天鹅”系列，总共包含了2000多件瓷器。1739年，昆德勒创出了独特的“雪球花”装饰手法，这种手法要求在主体泥坯成型后再将无数细巧的花瓣逐一粘上，过程极其复杂，而作品极其华美。腓特烈大帝当年曾经一口气订购了6只以“雪球花”手法烧制而成的花瓶。如今，梅森瓷器还

▲ 2010 年，梅森瓷器推出限量50 件的雪球花瓷壶，手柄、壶嘴和枝叶用金色装饰。

时常忠实地复制昆德勒的作品，2010 年，适值品牌诞生 300 周年，梅森瓷器又应用“雪球花”手法，推出了限量的瓷壶、瓷罐、杯盏等等一系列精美作品，手柄、壶嘴和枝叶用金色装饰，平添一份富贵华丽的气质。

欧洲各国的王室都与英国王室有着千丝万缕的联系，德国也不例外。1858 年，英国维多利亚女王把她的长女维多利亚嫁给了后来成为德意志第二帝国国王的腓特烈三世。维多利亚公主一直被女王视做掌上明珠，她当年的乳牙甚至被女王命人镶制在了她的一枚胸针上，后来两人之间的来往书信有 8000 封之多。如果适值女王生日或者是特殊的纪念日，维多利亚公主常常会精心挑选一套梅森瓷器，赠送给英国王室。

此外，从俄国叶卡捷琳娜二世女皇到法兰西人心中永远的勇士拿破仑，再到英国前首相丘吉尔，他们都极为钟爱梅森瓷器，拿破仑当年在巴黎圣母院加冕称帝时的圣餐餐瓷就是出自梅森瓷器的“凡尔赛玫瑰”。时至今日，梅森瓷器作为德国国礼的传统还在延续。2009 年 7 月，刚上任半年的美国总统奥巴马首次出访德国，当时德国总理默克尔送给他一份十分精致的礼物—— 一对刻有梅森双剑标志的 18K 玫瑰金袖扣。奥巴马接过礼物后甚至高兴地开起了玩笑，他说：“唉，它们为什么不是陶瓷的?”显然，在奥巴马那里，出自于梅森的陶瓷似乎比玫瑰金更受青睐。

第一次世界大战的结束宣告了德国君主时代的终结，但威廉二世始终没有放弃自己的头衔，他甚至将自己的梅赛德斯－奔驰车标换成王室族徽。而在希特勒的青睐之下，奔驰车几乎成了德意志第三帝国的权力象征。

奔驰

1918 年，第一次世界大战的结束宣告了德国君主时代的终结，德意志最后一位君主威廉二世开始流亡海外，不过他始终没有放弃自己的头衔，他的后裔现在也依然可以称为王子公主。其实第一次世界大战时期的梅赛德斯－奔驰汽车已经诞生了 20 多年，威廉二世在位期间以及后来的 20 多年流亡生活中，他的座驾基本全部出自奔驰，其中包括一辆 1931 年产的梅赛德斯－奔驰 770。威廉二世一直以德意志海军为傲，所以他要求他的梅赛德斯－奔驰 770 应该是和战舰一样的灰色。此外，位于车头的标志也不是奔驰的三叉星，而是王室徽章。

▲ 跟随希特勒检阅部队，出席正式场合的座驾永远都是奔驰。

如果提到德国的符号式人物，很多人可能首先会想到德国古典音乐的巨匠贝多芬，或者德国古典哲学的宗师康德和黑格尔，但一些人的脑海中也可能会出现那个留着一撮标志性小胡子的男人——阿道夫·希特勒。无论走到哪里，希特勒的身边总少不了两样东西，一个是纳粹党的万字印党旗，另一个就是他最钟爱的梅赛德斯－奔驰汽车。

希特勒生于平民家庭，有着极高艺术天分的他原本可能会是一名出色的画家或者是建筑师，但是他最终选择了政治。短短十余年，他把一个成员不足百人的德国工人党改造成了后来的德国国会第一大党——德意志民族社会主义工人党，即纳粹党。1933年，44岁的希特勒当选为德意志魏玛共和国总理，而他对于梅赛德斯－奔驰的钟爱早在1921年成为纳粹党领袖时就已初现端倪，当时他买了一辆非常张扬的红色梅赛德斯－奔驰。1924年，希特勒因在慕尼黑发动“啤酒馆政变”夺权未果而被关进兰兹贝格监狱，在监狱中，他给奔驰公司在慕尼黑的销售代理雅各布·

弗林写了一封信，希望能够通过贷款来购买一辆梅赛德斯－奔驰车。希特勒的刑期原本是5年，但他在8个月后就被减刑释放，而他出狱后第一件事就是于1924年12月20日买了一辆大马力的奔驰汽车。据统计，在1929年到1942年期间，希特勒购买过的各式梅赛德斯－奔驰车多达44辆，具有绘画功底的他曾多次亲自绘制草图交给奔驰公司，建议他们改进设计。

当上德国总理后，希特勒曾屡遭反纳粹势力的暗杀，于是他召见奔驰公司的负责人，命其研制“一种与德意志帝国总理地位相称的防弹保险汽车”。奔驰公司于是以梅赛德斯－奔驰770豪华轿车为原型，在1934年生产出了世界上第一辆防弹汽车——梅赛德斯－奔驰770K防弹车，重达5吨，风挡玻璃是5厘米厚的钢化玻璃，车门内外包裹着2.5厘米厚的防弹钢板，各处暗格备有多支袖珍手枪和冲锋枪。这种车型的生产要经过希特勒的批准，据说总共仅生产过17辆，其中一些是希特勒送给墨索里尼、佛朗哥等政要的礼物。这些车大部分都已毁于第二次世界大战，目前幸存的只有3辆，其中一辆的车窗上还有弹痕，据说是当时美军发现这是希特勒的座驾后为检验其是否真的防弹而开枪射击所致。

希特勒自己并不开车，但是据说他有一个秘密爱好，就是在夜深人静之时让他的专属司机载着他以超过100公里的时速飞驰，这在当时绝对是个不可思议的疯狂速度，加上他又是独一无二的元首，所以司机每次都紧张到了极点，后来甚至有些精神失常。不过希特勒在公开场合乘车时却严格限制时速不能超过37公里。

品·牌·志

若论历史，汽车界恐怕没有一个品牌敢站出来和梅赛德斯－奔驰叫板。1883年，身为机械工程师的卡尔·本茨与他的两位朋友在德国曼海姆创建了自己的公司并且开始研制可以取代马车的汽车。1886年1月29日，他们制造出的世界首辆单缸发动机三轮汽车——“奔驰 I 号”，得到了德国皇家专利局授予的世界上第一个“汽车制造专利权”，那一天也被认为是世界汽车诞生日。

就在本茨为发明汽车绞尽脑汁的时候，世界汽车工业的另一位鼻祖——戈特利布·戴姆勒也在做着同样的事情，恰巧也是在 1886 年，戴姆勒与挚友威廉·迈巴赫通过将他们改造的汽油发动机安装在戴姆勒为妻子 43 岁生日购买的马车上，创造了世界上最早的四轮汽车并完成了首驾。所以戴姆勒和本茨都被视为世界汽车工业的先驱，而 1886 年则成为了世界汽车历史的元年。1890 年，戴姆勒和迈巴赫成立了 DMG 汽车公司，20 世纪初，DMG 采纳一名重要销售商的建议，将自己生产的汽车注册为“梅赛德斯”。

在诞生初期，DMG 与奔驰两家公司其实一直是竞争关系，而在经历第一次世界大战后的经济衰退以及国外同行业产品的冲击之后，1926 年，DMG 与奔驰正式合并成立戴姆勒 – 奔驰公司，即通常所说的奔驰公司，并将所生产的汽车命名为梅赛德斯 – 奔驰。遗憾的是戴姆勒与本茨两人终生未曾见面，不过这两位先驱对于汽车制造业的热情和梦想却为其后继者留下了永不枯竭的发展动力。

梅赛德斯－奔驰 SLR 迈凯伦系列跑车

典藏理由：终级玩家必备

一直以来，奔驰公司先进的制造技术始终是 F1 运动最不可或缺的元素，而在 F1 的跑道之外，将 F1 的疯狂速度演绎到极致的梅赛德斯－奔驰车型，当数它与迈凯伦公司共同开发的 SLR 迈凯伦系列。它是世界上少数功率突破 600 马力的豪车系列，2004 年实现投产以来的总产量只有 3500 辆左右，订货之后可能还要等上 2 到 3 年。

梅赛德斯－奔驰 SLR 迈凯伦系列总共有五个不同型号，前两款分别是常规版双座跑车 SLR McLaren 和 SLR 722 McLaren，还有两款是公路版的 SLR Roadster McLaren 和 SLR McLaren Roadster 722 S，"722" 取自 1955 年英国传奇车手斯特宁·莫斯

驾驶梅赛德斯－奔驰 300 SLR 赛车在国际一千英里拉力赛上取得冠军，当时他的赛车比赛号码是 722，发车时间恰巧是早上的 7:22。

2009 年，梅赛德斯－奔驰 SLR 迈凯伦家族的最后一款——SLR McLaren Stirling Moss 亮相底特律车展，这款车只限量生产 75 辆，是为了专门纪念传奇车手斯特宁·莫斯。拉风的是这款车在最大速度能达到 350 公里每小时的情况下却没有风挡玻璃，也许只有梅赛德斯－奔驰敢于将如此开放的设计与如此非凡的速度合而为一。这些豪车的身价基本都在 500 万人民币以上，其消费者绝对是“富豪＋玩家”的狠角色。至于终止与迈凯伦合作的原因，有人认为是 2007 年曾轰动一时的“间谍门事件”导致了奔驰对于迈凯伦的信任危机，但更为主流的说法是没有任何力量可以让奔驰永远为他人“做嫁衣”。

▼ 梅赛德斯－奔驰 SLR 迈凯轮系列跑车及内饰

梅赛德斯－奔驰 AMG 家族

典藏理由：高性能豪车的典范

AMG 是奔驰公司旗下首屈一指的专业高性能改装公司，专门负责开发梅赛德斯－奔驰各个车型的高性能版本。1993 年的梅赛德斯－奔驰 C36 AMG 是首款奔驰家族改装汽车。目前，AMG 所改装的车几乎覆盖了全部奔驰车系，而且值得强调的是，奔驰公司现今的绝大部分限量车款都出自 AMG 之手，比如梅赛德斯－奔驰 C63 AMG 仅在澳大利亚限量发售 63 辆，而顶级越野车型梅赛德斯－奔驰 G55 AMG 只限量生产 79 辆，以纪念自 1979 年推出的梅赛德斯－奔驰 G55 车型。这些车的身价基本都在二三百万人民币以上，想要买到绝非易事。

2009 年 9 月，奔驰公司在法兰克福车展上正式发表了超级跑车梅赛德斯－奔驰 SLS AMG，唯美复古的鸥翼式车门源自 1954 年举世闻名的梅赛德斯－奔驰 300 SL 鸥翼式车门双座跑车。性能上，梅赛德斯－奔驰 SLS AMG 的 100 公里加速仅需 3.8 秒，最高时速则可达 317 公里。而且，梅赛德斯－奔驰 SLS AMG 的外观共有 9 种颜色任客户选择，内饰皮革也有纯黑、经典红、沙滩色、陶瓷色和淡咖啡色 5 种颜色可供选择。该车只限量生产 20 台。

名·人·堂

在众多豪车品牌中，梅赛德斯－奔驰堪称是世界元首使用最多的车，阿拉伯酋长和贵族们几乎人人都可以带出一个奔驰车队。俄罗斯现任总统梅德韦杰夫以及总理普京最偏好的座驾也是梅赛德斯－奔驰 S 级防弹车。其实在俄罗斯，第一辆汽车在 1894 年就被引入，当时距汽车发明不到 8 年。时至 1912 年，由于奔驰汽车的出众性能，奔驰公司被指定为沙皇尼古拉二世的正式供应商。

梅赛德斯－奔驰 770 系列车型的生产时间为 1930 年到 1940 年，总产量为 119 辆，当年日本皇室订购了 3 辆，也有传言称其是希特勒赠送给日本裕仁天皇的礼物。它们采用特制的木质轮毂，其中一辆至今仍然保养完好，它可能是世界上唯一还在使用的奔驰 770K，最后一次公开露面是在 1999 年明仁天皇登基 10 周年的庆典仪式上。

刚刚逝世的朝鲜领导人金正日十分喜欢汽车，他早在 1957 年读高中的时候就拿到了驾照，执政以后，金正日几乎从不让别人乘坐他的车。2000 年 6 月 13 日，韩国总统金大中抵达平壤参加朝韩首脑会晤，金正日不但亲自到机场迎接，两人在检阅了仪仗队之后一起登上金正日的专用轿车——一辆三厢的梅赛德斯－奔驰普尔曼防弹车，该车型是奔驰旗下公司 AMG 在梅赛德斯－奔驰 S 级轿车的基础上进行加长处理后推出的豪华车型。2001 年 8 月，金正日首次访问俄罗斯，他乘坐的是苏联时期制造的火车专列，那原是斯大林送给金日成的礼物，共有 22 节车厢，其中有一节专门用于装载他的梅赛德斯－奔驰加长型防弹车。基于安全的考虑，每次出行至少会有 3 辆同样型号的轿车作掩护，有一些车的车牌号码就是他的生日。

万宝龙的白色六角星是男人用来诠释高品位生活的一种特定符号，而德国政要也一直将万宝龙书写笔当做首选的重要文件签字用笔，包括希特勒，以及被评为“最伟大的德国人”的德国前总理康拉德·阿登纳。

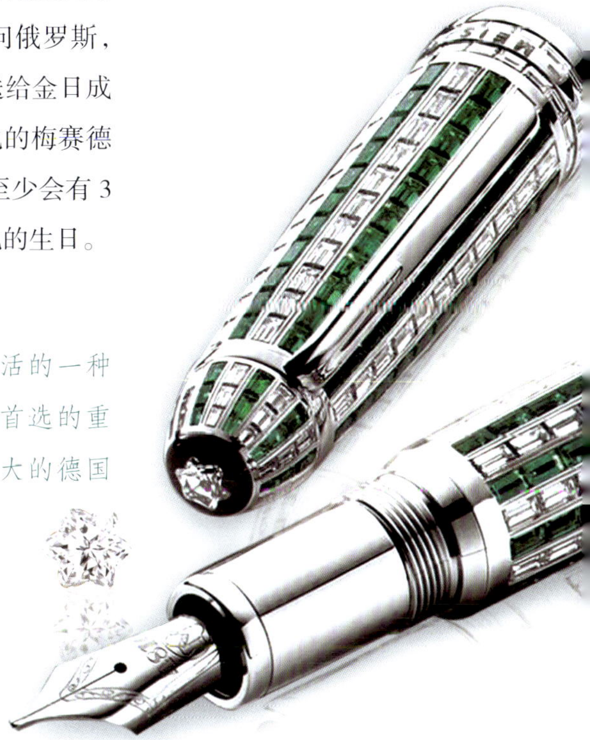

▲ 万宝龙这款镶嵌祖母绿宝石的墨水笔售价为 150 万美元，全球仅限量一支。

MONT BLANC 万宝龙

美国《新闻周刊》在 2008 年曾经评选出了进入 21 世纪以来世界最具影响力的 12 大文化国家以及这 12 个国家文化的 20 大形象符号，在德国部分，除了贝多芬、俾斯麦、柏林墙以及格林童话，德国百年制笔品牌万宝龙也赫然在列。从 20 世纪初诞生以来，德国高级政要一直将万宝龙书写笔当做首选的重要文件签字用笔。

万宝龙的名字取自阿尔卑斯山的最高峰——勃朗峰，其标志是一颗圆润的白色六角星，它会出现在每一支万宝龙笔的笔帽顶端。实际上，作为犹太人标志的“大卫王之星”也是六角形的，犹太人所到之处都可看到这个标志。这二者之间实有几分相似。然而在第二次世界大战期间，整天将万宝龙墨水笔别在口袋里的希特勒却变成了一名大肆摧残、迫害犹太民族的疯狂“屠夫”。

不知他每次下达屠杀命令之前，会不会向距离他心脏最近的那颗六角星说点什么。

第二次世界大战后，联邦德国（西德）出现了一位被丘吉尔评价为“自俾斯麦以来德国最英明的政治家”的康拉德·阿登纳。阿登纳经历了德意志帝国、魏玛共和国、第三帝国和联邦德国等四个重大历史时期，并曾因拒绝与希特勒合作而两次被捕。1949年，已经73岁高龄的阿登纳就任总理直至1963年辞任，十余年间，他几乎培育了一个崭新的德国。2005年德国某媒体投票评选“最伟大的德国人”，阿登纳排在第一，第二是宗教改革家马丁·路德，第三是马克思，阿登纳在德国人心目中的地位可见一斑。阿登纳对笔的要求很高，签署文件时最常用到的也是德国的精品国货万宝龙。1963年美国总统肯尼迪到访联邦德国，但是当他与阿登纳签署某项协议时，他的签字笔却突然出现了故障，阿登纳看到以后微笑着说：“我能帮您吗，总统先生？”然后把他自己手中的万宝龙“大班”系列149墨水笔递给了肯尼迪。

品·牌·志

万宝龙的历史可以追溯到1906年，那一年，德国银行家阿尔弗雷德和工程师奥古斯特访问英美后，发现了灌墨书写笔这个极具前景的市场。回到汉堡后，在他们的游说下，文具商克劳斯成了他们的合伙人。1906年，一家名为SIMPLO的小公司在汉堡问世，而他们的原则是决不贩卖廉价的墨水笔，只做高级墨水笔制造商。第二年，该公

MONTBLANC
MONTBLANC
MONTBLANC
MONTBLANC
MONTBLANC
MONTBLANC

▲ 2010 年，万宝龙大文豪系列中推出了马克·吐温系列。

司推出的名为“红与黑”的第一款笔大获成功。1910 年，公司开始以万宝龙命名，这是源自阿尔卑斯山脉最高的勃朗峰，代表着它欧洲顶尖的制笔品质。1914 年，万宝龙又将白色六角星的标志置于笔帽顶端，据说这正是俯瞰勃朗峰的形状，白色则象征峰顶终年的皑皑白雪。到 1930 年，水笔的心脏位置——笔尖上刻上了数字“4810”，代表勃朗峰的海拔，这些符号和数字至今还保留在任何一支万宝龙笔上。

万宝龙书写笔在设计、选材、切割、打磨、雕刻、检验各个环节上都有极高的要求。笔尖被称为墨水笔的心脏，是一支笔最具个性的部分，而万宝龙的一个小小的 18K 金笔尖可以包含由细到粗八个型号（EF、F、M、OM、OB、OBB、B、BB），它们要历经多达 25 道工序，由具备 5 年以上工作经验的工匠纯手工加工而成。在笔尖打磨的过程中，他们往往会先在纸上画出一个个圆圈，然后细心倾听笔尖摩擦纸张时发出的乐韵，整个程序完全凭工匠们经年积累下来的感觉来支配。

1935 年，万宝龙将产品延伸到皮具系列，1997 年，万宝龙钟表公司成立。目前，万宝龙的产品已经扩展到了眼镜、珠宝及配饰、香水等领域，而它的每一件作品都可以把它的完美从过去的百年传送到下一个百年。

典·藏·品

万宝龙限量珍藏系列

典藏理由：限量珍品

纵观过去的几个世纪，总有一些人物、事件或时期为人类历史留下了特别的、深刻的印记，为了向这些伟大的过往致敬，自20世纪90年代初开始，万宝龙每年都会推出限量珍藏系列的精品书写笔。按照不同的主题，这些限量版的精品书写笔主要分成“艺术赞助人”、“大文豪”、“音乐家”以及“特别主题”等具体的系列。

“艺术赞助人”系列只推出墨水笔，近20年来已经汇集了21款杰作，其主角囊括了屋大维、路易十四、蓬巴杜夫人、伊丽莎白一世……这些精雕细琢的书写工具于每年春天推出，笔尖上都会刻有出厂年份，每款数量为4810支，自1995年起增加了更加珍贵的888支限量版。

相比之下，“大文豪”系列的发行量就比较大一些，第一款作品“海明威”系列面世于1992年，包含2万支墨水笔和3万支圆珠笔，这款笔的市价现在已经上涨了3倍多，价值超过2万美元。而该系列的第二款作品“阿加莎·克里斯蒂”系列除了包含2.3万支墨水笔和1.8万支圆珠笔，又多了7000份套装（墨水笔、圆珠笔、自动铅笔各一支）。这种形式被延续至今，2010年，“大文豪”系列最新的马克·吐温系列中包含1.2万支墨水笔、1.5万支圆珠笔、6000支签字笔以及

▼ 万宝龙限量版红宝石系列包括了墨水笔、运动型腕表以及袖扣，腕表上镶嵌360颗钻石和红宝石。该系列只在迪拜的万宝龙旗舰店有售。

3000份套装。

"特别主题"系列的主角主要是东西方的经典文化符号，如：樱花、大清王朝、圣雄甘地、著名影星葛丽泰·嘉宝、玛琳·黛德丽……其发行量也是视主题而定，"圣雄甘地"系列限量3000支，代表了甘地领导的独立运动的响应者人数；"玛琳·黛德丽"系列墨水笔限量1901支，因为她生于1901年。

万宝龙"大班"149墨水笔

典藏理由：万宝龙经典之作

万宝龙"大班"149墨水笔诞生在1924年，其设计优雅而又不乏豪迈，手工抛光的珍贵黑色树脂笔杆雄浑圆润，手工打磨的18K金镀铂金笔尖，精心镌刻着数字"4810"。虽然当时正值经济萧条，但它一经推出很快获得了上流社会的追捧。曾经有一位名笔收藏家这样说过："如果你只能拥有一支笔，那只能是万宝龙'大班'149。"

经历80多年的岁月洗礼，万宝龙"大班"149墨水笔仍旧历久弥新，客户可以根据自己的实际需要和喜好来选择具体的款式，比如黑色树脂配黄金，黑色树脂配白金、贵金属配钻石。自诞生以来，万宝龙"大班"系列见证了无数世界政治、经济与文化的重要历史时刻，至今仍备受皇室及精英人士的钟爱，包括英国女王伊丽莎白二世、美国前总统肯尼迪等。美国当今最具影响力的十大建筑师之一海莫特·扬也总是用万宝龙"大班"系列自动铅笔去勾画他的设计。

▼为庆祝品牌成立100周年，万宝龙隆重推出的百年志庆勃朗峰钻石镂空墨水笔2006。表面以1277颗白钻及123颗蓝钻镶嵌成欧洲第一高峰勃朗峰的形态，呈蓝色的透明笔杆恰巧如蔚蓝天空，将钻石雪山的巍峨造型烘托得更为完美。全球限量3支，销售价为12万欧元。

万宝龙大班 149 墨水笔

MONT BLANC

名·人·堂

在万宝龙德国总部里有一间贵宾接待室，墙上挂着许多珍贵的老照片，画面全部都是 20 世纪比较著名的国际条约的签署仪式。戈尔巴乔夫、美国前总统肯尼迪、已故罗马教皇保罗二世、英国女王伊丽莎白二世……这些大人物都出现在了那些照片中，而他们的手中都不约而同地拿着一支万宝龙书写笔。此外，日本明仁天皇、英国前首相撒切尔夫人也都是万宝龙的重要顾客。1984 年，中方领导人邓小平与撒切尔夫人正式签署《中英联合声明》，脱离祖国怀抱一百多年的香港终能顺利回归，当时签约所用的笔正是出自于万宝龙。

但是，如果你认为万宝龙只适合于那些庄重严肃的各种签字仪式的话那就有些失之偏颇了。有左手书写习惯的比尔·盖茨会用他特别定制的万宝龙墨水笔在孩子们的书签上写下一句简单的鼓励的话；萨科齐时常会用他的万宝龙墨水笔给妻子布吕尼写上一份缠绵的情书；好莱坞的明星们也总是会特意到万宝龙的店里选购一个皮夹或者是一件精巧的珠宝，作为送给朋友和家人的节日礼物。

从斗牛士华美精致的斗牛装，到弗拉明戈舞者奔放艳丽的裙角；从富有大自然韵味的古老建筑，到毕加索绚丽的绘画……西班牙，绝对是个大胆用色、斑斓无比的国度。在这种热情开放的性格感染下，西班牙王室的贵气同样酣畅淋漓。

西班牙王室

华丽而完美的贵族典范

王朝故闻

古老的伊比利亚半岛称得上是当今世界上文化最复杂的地区之一，这里自公元前开始就一直受到外族入侵，长期受罗马人、西哥特人以及北非阿拉伯人的统治，这种状态一直持续到了15世纪。当时，半岛上的两大诸侯国——卡斯蒂利亚和阿拉贡合并，原因是阿拉贡国王子斐迪南和卡斯蒂利亚国女王伊莎贝拉之间的联姻。1492年，复国运动的胜利将北非阿拉伯人彻底驱逐出了伊比利亚半岛，岛上各诸侯国合并成统一的国家（葡萄牙除外），斐迪南和伊莎贝拉夫妇成为最高统治者，并称为“天主教双王”。

斐迪南和伊莎贝拉及其直系后裔的统治一直持续到1700年，由于后来曾与德意志哈布斯堡王室联姻，这段时间也被称做西班牙哈布斯堡王朝。1700年，无嗣而亡的卡洛斯二世将王位传给了外甥——来自法国波旁王室的路易十四之孙安茹公爵菲利普，西班牙进入波旁王朝时期。1837年，伊莎贝拉二世女王正式采用“西班牙”一词命名自己的国家，而如今的国王胡安·卡洛斯一世是该王朝的第十位君主。此间，西班牙曾于1931年宣布实行共和制，国王阿方索十三世流亡法国。此后，西班牙政治情势急剧恶化，甚至在1936年到1939年爆发了西班牙历史上最激烈的内战。内战结束后佛朗哥确立独裁政权，西班牙王室避居意大利。

后来，阿方索十三世的孙子胡安·卡洛斯被佛朗哥指定为接班人，他在1975年佛朗哥去世后登上王位并颁布新宪法，西班牙重新成为君主立宪制国家。

▲ 马德里皇宫是西班牙国王的官邸，是仅次于法国凡尔赛和维也纳美泉宫的欧洲第三大皇宫，房间内部带有花纹雕刻的镀金家具和天鹅绒挂毯刺绣都是来自意大利那不勒斯的手工制作，国王会所中的水晶灯是1780年从威尼斯买来的。

2004年5月，凭借着高达2500万美元的花销，西班牙王室用一场盛大而隆重的婚礼，向世人证明了什么叫做梦幻，什么叫做极致。

如今，古巴依旧每年都会象征性地送一批上好的科伊巴

西班牙王储费利佩大婚

雪茄给西班牙王室，那是现任国王胡安·卡洛斯最钟爱的品牌。

优雅、时尚、绅士……当年，登喜路店中嵌着各式钟表的打火机是西班牙国王阿方索十三世的钟爱之选。

作为西班牙王室的御用品牌，罗意威的皮件、时装和香水早已代言了西班牙式的奢华与尊贵，西班牙的王后索菲亚、王储妃莱蒂齐亚都是罗意威的忠实主顾。

与其他欧洲王室相比，西班牙王室带给世人的印象似乎有些别具一格，它少了几分英国式的刻板与隆重，多了几分西班牙特有的时尚和活力；少了几分北欧式的童话色彩，多了几分实实在在的华贵气度。西班牙王室每年的预算是不对外公开的，但是根据相关的数据估算，这个数字会在800到1000万欧元之间。当然，这只是个保守预算。

2010年初，72岁的西班牙国王胡安·卡洛斯又购入了一辆新车——性能强劲的奥迪RS6。按照要求，该车经过高级别的防弹改装，并把原厂的进气格栅和后视镜改为全黑涂装，目的是要保证足够的私密性。卡洛斯国王一向喜欢收集名车，他另外还拥有72台专车，其中包括1959年款的劳斯莱斯幻影IV、限量生产的保时捷959、法拉利288 GTO等经典名车，而且还聘用了65人的专职养护团队来保养和照顾这72台专车。

卡洛斯国王与索菲亚王后共育有3个孩子，其中唯一的男性，也就是现在的王储费利佩生于1968年。2004年5月22日，他与相恋两年的西班牙美女主播莱蒂齐亚在马德里阿尔穆德纳大教堂完婚。王储身高超过190厘米，当天他身穿的军装礼服由西班牙王室的御用裁缝塞西里奥·塞尔纳设计，并特别选取了加泰罗尼亚地区生产的最好的男装衣料，由8位手艺精湛的裁缝协作全程手工制作。至于王储妃莱蒂齐亚的那套V领婚纱，它由知名的时装设计师曼努埃尔·佩尔特加斯亲自设计，整件婚纱没有一粒纽扣，连袖子也被设计得极具现代感，立式V领的设计既有创意又不过分暴露，充分突显出王储妃的高贵气质。

为了把这场婚礼办得有声有色，西班牙王室对于选择在婚礼用来烘托气氛的玫瑰也颇费了一番心思：特别挑选了厄瓜多尔首都基多出产的两万朵玫瑰，那里的玫瑰花的花瓣非常密，采摘下来插在水里可以保持至少两个星期不凋谢。这些玫瑰在婚礼前的11天被盛装在可以保持最适合鲜花生长的温度和湿度的特别容器里，专程空运到马德里。虽然婚礼所用玫瑰的价值估计高达 13 万美元，但这在整场婚礼 2500 万美元的开支里，只算是小笔支出了。婚礼喜宴十分讲究，菜谱是由西班牙名厨特别设计的，桌布的颜色指定为白色，一律选择银质餐具以彰显西班牙王室高贵典雅的气质，餐巾上也会印有王室的标志。

婚礼当天，马德里的天空下起了大雨，但是来自 40 多个国家的 1400 多名嘉宾均盛装出席。为了保证婚礼的安全，西班牙政府甚至还向北大西洋公约组织租借了空中侦察机。当天，4000 余名记者云集现场，全球超过 10 亿人通过电视转播观看了婚礼的全过程。为了纪念这次隆重而盛大的婚礼，西班牙邮政总局还发行了一款专题邮票，这在西班牙历史上尚属首次。

科伊巴是雪茄灵魂的化身，富豪名流通常会选在最难忘的时刻才舍得拿出科伊巴雪茄来享用，它深沉绵长的味道让挑剔的西班牙贵族们也有了一致的信仰。

科伊巴

1492 年是西班牙历史上是具有转折意义的一年，那一年，西班牙斐迪南国王和伊莎贝拉女王资助了意大利航海家哥伦布的远航，而美洲新大陆的发现为西班牙带来了几乎无穷无尽的金银，西班牙在一夜之间暴富起来，并成为了 16 世纪的海上霸主。其实哥伦布发现的不只是一片新大陆，他也发现了一个新奇的东西——雪茄。于是，西班牙王室也成了世界上最早一批享用到雪茄的欧洲人。现在，古巴依旧每年都会象征性地将一批上好的科伊巴雪茄送给西班牙王室，那是现任国王胡安·卡洛斯一世最钟爱的品牌。

对于有着绅士做派的人来讲，古巴雪茄总是和蓝山咖啡、苏格兰威士忌、法国红酒相提并论，这些极品都带着与生俱来的贵族气质和文化品格。而西班牙国王胡安·卡洛斯一世无疑是一个典型的绅士，他现居的萨苏埃拉王宫里有一个特别的地下室，里面保存着上千瓶好酒，其中有一些是他在节日或生日时收到的礼物。在这个地下室里还有一个专门存放雪茄的恒温恒湿的地方，与偶尔抽抽香烟的索菲亚王后不同，卡洛斯国王几乎从不抽香烟，只喜欢抽雪茄，而且尤其钟爱科伊巴雪茄。

19 世纪的德国作曲家瓦格纳曾经如此形容古巴雪茄：“那感觉仿佛是阿波罗神殿的女祭司清晨沐浴在太阳神的温暖中。”不过对于科伊巴，它让人想起的也许不是飘渺的阿波罗神殿，而是目前依然健在的古巴前领导人卡斯特罗。1966 年，卡斯特罗偶然抽到了一根由他的侍卫所购买的散装手卷雪茄，发觉无论口感还是香气都非常出众，于是便吩咐侍卫聘请那位卷烟师爱德华多·里贝拉担任御用卷烟师，并在首都哈瓦那近郊的一幢受到严密保护的意大利式豪宅内，用他亲自挑选的上等烟叶，专为卡斯特罗生产雪茄。1968 年，这种雪茄有了正式的名字——科伊巴。此后近 20 年，科伊巴一直是仅供高官政要以及外宾享用的御用国礼，直到 1982 年，在第二任管理者阿韦利诺·拉瑞的推动下，科伊巴开始步入市场化并且迅速成为古巴顶级雪茄的典范。

科伊巴雪茄一面市就成为价格最高的古巴雪茄品牌，原因究竟何在？首先，

COHIBA
Aniversario
Línea 1492

制作科伊巴雪茄需要精选古巴最上等的烟叶，他们来自于布埃尔塔阿瓦霍烟草区声名远扬的圣胡安·马丁内斯和圣路易斯两镇。其次，收割后的烟叶需要风干、发酵、陈化等等一系列复杂过程之后才能彻底成熟，根据烟叶的不同特性，它们的陈化期从9个月到两年不等，而发酵是指烟叶加入湿气后的桶酵过程。科伊巴的一些烟叶通常必须经过三次发酵以除去其残余的粗糙，这在古巴雪茄中是独一无二的。科伊巴对于卷制过程要求很高，它的卷烟工人基本上是经验丰富、素质极高的女性。这一切最终成就了科伊巴无与伦比的口感和香气，一直以来，即便价位高出其他品牌三到五成，科伊巴雪茄依然炙手可热。

典·藏·馆

科伊巴“世纪”系列

典藏理由：科伊巴经典之作

1992年，为纪念哥伦布在古巴发现雪茄500周年，科伊巴发布了Linea 1492系列，里面包括了五种新型雪茄，分别命名为世纪（Siglo）Ⅰ、Ⅱ、Ⅲ、Ⅳ、Ⅴ，寓意为过去的整整5个世纪。1996年，为纪念品牌诞生30周年，科伊巴特别发行了45个限量版保湿盒，内含50支雪茄，另外还发行了1000个限量版瓷罐，内含25支雪茄。

2002年，为纪念Linea 1492系列发布十周年，科伊巴推出了世纪Ⅵ并为它设计了独立的铝管包装。第二年，古巴烟草公司推出了全球限量500箱的限量珍藏版Cohiba X Aniversario Linea 1492极品雪茄，每箱90支雪茄（从世纪Ⅰ到世纪Ⅵ各15支），这批雪茄的每一箱都有独立的生产编号，其中还收藏有7500支第一批世纪Ⅵ。这款限量版最初的售价高达850英镑，而在后来的拍卖中甚至拍出了1.5万英镑的天价，能够得到它相信是所有雪茄收藏家毕生的梦想了。

▲ 纪念哥伦布到达古巴510周年的纪念版雪茄盒，限量510盒，内含科伊巴等五个品牌的100支雪茄。

科伊巴倍宜可雪茄

典藏理由：世界最贵雪茄

1.5 万欧元，你可以买到一部代步汽车，但却未必能买到一盒雪茄，只要它的名字是“倍宜可”。2006 年，为庆祝品牌创立 40 周年，科伊巴推出了一款珍贵的限量版倍宜可雪茄，全球仅生产 100 盒，每盒 40 支。据传倍宜可的名字源自古巴一个部落首领的名字，也有一种说法是来自于哥伦布当年参加的祭祀仪式，仪式大祭司的名字就叫做倍宜可。

倍宜可从 2004 年开始计划生产，纯手工制作。它使用的烟叶是发酵 5 年以上、从烟株最上面的两张顶部烟叶精选出来的一种烟草，产自于古巴极负盛名的布埃尔塔阿瓦霍地区，无论色泽、质地还是香气都是最完美的。雪茄的味道主要由烟芯决定，至于每支雪茄的口味则全靠卷烟工的手艺。这 4000 支倍宜可雪茄的卷制者全部由 9 级（卷烟师的最高级别）大师诺玛·费尔南德斯一人完成。诺玛·费尔南德斯有 14 年制作科伊巴“长矛手”型雪茄的经验，“长矛手”当年是卡斯特罗的最爱，卡斯特罗还不止一次接见过费尔南德斯，1986 年他戒烟后，费尔南德斯也离开了卷烟岗位，现在她是科伊巴雪茄的质量检验官。

为了匹配倍宜可的尊贵身份，倍宜可雪茄的保湿盒选择由世界上最著名的雪茄保湿盒生产公司精心打造。这个双层的长方形乌檀木盒配备隐藏式人工加湿器，在盒的上表面镶嵌了 40 块光滑的白色珍珠鱼皮，表面的正中是一个用牛角镶嵌的科伊巴品牌标志。

名·人·堂

科伊巴雪茄闻名世界，其最伟大的“推销员”应该是卡斯特罗。年轻时代的卡斯特罗被拍照最多、给人印象最深刻的形象就是满脸美髯，嘴里叼着粗长的雪茄，据说他每天平均要吸 8 至 10 支雪茄，而这些雪茄绝大多数都是出自科伊巴。后来他在 1986 年开始戒烟，他说：“我必须为（古巴）公共卫生作出最后一项牺牲，就是停止抽烟。”在没有雪茄的日子里，卡斯特罗总觉得缺少了什么，在接受采访时他就颇有遗憾地表示：“我有好多次梦到雪茄，有时还会梦到自己在抽。”有一次卡斯特罗发现记者手中夹着一支科伊巴，他怅然若失地说：“这是我 20 多年来最钟爱的雪茄品牌，而因为戒烟的缘故再也不能抽了。”

当初卡斯特罗最喜欢的科伊巴雪茄型号是长矛手，伊拉克前总统萨达姆对科伊巴这一型号的雪茄也情有独钟。他在被关押期间也不曾离开过科伊巴雪茄。这位一世枭雄，再落魄也不肯放下抽雪茄这一嗜好。每次获准给家人写信，萨达姆都会直接而明确地向家人索要雪茄，他流亡在约旦的长女拉加德通过国际红十字会将雪茄转送到萨达姆手上。酷爱雪茄到如此地步，也不由让人惊叹科伊巴的魅力。

登喜路为完美绅士打造了一个富有时代气息的奢华印象，即使是贵为西班牙国王的阿方索十三世也难以抵挡登喜路的非凡魅力，常常亲自到登喜路的店中选购产品。

dunhill 登喜路

既然爱抽雪茄，那么西班牙国王胡安·卡洛斯的心爱之物中怎么可能少了登喜路的雪茄盒、雪茄套、雪茄剪和打火机？登喜路诞生于19世纪末的英国，最初的主要产品是与汽车相关的服饰，如大衣，手套、面罩等，后来发展到打火机、雪茄、腕表等，当时的西班牙国王阿方索十三世经常到英国著名的服装定制胜地——伦敦萨维尔街找到他固定的裁缝亨特斯曼去定做服装，然后他常常会绕到附近的登喜路精品店里，挑上点雪茄，再挑上一款外壳上嵌有钟表和钻石的打火机。实际上登喜路的商品从一开始就几乎是奢侈品的代名词，它的博物馆中收藏着1904年的登喜路商品目录，里面清楚地标明着每件商品的价格。当年一个女士面罩的价格是一英镑零一先令，相当于今天的100英镑左右显然是一件极其高档的消费品。

现在，西班牙王室男性成员依然都是登喜路品牌的长期主顾，从国王胡安·卡洛斯到王储费利佩。穿着登喜路高级定制服饰，腰间系着登喜路的皮带，办公桌上放着登喜路限量版的书写笔，更衣室里陈列着登喜路的香水，生日的时候甚至还会收到家人送的登喜路打火机或者全套的雪茄工具作为礼物……这些都是他们日常生活的缩影。

dunhill

品·牌·志

登喜路的故事始于一个名叫阿尔弗雷德·登喜路的伦敦年轻人，他爱好发明，爱好驾驶，还弹得一手好钢琴。重要的是，他有着超强的商业头脑。1893年，他从父亲手中接过一个主要经营马具的店铺，当时欧洲的汽车工业刚兴起，汽车外形均为敞篷，驾驶者要忍受飞扬的尘土，也要抵御冬冷夏热的考验。于是阿尔弗雷德放弃了原来的马具生意，专门生产驾车族需要的皮大衣、皮手套、帽子，甚至是用来保护面颊的面罩等一系列产品，他还给自己的公司起名为“登喜路驾车族”。1902年和1904年，阿尔弗雷德在伦敦又开设了两家精品店，在那里，人们总会被多达192页的汽车服饰目录中陈列的1457种不同种类的产品所深深地吸引。

在厌倦了汽车类产品生意之后，登喜路在第一次世界大战期间开始专门为飞行员设计和生产各种各样的服饰产品。1905年，登喜路的防风烟斗获得了专利；1920年，登喜路研制出它的第一款打火机。这款打火机甚至成了登喜路的代名词，它用一个圆形芥末盒制造，取名为“不同凡响”，真是物如其名，因为它能保证每次打火即着。也正是在20世纪20年代，登喜路成了英国王室的御用供应商，为其颁发委任状的人，就是后来的温莎公爵。

在经营汽车配饰产品时，阿尔弗雷德结交了很多贵族绅士，根据他们的需要，他在 1907 年开设的一家会员制精品店中开始增加了经营高档雪茄及其相关产品的业务，而这也成为他生意的转折点。1929 年，登喜路又推出了第一只腕表，紧接着推出了更多精美的式样，如初期的发光表盘、第一只秒表腕表。1930 年推出了一种有趣的组合：包括一个雪茄盒、一只表和一只打火机。20 世纪 30 至 40 年代，凭着无穷的创意，登喜路又推出了袖扣及领带夹等多款崭新的配饰系列。由于受到客户的独家委托，登喜路经常采用优质上乘的材料，以精巧的工艺制作，如 18K 金女士旅行用品箱，里边可以放口红、化妆品、镜子、打火机、铅笔及便条簿等。

现在，登喜路的产品除了服饰、眼镜、皮件、香水、腕表、书写笔，甚至一直延伸到了精巧的棋类用品，对于一个时尚绅士而言，登喜路的精品店里永远都有一件他所需要的东西。

dunhill

典·藏·馆

登喜路高级定制服饰

典藏理由：英国式的精湛制衣水准

登喜路自2003年开始推出关于时装的高级定制业务，这是一项处于服装行业象牙塔顶端的工艺，也是一个相当疯狂的过程，在人力、物力、财力三方面都有极惊人的消耗。以男士西装为例，登喜路定制西装需要经过165道独立精细的制作工序，单单是需要的数据通常就会多达数十个：静立尺寸、动作尺寸、手臂摆幅、步履的宽度、习惯性的姿势……统统都在测量和记录的范围之内。登喜路高级定制服务的贵宾室内配备了独特的灯光照明系统，能够随时变换出各种场合中不同的灯光效果，让贵宾们可以在不同的光线环境下检视布料的色泽，最大限度地满足客户的着装需求。当毛壳缝好后客人需要进行试穿，设计师在保证服装版型的基础上进行修订，一件登喜路上衣的制作大致需要200余片布料。

不只是定制西装，登喜路定制衬衫也同样享有极高的声誉。它共有7款领型袖子款面口设计，领部通常比较宽松，系领带时会感到更加自然契合；采用齿状缝线，保持领型最佳状态的同时减轻布料相互摩擦的概率，使衬衫更持久耐用；单针线迹工艺提高了衣物的抗皱性。总之，专业的英式衬衫精湛制作工艺体现在每个细节。而且，仅仅选择式样、面料、图案与色彩还不够，顾客同样有机会参与到定制服装的设计当中，如果愿意，还能将个人姓名的字母缩写织入衬衫，让个人特色无处不在。

登喜路烟斗

典藏理由：绅士必备

登喜路制造烟斗的历史可以追溯到1904年，那年，阿尔弗雷德的一位顾客向他抱怨说每当驾敞篷车抽烟时，由于风很大，烟草很难保持正常燃烧，造成极大的浪费，并且斗壁温度过高，简直是火星四起，因此常常烧坏烟斗。阿尔弗雷德为此特别设计了一种新的防风型烟斗，并在1904年9月21日申请了专利。在1910年，登喜路烟斗标价为6先令5便士，几乎是同类产品价格的三倍。直到1955年，所有的登喜路烟斗都有一个专有的一指或二指宽的专有号码，收藏者可以通过该号码来确定烟斗的确切出厂日期。自从1955年起，该专有号码被省略掉了，取而代之的是印在烟斗上的数字年份代码。

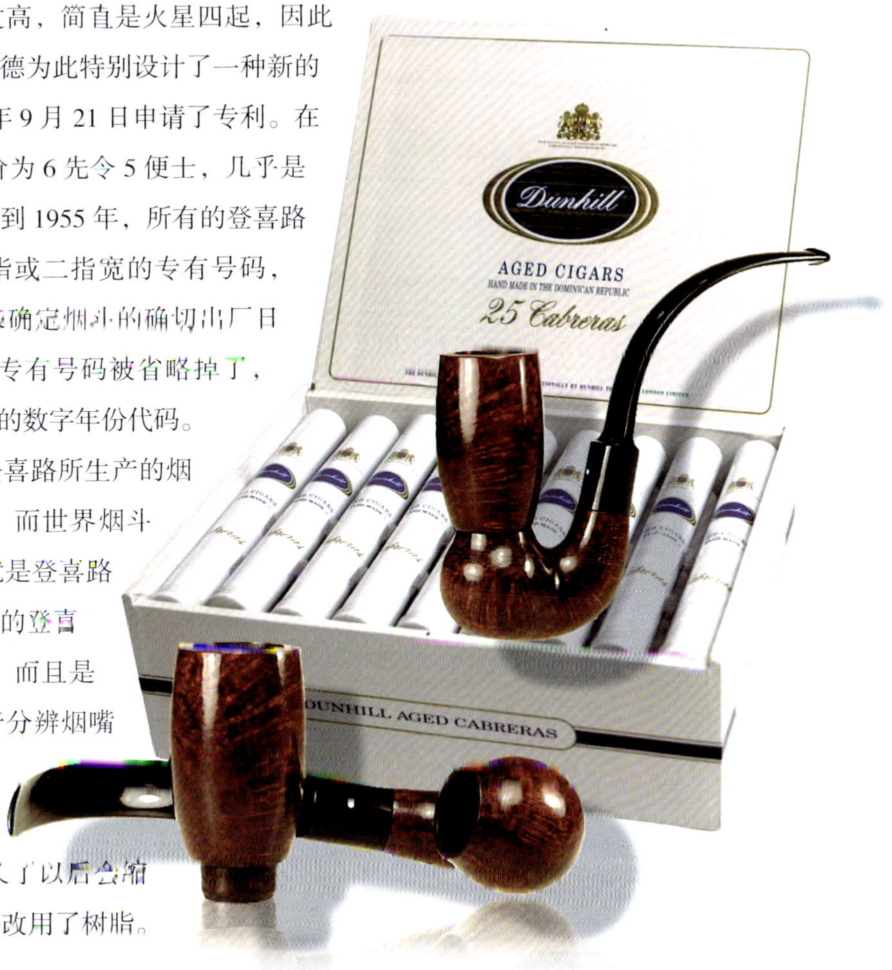

对于许多人来说，登喜路所生产的烟斗拥有独特的收藏魅力，而世界烟斗中最著名的标志之一，就是登喜路的“白点”。它在1912年的登喜路烟斗柄上第一次出现，而且是有其使用价值的——用于分辨烟嘴向上的一面。这些白点最初是以象牙制成的，但是这种材质时间长了以后会缩小甚至脱落，后来登喜路改用了树脂。

登喜路烟斗堪称完美无瑕，所有的烟斗都选用最优质的石楠根为原料，经历上百道独立的工序，周期长达 3 个多月，具有很高的收藏价值和升值潜力。

登喜路“并木”莳绘系列

典藏理由：艺术珍品

▲ 登喜路圣诞节限量版烟斗

登喜路与日本莳绘工艺制造商“并木”公司的合作始于 1930 年，当时，登喜路公司巴黎店的经理克莱门特到日本出差，他与并木公司签下合约，拿到了“并木”书写笔的全球销售权。于是，登喜路“并木”莳绘系列漆艺书写笔也应运而生。

日本莳绘漆艺是一种存在了 1500 多年的技艺，需要在生漆表面仍然潮湿黏稠时将金粉或银粉撒绘到图案中，在笔杆和笔帽上层层绘制，最终成就出精致的图案，工艺考究，耗时良久，基本上每支笔都需要至少 6 个月的时间来完成。合作 80 年以来，登喜路“并木”系列创造了众多别致独特的艺术品，题材通常采用日式的风格。2005 年双方合作恰值 75 周年时，登喜路推出了限量 25 支的“并木”系列海龟书写笔，笔身绘制鱼、海藻、珊瑚和海龟，色彩明艳。登喜路“并木”莳绘书写笔的最新成员以翠鸟为题材，依然全球限量发行 25 支，价格 55000 英镑。另外，登喜路“并木”系列莳绘烟斗是登喜路烟斗中昂贵无比的系列，每一支都是经过 150 道手续，耗时 9 个月才能完成的，图像也多

▼ 这款翠鸟墨水笔是莳绘技艺大师 Seiki Chida 的作品，由登喜路全球独家销售。灵感源自翠鸟的求偶仪式，色调上选用了自然蓝和珊瑚色。翠鸟墨水笔采用 18K 金作为笔尖的材质，全球限量发行 25 支，每支都带有专属编号。笔身镌有莳绘大师的亲笔签名，在指定店铺中独家发售。价格：55000 英镑。

采用日本风格，如金鱼、樱花、鹤……整支烟斗完全看不到纹路，搭配金环。每支登喜路莳绘烟斗都附有一个精美的木盒（或蝙蝠皮盒）。

dunhill

名·人·堂

凭着卓越品质及优质服务，得天独厚的店铺位置、严格的会员制度以及奢华全面的产品系列，登喜路在20世纪20年代就已经开始声名远播，拥有一个忠实而尊贵的顾客群，包括各国的贵族政要、知名作家、当红明星。

温莎公爵是英国王室男性成员中曾给时尚界带来过巨大影响的一位人物，当年，这位年轻的英国王子就好像是现在的大卫·贝克汉姆和007詹姆斯·邦德，集时尚品位和优雅风度于一身。第一次世界大战以后，大西洋两岸的时尚男士们都痴迷于追随和模仿他在衣着方面的所有喜好，从他的领带到他裤子的翻边等所有的穿衣细节，而当时他最常去的地方就有登喜路的精品店。20世纪50年代，已经退位成为温莎公爵的他在给阿尔弗雷德·登喜路的信中这样写道："我对您在扩大和整修公爵街登喜路精品店中所展现出的绝好品位表示衷心的喜爱和祝贺。您的新老客户绝不可能找到一个更好的地方来选购您所能提供的那些精美的产品。而我同时也是您纽约店的忠实顾客之一。"

▲ 登喜路"水族馆"打火机

在第二次世界大战时期，登喜路最为著名的顾客当数英国首相丘吉尔，登喜路的雪茄用具是他的最爱，著名实业家稻珂曾委托登喜路为其专门定制了一个名为"水族馆"的雪茄盒，作为送给丘吉尔首相的礼物。这个雪茄盒看上去就像是一个水族箱，带有两个与之相配的打火机。

战后，众多大牌明星也加入了登喜路客户的阵营，其中包括出演著名电影《虎口脱险》的演员特利·托马斯，托马斯的黑色竹烟嘴现被收藏在登喜路博物馆中。大名鼎鼎的"猫王"埃尔维斯也是登喜路的老主顾，登喜路打火机是他的至爱。但是，由于他总是穿着极其合体的紧身衣服，所以他的口袋里什么也不能放，即使是他最喜欢又离不开的打火机。所以，他总是不得不请别人帮他拿着。不过，登喜路历史上最美丽的打火机应该是画家毕加索为情人朵拉购买的。1937年，毕加索走进巴黎登喜路专卖店，买下一款银色打火机，并在打火机上雕刻下一幅《藤椅上的朵拉》。

主演《007大战皇家赌场》的丹尼尔·克雷格选择了登喜路黑色对襟西装出席第79届奥斯卡颁奖典礼，纯真丝翻领搭配金质纽扣，格调高雅又符合绅士般的气质，难怪有人说，在全世界间谍中，只有英国的007可以成为真正的银幕偶像。

在英国版《名利场》杂志中，英国男影星总是与登喜路服饰摆在一起，大牌影星搭配拥有超过百年历史的品牌，意味着身份和地位，也代表着少数精英者的特权。不是每个人都能领悟到登喜路品牌的精髓，也许只有当你发现真的需要它的时候，才能真正体会到这一品牌的魅力所在。

当西班牙王室的男性成员选择用登喜路衬托自己的气度时，西班牙王室的女性成员多愿意选择用罗意威来衬托自己的优雅。她们深信，只有艺术而华贵的罗意威才是自己的最好点缀。

罗意威

如果说路易威登让人想到行李箱，卡地亚让人想到珠宝，菲拉格慕让人想到鞋履，罗意威则会让人想到那无比柔软、充满光泽的顶级皮革。罗意威的传奇要追溯到1846年，创始人是一位热爱西班牙文化的德国移民——恩里克·罗意威·罗斯伯格。其实西班牙的小牛皮制品一直就是全球闻名的，恩里克与当地手艺高超的皮革匠人合作，开始推出品质绝佳的皮件制品。罗意威的产品逐渐在西班牙上流贵族之间建立起了良好的口碑，并最终被一位侯爵大人推荐到了西班牙王室中。

当时，西班牙国王阿方索十三世与维多利亚王后是罗意威专卖店的常客。国

王经常定制的精品包括：镶有纯银及象牙的红皮箱子、皮革文件盘、收纳箱、表盒，以摩洛哥皮革制成的首饰盒，还有各个款式的奢华手袋，以及用各式珍贵皮革制成的案头用品等。当时汽车已经渐渐取代马车成为王室成员的出行工具，因此，阿方索十三世国王还曾向罗意威特别定制用上乘皮革制成的皮革椅套。到了20世纪50年代，马德里已经是国际潮流趋势的主要引导城市，而西班牙王室的青睐也奠定了罗意威在整个欧洲上流社会的地位，奠定了它顶级奢华品牌的基础。

1905年，西班牙国王阿方索十三世授予罗意威家族的第二代传人恩里克·罗意威·西顿“皇家供应商”头衔。而在一个世纪后，罗意威与西班牙王室之间仍旧维持着密切的关系，包括王后索菲亚、王储妃莱蒂齐亚都是罗意威的忠实拥趸，皮质家居用品多是从罗意威定制，罗意威的新款手袋更是时常跟着她们出镜。

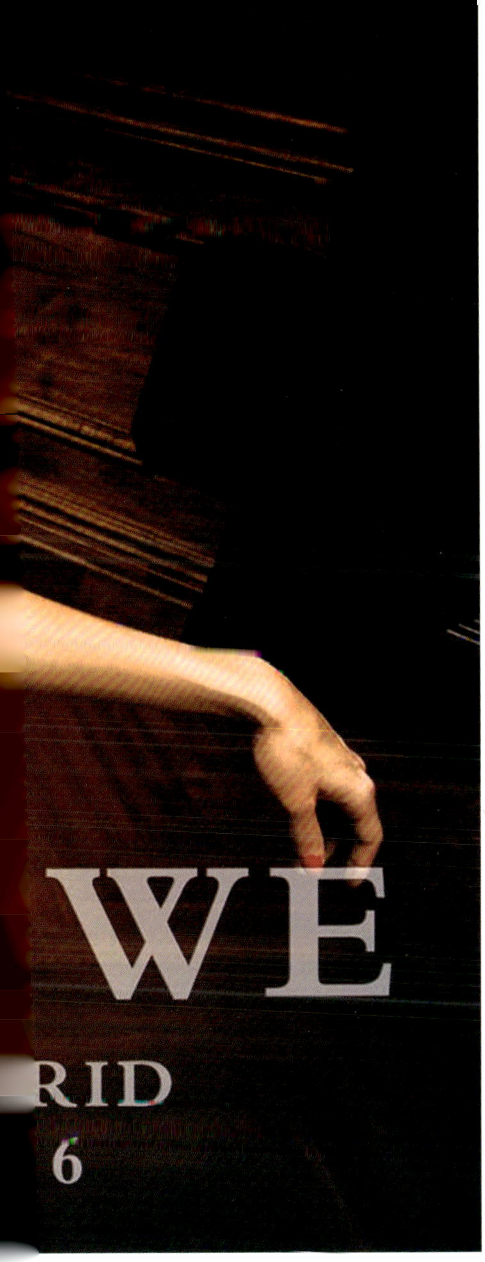

品·牌·店

1846 年，在马德里最时尚的王子大街上出现了一家名为“E- 罗意威”的店铺，店主是一位名叫恩里克·罗意威·罗斯伯格的德国移民。起初，这里出售的是一些小盒、皮夹和烟盒之类的小件皮革商品。1894 年，由于制皮作坊的另两位合伙人相继离开，恩里克成为公司唯一的老板，罗意威品牌也正式成立。随后，手袋被渐渐纳入罗意威的设计范畴，而且还使用了蜥蜴皮、鳄鱼皮及蛇皮等皮料，从而更增添了颇具异国情调的独特奇艳之美，也渐渐受到了西班牙贵族的垂青。

现在，许多时尚评论家都点评罗意威“玩”皮的技巧已达到了炉火纯青的境界，它的皮制品以小山羊皮、小牛皮、麂皮、鳄鱼皮、蟒蛇皮、驼鸟皮为主，其中最闻名的小山羊皮衣可大胆地用电熨斗烫，却不会破坏原本的皮革，这是罗意威所引以为傲的。同时，罗意威几乎也是世界上唯一一个自己经营牧场来供应羊皮的皮具品牌，加上手工非常精致，以至于风靡整个时尚界而历久不衰。

1970 年，罗意威将其皮革制作的优异技术运用于成衣领域，1972 年，罗意威又推出了香水产品。现在，罗意威的产品还涉及丝巾、鞋履、首饰、香水等等，非常多元，也很生活化。1996 年，罗意威加入 LVMH 集团，品牌的奢华历史也由此翻开崭新的一页。

典·藏·馆

罗意威 Amazona 手袋

典藏理由：多年的历史积累

20 世纪 70 年代的欧洲，女性要求独立自主、追求事业的呼声越来越强烈。为顺应当时的潮流，1975 年，罗意威以男性公文包为灵感，设计了首款无衬里的

Amazona梯形手袋。大容量与功能性夹层，加上明线、水晶刺绣等工艺，传递出来全然不同的时尚意境，风靡至今。

“Amazona”在西班牙语里解释为“骑马的女性”，而Amazona手袋之所以一直经久不衰，除了它颠覆性的无衬里的设计理念，更在于它完美的做工。Amazona手袋运用来自西班牙北部比利牛斯山脉阴凉高地的纳帕小羊皮，加以金属感处理、漆皮处理、抛光处理和柔和珠光纹理等制作工序制成。制作一个Amazona手袋总共需要花费61块顶级皮革，并且要经由三重的挑选程序以确保无任何瑕疵。而接下来的裁剪、缝纫和装合等程序都有极高的要求，很多工人至今还在使用由第一代工匠从1896年传下来的尺子。

30多年来，Amazona发展出小至晚宴包、大至可应付短期旅游的旅行包等多种规格的手袋。新款的Amazona手袋打破了固有的没有衬里的设计模式，并缀以刺绣顶边。面世30多年以来，无论是在亚太地区还是在欧洲，Amazona手袋依然是收藏热门，从不打折，这在全球的奢侈品手袋中也算是个奇迹。

名·人·堂

西班牙从20世纪50年代开始就成为时尚圣地，当时的摩纳哥王妃格蕾丝、温莎公爵夫妇、伊朗国王巴列维等王公贵族都是罗意威精品店的常客。罗意威的客人名单中甚至包括美国前总统克林顿，克林顿送给白宫工作人员和其他政要同僚的礼物经常是出自于罗意威。他们知道，那里的皮具制品是世界上最好的。

罗意威手袋最大特点是实用性强、容量大，一直以来都让明星们爱不释手。从辣妹维多利亚到有“纽约街头时尚风向标”之称的杰西卡·帕克，再到安吉丽娜·朱莉、索菲亚·罗兰……罗意威精品店都是她们经常光顾的地方。2005年，安吉丽娜·朱莉与布拉德·皮特的恋情引发了全世界娱乐记者的空前关注，而朱莉时常拎在手里的罗意威手袋也随之无数次地登上了各大娱乐报道的版面，一向爱穿皮夹克外套的皮特有很多件衣服都是出自罗意威皮衣的高级定制系列。

德尔菲娜·阿尔诺是LVMH集团总裁贝尔纳·阿尔诺的掌上明珠。不过现在看来，德尔菲娜对于LV的产品似乎并不是太感兴趣，她好像更加偏爱迪奥和罗意威。29岁时，德尔菲娜·阿尔诺被任命为LV董事会成员，而且是唯一的女成员，她主要负责开发推广迪奥香水以及手袋，而且，她也是罗意威的高层管理人员兼设计师。有人曾戏称，德尔菲娜·阿尔诺对利润的兴趣不亚于她对手袋的兴趣。

图书在版编目(CIP)数据

皇家御用奢侈品 / 杨杨，叶轻舟主编. —哈尔滨：哈尔滨出版社，2013.1
ISBN 978-7-5484-1178-9

Ⅰ. ①皇··· Ⅱ. ①杨··· ②叶··· Ⅲ. ①消费品－品牌－介绍－世界 Ⅳ. ①F76

中国版本图书馆 CIP 数据核字(2012)第 234973 号

世 界 品 牌 研 究 课 题 组
World Brand Research Laboratory
垂询热线 / 024 8639 7772

书　　名：皇家御用奢侈品

作　　者：杨　杨　叶轻舟　主编
责任编辑：李金秋　韩伟锋
责任审校：李　战
封面设计：逐流图文工作室 王晓庆
版式设计：逐流图文工作室 赵兴华

出版发行：哈尔滨出版社(Harbin Publishing House)
社　　址：哈尔滨市松北区科技一街 349 号 3 号楼　邮编：150028
经　　销：全国新华书店
印　　刷：沈阳鹏达新华广告彩印有限公司
网　　址：www.hrbcbs.com　www.mifengniao.com
E-mail：hrbcbs@yeah.net
编辑版权热线：(0451)87900272　87900273
邮购热线：4006900345　(0451)87900345　87900299　或登录蜜蜂鸟网站购买
销售热线：(0451)87900201　87900202　87900203

开　　本：787mm × 1092mm　1/16　印张：27.5　字数：390 千字
版　　次：2013 年 1 月第 1 版
印　　次：2013 年 1 月第 1 次印刷
书　　号：ISBN 978-7-5484-1178-9
定　　价：168.00 元